U0494014

受"泉州师范学院桐江学术丛书"出版基金资助
国家社科基金项目（16BJL010）的最终研究成果

剩余价值理论的创新与发展

INNOVATION AND DEVELOPMENT OF
SURPLUS VALUE THEORY

杨玉华　著

社会科学文献出版社
SOCIAL SCIENCES ACADEMIC PRESS (CHINA)

前　言

"社会主义并没有定于一尊、一成不变的套路"①，社会主义市场经济是中国共产党领导中国人民在社会主义现代化建设实践中的伟大创造，不仅大大超出了西方经济理论的理解，也超出了马克思和恩格斯当年对未来社会的一般设想。马克思主义政治经济学的生命力源于在实践基础上的不断创新与发展，马克思主义经济学不仅源于对经典文本准确的把握和阐释，也源于现代生产方式的运动发展。现实社会主义的实践不仅来自对旧的生产方式的批判和否定，也源自对现代生产方式的继承、发展与创新。马克思和恩格斯当年在对资本主义的否定与批判中发现了未来社会的曙光，科学地总结了社会主义的基本原则和一般趋势。但未来社会的具体蓝图究竟是什么、如何绘制，还需要未来社会的建设者在实践中进行探索和总结。社会主义理论上的抽象、辩证逻辑上的演绎最终还必须回到社会主义实践中检验、丰富和发展。

中国共产党带领人民在新中国建设中初步设计了社会主义的基本制度、构建了较为完整的国民经济体系，为当代中国的发展与进步奠定了制度基础和创造了工业条件；而在披荆斩棘、锐意开拓创新的新时期，应当打破传统社会主义模式的一切陈规成见，充分尊重人民群众的伟大创造，遵循人民群众的实践选择，把马克思主义经济学原理与改革开放的实践创造结合起来，在坚持社会主义基本制度和基本经验的基础上，充分学习和借鉴现代生产方式发展的一切文明成果，走出一条超越资本

---

① 习近平：《坚持用马克思主义及其中国化创新理论武装全党》，《求是》2021年第22期。

主义的、全新的社会主义市场经济发展之路。在现当代中国，现代生产方式通过自我革命，最终完成了从资本主义向社会主义的转型与过渡。中国人民在半个多世纪的社会主义开拓实践和理论探索中，创造了超越资本主义的人类文明新的发展模式：社会主义市场经济。

在20世纪50年代自苏联而来的传统政治经济学中被长期批判、否定的剩余价值一般原理、市场经济条件下的社会化大生产基本规律在改革开放实践中被不断地检验、丰富和发展。推动《资本论》理论体系的时代化、中国化，构建反映社会主义市场经济运行规律和现代生产方式运行趋势的社会主义政治经济学是发展当代中国马克思主义经济学的基本内容，也是建设中国特色社会主义经济学的理论基础。但在学术界，由于传统政治经济学的长期影响，国内部分学者把剩余价值、资本等经济范畴看作资本主义特有的，把《资本论》研究局限于资本主义生产关系的批判否定之学，拒绝发挥它们在社会主义市场经济中的建设之用。这就等同于放弃了马克思主义经济学在社会主义市场经济建设中的指导地位，就等同于把对社会主义市场经济理论的话语权拱手让予西方经济学。马克思主义是中国特色社会主义的理论基础，是中国共产党立党的指导思想，必须把马克思主义基本原理与中国社会主义发展的具体实际和优秀的传统文化结合起来，在社会主义市场经济实践的基础上推进马克思主义经济学的中国化和时代化，用发展着的马克思主义经济学指导中国的改革开放和现代化建设，如此才能发挥马克思主义在思想理论方面的指导作用，才能掌握舆论宣传的话语权。

"时代是思想之母，实践是理论之源。"[①] 在社会主义市场经济建设的伟大实践过程中，马克思主义经济学领域的多数学者承认社会主义市场经济存在"剩余价值""资本"等经济现象，努力探索把马克思主义经济学基本原理同社会主义市场经济实践结合起来，挖掘和概括《资本论》等经典著作揭示的市场经济一般理论、社会化大生产一般规律，探

---

① 习近平：《坚持用马克思主义及其中国化创新理论武装全党》，《求是》2021年第22期。

索用"马克思主义市场经济理论"指导社会主义市场经济实践。正是基于学术界逐步凝聚的"社会主义市场经济条件下的剩余价值理论"这一学术共识，本书的相关研究才能逐步展开。习近平总书记2016年7月1日在庆祝中国共产党成立95周年大会上的讲话指出："我们要以更加宽阔的眼界审视马克思主义在当代发展的现实基础和实践需要，坚持问题导向，坚持以我们正在做的事情为中心，聆听时代声音，更加深入地推动马克思主义同当代中国发展的具体实际相结合，不断开辟21世纪马克思主义发展新境界，让当代中国马克思主义放射出更加灿烂的真理光芒。"[1] 探索马克思主义经济学经典文本诠释的时代化、推动马克思主义经济学原理的中国化正是本书最为突出的特色和最富创新的着力点。

本书的研究内容包括四个部分（如图1所示）。（1）"基本范畴"研究包括剩余价值理论的基本范畴"一般"、资本主义剩余价值理论的基本范畴和社会主义剩余价值理论的基本范畴"特殊"三个部分。该部分依据经典文献，运用科学抽象法溯本清源，纠正对剩余价值理论的误解。（2）"基本理论"研究包括劳动价值理论和剩余价值理论。劳动价值理论包括马克思经典劳动价值理论和在现代市场经济条件下劳动价值理论的拓展两个部分，剩余价值理论包括剩余价值一般理论（剩余价值生产、实现和分配）、资本主义剩余价值理论（在研究中，把剩余价值一般研究置于资本主义剩余价值理论溯本清源的梳理、辨析和重构之中）和社会主义剩余价值理论（社会主义剩余价值生产、实现和分配）。该部分根据现代生产方式发展变革的特点与趋势，概括和总结剩余价值一般理论。（3）"创新与发展"研究既包括对剩余价值理论的溯本清源、澄清和纠正附加在马克思名下的错误认识、对剩余价值一般范畴和基本理论的抽象概括，也包括社会主义剩余价值理论的构建，以及科技革命和现代生产力的发展对剩余价值生产、实现和分配的影响。该

---

[1] 习近平：《坚持用马克思主义及其中国化创新理论武装全党》，《求是》2021年第22期。

部分根据社会主义市场经济理论创新与实践的发展实际,研究社会主义市场经济条件下剩余价值生产、实现和分配的实质和特征,研究科技革命对剩余价值理论的冲击以及影响。(4)"理论应用"研究包括对资本主义剩余价值理论基本理论问题的分析,回应和诠释与剩余价值相关的理论热点与难点问题。

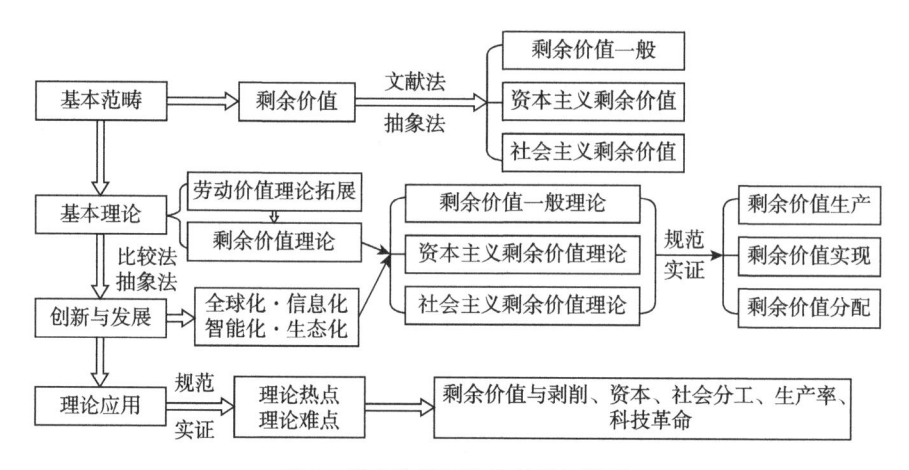

图 1　剩余价值理论的创新与发展

本书运用马克思主义经济学特有的唯物辩证法－科学抽象法辅以历史和逻辑相统一的研究方法,在历史与逻辑的演进过程中,再现客观性与历史性相统一的基本经济范畴和原理,避免形而上学认识上的错误。在资本主义剩余价值理论解读方面溯本清源,澄清误读,拉近理论与实践的距离,化解了理论与实践间的冲突与对立;在社会主义剩余价值理论的发展与创新方面,初步构建了社会主义市场经济条件下剩余价值理论的基本框架,为高水平社会主义市场经济体系建设和高质量发展提供了理论支持,增强了马克思主义经济学的解释力和适应力,推进了马克思主义经济学的现代化与中国化。

(1)依据马克思主义经济学经典著作的文本内容,运用马克思主义经济学基本原理、基本方法和基本范畴,分析经济范畴和原理逻辑的历史起点,再现理论自身的逻辑进程和实践历程,还原历史、客观的经济范畴及与之相关的基本观点,根据新的实践发展进行诠释和解读,将把长期附加在马克思名下的脱离语境和假设条件,在孤立、静态假设环境中得出的论断作为绝对真理的形而上学的错误剥离出来,溯本清源,拨乱反正。

政治经济学严格来说是一门历史学科,政治经济学所揭示、概括的经济现象、经济过程以及经济范畴不是超历史的永恒存在,而是具有客观性、历史性。因此,经济理论、经济范畴都不是形而上学的永恒的观念,而是历史的、暂时的产物。经济理论和经济范畴作为生产方式与交换方式及其运动规律的理论概括和总结,都不是超历史存在的永恒的东西。在研究资本主义生产方式、在与资产阶级经济学论战的过程中,马克思应用唯物辩证法创立了独具特色的马克思主义经济学"抽象"分析方法,创立了生产劳动二重性、商品因素二重性理论,按照历史进程与思维逻辑进程相统一的研究路线,从研究简单商品生产条件下社会财富的物质内容与社会形式之间的矛盾运动出发,概括了简单商品经济的基本矛盾,揭示了商品拜物教的真相,完成了价值理论的革命,为创建剩余价值理论奠定了价值理论基础;通过分析资本主义市场经济条件下社会财富的物质内容与社会形式之间的矛盾运动,揭示了资本主义生产的本质与剩余价值的源泉,总结了资本主义经济的基本规律;通过分析资本主义剩余价值生产、实现以及分配之间的矛盾运动,概括了资本主义社会的基本矛盾,揭示了资本主义基本矛盾的性质、运动特点及运动趋势。

本书紧扣抽象研究方法的特点与过程,厘清劳动价值理论和剩余价值理论的逻辑起点:具有自给自足特点的简单商品生产和初具资本主义性质的手工业工场生产。假定条件是不考虑再生产条件的静态、孤立的一次性生产过程。该部分突出强调了商品价值来源于人类的抽象劳动、剩余价值来源于工人的一般劳动,深刻揭示了人类的一般劳动是创造商品经济形态的社会财富——价值和剩余价值的唯一源泉,如果离开这些条件,把特定语境中的结论作为绝对化真理就必然导致错误。而现代商品经济的本质就是剩余价值生产,成熟的资本主义生产方式则是建立在机器大工业基础上的社会化大生产。离开了这些条件的诠释或者推论就必然导致误读。相关内容还原了理论的逻辑起点以及历史发展脉络，从方法论的视角揭示了产生误读的原因。溯本清源，厘清资本主义剩余价值理论基本范畴的真正内涵，并进一步区分了现代商品经济的"一般"范畴与资本主义商品经济的"特殊"范畴。针对国内学界和教育界对剩余价值理论过度简单化、绝对化解读的错误倾向，选择"剩余价值的来源""剩余价值与剥削""剩余价值与资本""剩余价值与劳动分工、阶级""剩余价值与现代生产方式和生产率"进行探讨。针对产生误读的文本内容，厘清特定语境和假设条件及其思维逻辑进程，根据抽象法的特征及逻辑进程，挖掘产生误解的原因与条件，在完整的逻辑进程和动态、联系的历史过程中还原理论真相。

（2）运用剩余价值理论的基本经济范畴、基本原理、基本方法总结中国社会主义市场经济建设的实践经验，对社会主义市场经济条件下剩余价值存在的必然性以及有关基本范畴进行重新界定，概括社会主义剩余价值生产、实现以及分配的本质与特征，初步构建"一般"与"特殊"相统一的社会主义剩余价值理论框架，从生产率演进趋势的视角重新诠释当代中国经济的崛起之路，初步形成了中国特色社会主义剩余价值理论体系。

（3）从理论上回答了社会主义市场经济建设中的理论难点和热点问题。剩余价值是总体工人创造的超过其劳动力价值的余额，是现代商品经济条件下发展生产力、满足社会一般需要的新增社会财富。创造剩余价值为人类社会发展进步和人的自由全面发展创造更加坚实的物质基础和更加完善的社会条件，是"资本的社会历史职能"。

（4）紧扣现代生产方式运动的过程与特点，结合生产力发展趋势对剩余价值理论的基本范畴、基本观点进行新的解读，纠正以往偏重生产关系解读的问题。在现代科技革命的条件下，剩余价值主要来源于生产率的不断提高而非剥削，剩余价值理论总结了发展生产力的宏观动力和微观机制，概括了现代商品经济条件下生产率优势动态演进的发展趋势和规律,揭示了生产力发展的本质、企业壮大的根源在于具备生产率优势以及生产率存在不断提高的演进趋势。生产过程科学化、市场化、社会化和国际化是推动生产力发展的宏观动力,而资本的积累、科学的应用、分工协作水平的提高(管理创新)、社会化程度的提升和劳动力素质的提高则是提高生产率的微观机制:生产率优势的动态演进,才是发展生产力、推动企业发展壮大的内在动力,为我国制造业高质量发展提供了行动指南。

坚持和发展具有中国特色的马克思主义政治经济学,坚持理论联系实际,把马克思主义政治经济学基本原理与中国的具体实际相结合,在实践中检验、丰富和创新马克思主义政治经济学是当代马克思主义政治经济学者的历史重任。为此,我们必须立足我国社会主义初级阶段的基本国情和改革开放的发展实践,深入研究世界政治经济格局深刻变革和我国经济发展遇到的新情况新问题,总结社会主义市场经济的新特点新规律,提炼我国社会主义现代化建设的规律性成功经验,"不断开拓当代中国马克思主义政治经济学新境界,为马克思主义政治经济学创新发展贡献中国智慧"[①]。

本书对20世纪50年代自苏联传承而来的传统政治经济学教材以及学界的某些误读进行纠正,根据理论自身的逻辑脉络和实践历程,对经典著作溯本清源、还原本真,对剩余价值"一般"和资本主义"特殊"进行辨析和诠释,其实也是对剩余价值理论涉及的基本范畴、基本观点进行一定程度的溯源和重构。研究主题重大,几乎涉及《资本论》整个理论体系和全部内容,驾驭难度大,对经典方法的应用和逻辑过程的还原,不仅在研究方法和文本内容理解方面存在差异,而且对理论假设条件和时代背景的理解会存在差别,甚至分歧。限于本人学识和研究能力,关于文本解读和理论演绎的错误和纰漏在所难免,敬请学界前辈和同仁批评指正。

---

① 习近平:《不断开拓当代中国马克思主义政治经济学新境界》,《求是》2020年第16期。

本书主要基于对《资本论》研究方法和内在逻辑的解读和演绎，基于对中国社会主义市场经济实践基本经验的概括和总结，尝试把马克思主义经济学基本范畴和基本原理运用于社会主义市场经济的理论研究，努力建构沿用《资本论》基本范式和体例、阐述社会主义市场经济实践经验的社会主义剩余价值理论体系，初步形成回应中国特色社会主义实践挑战、总结中国经验的马克思主义经济学话语体系。由于本书只是对社会主义剩余价值理论总体框架和基本内容的建构，所以还需要对理论体系、结构和内容做进一步拓展、丰富和完善，对剩余价值理论所蕴含的社会化大生产运动规律和市场经济一般原理做进一步挖掘和整合，对社会主义市场经济运行规律和社会主义现代化建设的基本经验做高度概括和深度提炼，以推动中国经验的理论化，早日形成具有中国风格、中国气派的中国特色社会主义政治经济学体系。也希望志同道合的同仁一道努力，响应伟大时代的召唤，肩负起理论建设的时代责任。

杨玉华
2022 年 10 月 21 日

目 录

导 言 1
 第一节 国内外剩余价值理论研究现状评述 1
 第二节 研究剩余价值理论的目的和意义 4

第一章 剩余价值理论创立的社会历史条件
   与发展历程 7
 第一节 剩余价值理论创立的社会历史背景 7
  一 资产阶级革命的胜利，确立了资本主义社会制度 8
  二 第一次工业革命的爆发，确立了现代资本主义
    生产方式 9
  三 商品经济的普遍发展，确立了资本主义市场经济的
    运行机制 11
  四 社会分裂为两大对立阶级，为剩余价值理论的
    创立准备了阶级条件 15
 第二节 剩余价值理论创立的思想理论基础 16
  一 世界观、认识论、方法论基础：唯物史观 17
  二 理论基础：科学劳动价值理论 19
  三 思想来源：古典政治经济学 22
 第三节 剩余价值理论创立的历程 28
  一 理论准备：剩余价值理论的初步探索 28
  二 价值理论变革：初步创立剩余价值理论体系 29

三　创立较为完整、成熟的剩余价值理论体系 …………… 31
　　四　剩余价值理论的进一步丰富发展 …………………… 32

第二章　资本主义市场经济条件下剩余价值的生产 ……… 35
第一节　剩余价值范畴 …………………………………… 35
　　一　马克思关于剩余价值范畴的界定 …………………… 36
　　二　剩余价值内涵的现代解读 …………………………… 39
第二节　资本主义生产的本质特征与生产剩余价值的
　　　　　基本方法 ………………………………………… 40
　　一　资本主义生产的本质特征 …………………………… 41
　　二　剩余价值生产的两种基本形式 ……………………… 45
第三节　资本主义生产方式的发展史 …………………… 55
　　一　资本主义协作劳动 …………………………………… 55
　　二　基于社会分工的工场手工业 ………………………… 58
　　三　以机器生产为物质基础的现代大工业 ……………… 63
第四节　资本主义剩余价值生产的条件：资本积累 …… 75
　　一　资本主义简单再生产的必要条件：剩余价值消费 … 76
　　二　资本主义扩大再生产的根本条件：剩余价值转换为
　　　　资本 ……………………………………………………… 78
第五节　资本积累的结果：资本有机构成不断提升的趋势
　　　　　及其影响 ………………………………………… 81
　　一　资本主义积累规律 …………………………………… 83
　　二　社会两极分化加剧：财富日益掌握在少数
　　　　大资本家手中 ………………………………………… 84
　　三　产生规模不断扩大的产业后备军 …………………… 84
第六节　剩余价值的源泉 ………………………………… 85
　　一　构建剩余价值理论的直接前提 ……………………… 86
　　二　剩余价值的源泉 ……………………………………… 89

第三章 资本主义市场经济条件下剩余价值的实现 …… 92

第一节 资本主义市场经济条件下产业资本的剩余价值实现 …… 93
一 产业资本循环不同阶段的职能与剩余价值实现 …… 94
二 产业资本循环过程与剩余价值实现 …… 97
三 产业资本循环总过程的特征及其实现的条件 …… 101
四 价值革命对产业资本循环和剩余价值再生产的影响 …… 105

第二节 资本主义市场经济条件下社会资本再生产与剩余价值实现 …… 108
一 社会资本再生产的基本理论前提 …… 109
二 社会资本简单再生产 …… 109
三 社会资本扩大再生产的实现条件 …… 112
四 扩大再生产的经济规律：生产资料生产的优先增长 …… 113

第四章 资本主义市场经济条件下剩余价值的分配 …… 115

第一节 资本主义剩余价值分配的一般原理与基本特征 …… 116
一 资本主义剩余价值分配的一般原理 …… 116
二 资本主义剩余价值分配的基本特征 …… 117

第二节 剩余价值分配的一般机制 …… 120
一 社会分工 …… 120
二 要素所有权 …… 122
三 市场机制 …… 123
四 利润平均化 …… 125

第三节 剩余价值分配的结果 …… 127
一 社会分工规律的分配 …… 127
二 所有权规律的分配 …… 129

三　市场机制的分配……………………………………… 130
　　四　利润平均化的分配……………………………………… 132

第五章　剩余价值理论的几个基本问题 …………………… 135
第一节　剩余价值的来源……………………………………… 135
　　一　剩余价值来源理论面临的实践挑战…………………… 136
　　二　马克思对剩余价值来源的完整分析及其一般结论…… 137
　　三　对剩余价值来源误读的原因及其正确解读…………… 139
　　四　剩余价值来源问题涉及的生产劳动的范围及其
　　　　界定………………………………………………………… 141
第二节　剩余价值与剥削……………………………………… 143
　　一　剩余价值定义溯源与苏联范式形成误读的
　　　　历史原因…………………………………………………… 144
　　二　剩余价值与剥削内涵一致性的一般条件……………… 145
　　三　剩余价值在现代市场经济条件下的一般定义………… 147
第三节　剩余价值与资本……………………………………… 150
　　一　资本的诞生与资本的二重性…………………………… 151
　　二　多维度的资本范畴……………………………………… 154
　　三　资本执行的历史的社会职能…………………………… 160
第四节　剩余价值与劳动分工、阶级………………………… 162
　　一　社会分工：剩余价值产生的条件……………………… 163
　　二　社会分工是生产剩余价值的重要推动力……………… 164
　　三　社会分工与阶级关系…………………………………… 169
　　四　社会分工与社会异化…………………………………… 170
第五节　剩余价值与现代生产方式和生产率………………… 173
　　一　资本主义打破了均衡市场状态，形成不断演进的
　　　　动态优势…………………………………………………… 174
　　二　资本主义形成具有生产率演进优势的机制和组织…… 175

三　以机器大工业为物质技术条件的资本主义
　　　　生产方式的基本特征 ………………………………… 181

第六章　社会主义市场经济存在的历史必然性 …………… 187
第一节　现代商品经济的消亡是一个自然历史过程 ………… 187
　　一　商品经济肩负着培养个体人独立自主个性的
　　　　历史任务 ……………………………………………… 188
　　二　现代商品经济生产方式成为履行资本职能最有效、
　　　　最有力的工具 ………………………………………… 189
第二节　马克思和恩格斯设想的未来社会 …………………… 189
　　一　生产资料全体人民共同占有，彻底消除
　　　　生产方式的资本属性 ………………………………… 190
　　二　个人消费品分配采取按劳分配的原则，保留了
　　　　"资产阶级法权" ……………………………………… 190
　　三　掌握了社会化生产力的发展规律，进行有计划的
　　　　自主生产 ……………………………………………… 191
　　四　生产力高度发展，阶级统治消亡，个人获得
　　　　自由全面的发展 ……………………………………… 193
第三节　传统社会主义模式的理论与实践 …………………… 195
　　一　社会主义革命"共同胜利"理论 ………………………… 195
　　二　社会主义革命"一国胜利"理论 ………………………… 195
　　三　传统社会主义模式的实践 ………………………………… 197
第四节　社会主义市场经济建设的理论与实践 ……………… 201
　　一　跨越资本主义制度的"卡夫丁峡谷" …………………… 201
　　二　社会主义市场经济是社会主义初级阶段的
　　　　实践选择 ……………………………………………… 203
　　三　社会主义市场经济的实践历程 ………………………… 206

第七章　社会主义市场经济条件下剩余价值的生产 ……… 213

第一节　社会主义市场经济涉及的几个基本经济范畴 ………… 214
一　社会主义市场经济条件下的劳动力商品 ………………… 214
二　社会主义市场经济条件下的资本 ………………………… 216
三　社会主义市场经济条件下的必要劳动与剩余劳动 …… 218
四　社会主义市场经济条件下的剩余价值 …………………… 222

第二节　社会主义市场经济条件下剩余价值生产的性质 ……… 223
一　社会主义市场经济条件下剩余价值生产的实质 ……… 223
二　社会主义市场经济条件下剩余价值率变动趋势 ……… 225

第三节　社会主义市场经济条件下剩余价值的源泉 …………… 227
一　物质生产领域的生产劳动 ………………………………… 228
二　精神产品生产领域的生产劳动 …………………………… 228
三　管理领域的生产劳动 ……………………………………… 229
四　服务领域的生产劳动 ……………………………………… 229
五　科技创新领域的生产劳动 ………………………………… 230

第四节　社会主义市场经济条件下剩余价值生产的演进历程与驱动力量 ……………………………………………… 231
一　社会主义市场经济条件下剩余价值生产的演进历程 …………………………………………………… 231
二　社会主义市场经济条件下剩余价值生产的驱动力量 …………………………………………………… 234

第八章　社会主义市场经济条件下剩余价值的实现 ……… 240

第一节　社会主义市场经济条件下剩余价值实现的理论问题 …………………………………………………………… 240
一　马克思和恩格斯关于社会主义剩余价值实现的基本观点 …………………………………………………… 241
二　苏联社会主义实践中的剩余价值实现问题 …………… 244

三　中国特色社会主义建设中的剩余价值实现问题……… 248
　第二节　社会主义市场条件下剩余价值实现的实践探索…… 252
　　一　中国社会主义市场经济体制改革的基本经验……… 252
　　二　社会主义市场经济的中心任务与国企改革………… 255
　第三节　中国社会主义市场经济剩余价值实现的主要
　　　　　历程与特点………………………………………… 258
　　一　中国社会主义市场经济条件下剩余价值实现的
　　　　主要历程…………………………………………… 258
　　二　中国社会主义市场经济条件下剩余价值实现的
　　　　基本特点…………………………………………… 262

第九章　社会主义市场经济条件下剩余价值的分配……… 265
　第一节　社会主义市场经济条件下剩余价值分配的
　　　　　性质与特点………………………………………… 265
　　一　社会主义市场经济条件下剩余价值分配的性质…… 265
　　二　社会主义市场经济条件下剩余价值分配的特点…… 269
　第二节　社会主义市场经济条件下剩余价值分配的影响…… 271
　　一　社会分工规律对剩余价值分配的影响……………… 271
　　二　所有权规律对剩余价值分配的影响………………… 273
　　三　市场机制对剩余价值分配的影响…………………… 274
　　四　利润平均化对剩余价值分配的影响………………… 275
　第三节　社会主义初级阶段个人收入分配制度
　　　　　与剩余价值分配…………………………………… 277
　　一　社会主义的按劳分配原则…………………………… 278
　　二　中国个人收入分配制度的改革……………………… 280
　　三　社会主义市场经济条件下的按劳分配实践………… 281

第十章　现代科技革命对剩余价值理论的影响……………… 285
　第一节　四次工业技术革命对现代生产方式的影响………… 285

一　生产的社会化程度空前提高……………………286
　　二　生产过程的全球化程度不断提升……………………287
　　三　生产过程的信息化、网络化、智能化…………………288
　　四　生产要素、生产过程和产业链的生态化……………289
第二节　科技革命对剩余价值生产的影响……………………291
　　一　科技革命推动剩余价值生产中心与格局的变迁……291
　　二　科技革命推动产业结构不断演进，剩余价值生产
　　　　范围不断扩大…………………………………………291
　　三　科技革命推进生产的社会化程度空前提高，竞争
　　　　全产业链化……………………………………………294
　　四　科技革命推动要素配置全球化，剩余价值生产
　　　　向优势地区汇集………………………………………294
　　五　科技创新成为驱动生产率优势演进的根本动力……295
第三节　科技革命对剩余价值实现的影响……………………300
　　一　营销方式变革………………………………………301
　　二　物流载体变革………………………………………302
　　三　空间范围变革………………………………………303
　　四　产业循环链变革……………………………………304
　　五　交换手段的变革……………………………………305
　　六　政府职能的变革……………………………………305
第四节　科技革命对剩余价值分配的影响……………………306
　　一　知识产权优势取代资本所有权优势在剩余价值
　　　　分配中居于支配地位…………………………………306
　　二　生产率优势的层次和地位决定着剩余价值分配的
　　　　层级和地位……………………………………………308
　　三　国际垄断成为获取超额剩余价值、转移世界
　　　　剩余价值的主要手段…………………………………309
　　四　国家在剩余价值分配中扮演着越来越重要的角色……310

五 金融垄断资本在剩余价值分配中的地位仍然十分
   突出 …………………………………………………… 310
六 剩余价值分配的两极分化趋势不断强化并呈现
   国际化 ………………………………………………… 312

参考文献 ……………………………………………………… 315
后　记 ………………………………………………………… 323

导　言

第一节　国内外剩余价值理论研究现状评述

长期以来，国内部分学者把剩余价值看作资本主义的特殊范畴，并把占有剩余价值等同于剥削。该观点源于1954年出版的苏联科学院编著的《政治经济学》，该书将剩余价值定义为"雇佣工人的劳动所创造的并被资本家无偿占有的超过雇佣工人劳动力价值的价值"，代表性观点见许涤新主编的《政治经济学辞典》（人民出版社1980年版）中的有关释义。改革开放以来，国内学术界主要围绕剩余价值范畴的界定、剩余价值与剥削的关系、社会主义社会是否存在剩余价值、剩余价值的来源和分配以及剩余价值理论的数理化等展开。

第一，剩余价值范畴的定义。宋涛（1995）和何秉孟（2003）等人认为，资本和剩余价值不是资本主义和社会主义经济通用的经济范畴，该观点影响广泛；吴易风（2003）等坚持传统政治经济学中"剩余价值"范畴的有关界定；卓炯（1986）等主张用其他概念替代"剩余价值"。多数学者认为剩余价值是"超过原价值的余额"，是商品经济或市场经济的一般范畴，是一般性与特殊性的辩证统一。第二，剩余价值与剥削的关系。传统政治经济学把"剥削"看作剩余价值范畴的固有属性，李楠（2003）和柳昌清（2003）等多数学者认为二者不存在必然联系，是不能等同的两个概念，剩余价值既有资本主义特殊性，也具有现代商品经济的一般性。第三，社会主义社会是否存在剩余价值。少数学者否定社会主义存在剩余价值，李炳炎（2003）、白永秀（2005）和杨圣明（2017）等多数学者认为剩余价值的存在具有客观必然性和现实性，李菁和李培（2006）等进而明确指出公有制经济也存在剩余价值。第四，剩余价值的来源。多数学者一般地肯定了剩余劳动是剩余价值的唯一源泉。华民和朱莉（2002）指出，在劳动源泉之外，剩余价值还来源于分工和协作所产生的社会生产力发展、组织管理、机器的使用；彭腾（2007）以及杨维和刘苍劲（2006）认为剩余价值来源是劳动与其他生产要素的结合，朱妙宽（2004）等认为剩余价值来源是多元的：全社会劳动者活劳动中的剩余劳动、过去劳动（主要指科技劳动）的无偿服务和生产力系统效应都是剩余价值来源。马艳（2007）构建了经典剩余价值函数模型和动态剩余价值函数模型，从数学模型层面建立了剩余价值最大化生产模型与西方利润最大化模型的联系。第五，剩余价值分配。多数学者肯定了按生产要素分配的合理性，又主张按生产要素贡献分配，分享剩余价值。

在国外，自从1890年马歇尔出版《经济学原理》以来，西方主流经济学就拒绝价值理论，否定剩余价值理论，宣称马克思的剩余价值理论已经过时了（李楠，2003）。在正统西方经济学理论看来，劳动者获得工资、土地所有者获得地租，资本家获得利息、企业家获得企业利润或者企业家工资，在完全竞争条件下，企业正常的剩余价值或者利润为零，剩余价值与劳动者无关。但也有些学者认同剩余价值理论，正视和探讨资本主义社会普遍存在的剩余价值问题。第一，技术扣除论。威凯斯（Weeks，1981）、罗默（Roemer，1982）、汉特（Hunt，1992）、利赫滕斯坦（Lichtenstein，1983）和索耶（Sawyer，1989）等借助国外主流经济学的分析工具（心理偏好、个人选择和均衡机制等），从纯技术扣除的角度，用规范的数学形式对剩余价值的产生做了说明，否认阶级关系与剩余价值的联系。第二，阶级冲突论。博伊尔和梅雷斯（Boyer and Merais，1970）、谢尔曼（Sherman，1995）、卡佛和托马斯（Carver and Thomas，1995）继承了马克思剩余价值理论的主要内容，将剩余价值更多地看作由资本家和工人两大阶级之间的冲突关系决定的,认为工人参与分享经济剩余具有合理性以及这对提高经济效率具有积极作用。第三,阶级合作论。普瑞沃思凯（Preworski,1986）等认为劳资之间存在合作关系,工人和资本家的收益可以变成非零和的,普瑞沃思凯用数学模型表明,在一个特定时期内,存在一种工资与剩余价值的最佳比例。西方马克思主义经济学者,沿着生产率差异方向,解释国际剩余价值转移和不平等贸易。厄尔内斯特·曼德尔（1983）认为超额剩余价值是当代资本主义经济增长的主要动力,而超额剩余价值来源于不发达国家、地区和部门所生产的剩余价值。

剩余价值理论深刻地揭示了现代生产方式的内部矛盾与冲突、运行规律与趋势,实现了经济学的革命,同科学劳动价值理论一起构成了马克思主义经济学的理论基石,在马克思主义理论中有着极其重要的地位。国内学界的部分研究对剩余价值及相关核心范畴存在误读,这对社会主义市场经济建设实践造成了负面影响。在理论上,长期拒斥和否定剩余价值及有关经济范畴,造成理论与实践的严重脱节,而且严重阻碍了贯通资本主义与社会主义的政治经济学理论构建,不利于马克思主义在经济学领域指导地位的落实和贯彻。随着我国社会主义市场经济体制的确立和其他社会主义国家纷纷取向市场经济,传统剩余价值理论的地位开始动摇,人们开始探究剩余价值范畴在社会主义市场经济中的应用与发展问题,长期被排斥和否定的剩余价值等反映现代商品经济运动规律的经济范畴回到经济生活中,要求贯通剩余价值一般理论;社会主义市场经济实践的迅速发展也迫切需要创新马克思主义经济理论,以适应发展了的社会主义实践需要。经典剩余价值理论诞生150多年来,现代生产方式已经发生了广泛而深刻的变革,在科技革命的推动下,剩余价值的生产方式、实现方式和分配方式都发生了重大变化,该理论正在遭遇生产方式全球化、信息化和生态化的严峻挑战。特别是面对中国社会主义市场经济的伟大创造实践,迫切需要我们根据实践发展和理论自身的逻辑进程对它进行创新与发展。

就国内的研究文献而言，对剩余价值范畴的认识比较全面，已经摈弃了过去片面、孤立和功利性的错误理解，主流是符合马克思经典著作的精神的，但研究还不够深入和系统。没有深入探讨产生误解的深层原因，没有触及对经典文本内容逻辑与方法问题的探讨，没有注意剩余价值理论"一般"与资本主义剩余价值理论"特殊"的区别与联系，在理论体系上没有贯通资本主义与社会主义，没有解决现代政治经济学教材中"资本主义"与"社会主义"原理、范畴和体系不统一的问题，理论与实践严重脱节，甚至存在一定程度冲突的问题；没有把剩余价值的发展与当代资本主义生产方式的变革、社会主义市场经济的实践联系起来进行分析，缺乏理论的深度和广度，对剩余价值范畴的分析还没有超出解读经典文本的范围。对剩余价值来源和剩余价值分配的探究，很多学者运用和借鉴现代经济学新的理论、方法进行新的诠释和发展，努力的方向"对头"，但有些研究游离于马克思主义经济学体系之外，甚至混同了价值创造与价值实现和价值分配，偏离了劳动价值理论的理论基础和马克思剩余价值理论的基本原理，最终偏离或者背弃了马克思主义经济学体系，与西方经济学殊途同归。

国外的一些赞同剩余价值理论的学者，运用当代西方经济学的技术手段研究剩余价值，为我们提供了新的借鉴手段，在阶级合作关系中研究剩余价值，为我们提供了创新与发展的方向。但由于国外学者抛开了劳动价值理论，背离了阶级分析方法研究剩余价值，依然局限于西方经济学在现象层次上"打转转"，显得肤浅；有的背离了马克思主义基本原理和基本方法，严重偏离了马克思主义经济学发展的根本方向。

第二节　研究剩余价值理论的目的和意义

溯本清源，纠正传统教材和学界对《资本论》文本内容的错误解读，消除长期以来社会大众对剩余价值理论的误解，根据剩余价值理论的基本原理、基本范畴和基本方法构建体例、范畴、原理统一的社会主义剩余价值理论,增强马克思主义经济学的解释力和适应性,推动马克思主义经济学时代化、中国化和大众化。

(1) 溯本清源,澄清误读,纠正附加在马克思名下的错误,回到"经典"剩余价值理论的认识。自苏联传承而来的传统政治经济学教材,对剩余价值理论存在过度政治化解读的倾向,把在特定语境和假设条件下的一些结论视作绝对的真理,严重忽视了经济范畴的客观性与历史性特征,对反映市场条件下社会化大生产规律的经济范畴过度排斥和否定,从而对改革开放实践产生持久的负面影响,也给构建社会主义市场经济理论带来诸多理论方面的困扰。溯本清源,还原经济范畴客观性、历史性的本来面目,挖掘反映现代商品经济运动规律的剩余价值一般的基本原理和基本规律,有利于推动社会主义市场经济发展,有助于构建基于马克思主义的社会主义市场经济理论。

(2) 以马克思主义经济学的基本原理和基本范畴为依托,构建体例统一的政治经济学范式体系,有利于增强马克思主义经济学体系的科学性、统一性。传统政治经济学教材中,资本主义部分属于《资本论》三卷的简缩本,重在批判、否定性解读;社会主义部分立足对社会主义制度、政策的诠释,重在对制度和政策的辩护。虽然现行教材做了较大改进,突出了对当代马克思主义经济学的阐述,强调了以问题为导向的对发展政策的诠释,但仍没有根本改变前后原理、范畴、体例不统一,逻辑不一致的弊端。本书运用经典剩余价值理论的基本原理、基本范畴、基本方法,构建充分反映现代生产方式实践变革趋势、社会主义生产关系性质和中国特色社会主义市场经济条件的剩余价值理论体系,努力解决现行政治经济学理论体系存在的上述问题。

(3) 对政治经济学中的有关基本理论问题进行全新诠释,增强了剩余价值理论的解释力和适应性。紧扣现代生产方式运动过程,运用科学抽象法,瞄准理论的逻辑和历史起点,还原其思维逻辑进程和历史发展脉络，围绕经济范畴客观性与历史性特征，重新审视和解释有关理论、范畴与论断，构建社会主义剩余价值理论，消除理论与实践的巨大落差甚至冲突，把理论融进历史进程，增强剩余价值理论的解释力和适应性，为社会主义市场经济发展提供行动指导。

第一章　剩余价值理论创立的社会历史条件与发展历程

马克思"发现"了剩余价值的秘密,"发现了现代资本主义生产方式和它所产生的资产阶级社会的特殊的运动规律"[①],深刻揭示了资本主义产生、发展、灭亡的历史趋势,从理论上回答了先前无论是资产阶级经济学家还是社会主义批评家都在黑暗中摸索无法回避的实践困惑。剩余价值理论是马克思的两大发现之一,是马克思主义经济学的全部理论基础,剩余价值理论的创立完成了政治经济学的变革,标志着无产阶级政治经济学的诞生,它在马克思主义理论中拥有举足轻重的地位。但该理论是如何产生的呢?它产生的社会历史背景与理论基础有哪些呢?了解这些有助于我们加深对剩余价值理论历史进程与逻辑演进过程的理解。

第一节　剩余价值理论创立的社会历史背景

剩余价值理论诞生于19世纪70年代[②],其创立过程长达30多年,

---

① 《马克思恩格斯选集》(第3卷),人民出版社,1995,第776页。
② 这里以《资本论》出版作为标志,因为该书属于公开发表的成熟研究成果。国内部分学者认为应该以剩余价值理论初步提出和表述为标志,即以《1857~1858年经济学手稿》为代表,因为该手稿未正式出版和定稿,本书不采信。

从19世纪40年代开始延续到80年代，该时期正是资本主义社会制度在欧洲全面确立并巩固的时期。在人类第一次工业革命的影响下，资本主义国家确立了以剩余价值生产为实质的现代生产方式的统治地位，步入了现代商品经济覆盖全社会的"物的依赖"历史阶段，开创了生产过程资本化、科学化、社会化、市场化、国际化发展的人类社会的新纪元。

一 资产阶级革命的胜利，确立了资本主义社会制度

虽然"资产阶级赖以形成的生产资料和交换手段，是在封建社会里造成的"[1]，但以"自由、平等、博爱"为核心的资本主义原则是在资产阶级革命获得成功、资产阶级夺取政权之后确立起来的。其中，发生较早、影响较大的资产阶级革命主要以英、美、法三国为代表。从17世纪中后期到18世纪末，欧洲先后爆发以英国和法国为代表的资产阶级革命。经过资产阶级革命，新兴商人和产业资本家阶级取得了国家的统治地位，摆脱了宗教神权的束缚和推翻了以世袭封建贵族为代表的地主阶级的统治，确立了以保护私人财产权和公民平等政治权利为核心的资本主义制度，为商品经济的发展和资本主义生产方式的崛起开辟了道路。特别是18世纪末发生的法国资产阶级革命，先后经历多次反复，历时时间长、参与革命的人数多，不仅对欧洲影响巨大，而且对整个世界资产阶级发展历程产生了深刻影响。法国大革命，用民主方式解决了农民的土地问题，消灭了封建的土地制度，为资本主义的发展开辟了广阔的道路。英法资产阶级革命的胜利代表了新生资产阶级的利益诉求，反映了新的生产方式发展的客观趋势和必然要求。马克思高度评价英法资产阶级革命的历史地位和影响，认为英法爆发的资产阶级革命"是欧洲范围的革命"，"它们宣告了欧洲新社会的政治制度"的胜利，反映了世界资本主义的发展要求。[2] 美国资产阶级革命是通过独立战争和南北战

---

[1]《马克思恩格斯选集》（第1卷），人民出版社，1995，第277页。
[2]《马克思恩格斯全集》（第6卷），人民出版社，1961，第125页。

争的形式表现出来的。从1775年爆发一直持续到1783年，经过八年的独立战争，推翻了英国的殖民统治，建立起独立自主的资产阶级共和国，对社会政治、经济进行广泛的变革，为资本主义发展创造了条件；经过1861~1865年的南北战争，废除了南部的奴隶制度，统一国内市场，为资本主义的发展开辟了广阔的道路。

通过资产阶级革命，推翻了封建地主阶级的统治，废除了封建等级制度、贵族特权以及砸碎了强加在人民头上的宗教枷锁，破除了地方割据、关卡林立等阻碍资本主义发展的不利局面，取消了行会及专卖制度，建立了以生产资料私有制为经济基础的资本主义制度，解放了被超经济强制压迫和剥削的劳动力，建立起统一的国内市场，为商品经济的发展创造了条件，为资本主义生产方式的确立和发展扫清了障碍。马克思晚年长期定居英国，正是英国这个率先确立资本主义制度和爆发工业革命的国家，成为资本主义生产关系运动和现代商品经济发展的典型案例，为马克思和恩格斯研究现代生产方式的运动规律与发展趋势，发现并建立剩余价值理论提供了客观条件。

二 第一次工业革命的爆发，确立了现代资本主义生产方式

第一次工业革命是以蒸汽机的发明与广泛应用为标志的，蒸汽机的应用把工场手工业内部不同机械工具联结起来，使之成为蒸汽机驱动的自行运动的机器体系。机器体系在生产过程中的应用，打破了原来工场手工业雇佣劳动者孤立、分散的独立劳动状态，把独立劳动变成生产过程中内部分工协作的局部劳动，劳动者随之丧失了作为独立劳动者的全部经验、技巧和智慧，成为社会化大生产过程中构成"总体工人"的局部工人。而劳动者在手工劳动时期形成的经验、技巧和智慧被转移到机器体系和资本家手中。机器体系与资本家化身为社会化大生产的客观物质力量，执行生产剩余价值的社会职能，在生产过程中支配劳动者和占有剩余价值。因此，第一次工业革命形成了机器大生产的物质技术基础，在机器大生产的基础上形成了以雇佣劳动为特征的资本主义社会化

大生产。这就是现代资本主义生产方式，该方式具有资本化、社会化、科学化的发展趋势。该生产方式在生产资料所有权规律的作用下，把追逐剩余价值作为唯一动机和目的，驱使生产过程资本化；在资本的驱使下，把一切经济资源都变成生产剩余价值的工具，把科学并入生产过程，并驱使科学为生产剩余价值服务；在科学进步的推动下，生产资料不断变革，进而推动生产方式变革，推动生产过程社会化不断深化。科学进步与广泛应用、社会化水平提高、管理变革与创新都成为推动生产率提高的主要手段。与传统手工业相比，现代生产方式不仅具备静态生产率优势，而且具备不断提高生产率的动态优势。凭借生产率优势，现代生产方式不仅战胜并取代以手工劳动为基础的工场手工业，完成劳动对资本从形式隶属到实际隶属关系的转变，成为真正意义上的资本主义生产方式，而且逐步打败同领域手工业劳动者，成为占统治地位的生产方式。

马克思把建立在机器大生产基础上的现代生产方式称为真正意义上的"资本主义生产方式"。资本主义生产方式及与之相适应的生产关系和交换关系就成为马克思剩余价值理论研究的对象，马克思通过研究现代生产方式运行规律，形成了剩余价值理论，深刻揭示了资本主义生产的本质，总结了资本主义生产方式运动的规律和趋势。

一般认为，第一次工业革命是从18世纪60年代英国工匠詹姆斯·哈格里夫斯发明珍妮纺纱机开始的。此后直至18世纪70~80年代，纺纱机逐渐被普遍应用于棉纺织业中，从而使得纺织工业领域率先实现生产力的革命性飞跃。英国科学家、通用蒸汽机的设计者詹姆斯·瓦特在18世纪原有蒸汽机的基础上，进一步改进结构，使之成为广泛应用的蒸汽动力机器，从而使蒸汽机在城市中被广泛采用。对于瓦特的发明，马克思称赞说："瓦特的伟大天才表现在1784年4月他所取得的专利的说明书中，他没有把自己的蒸汽机说成是一种用于特殊目的的发明，而把它说成是大工业普遍应用的发动机。"[①] 随着通用蒸汽机的出现，蒸

---

① 《马克思恩格斯文集》（第5卷），人民出版社，2009，第434页。

汽机迅速普及开来，席卷了工业、航海、陆路交通以及建筑等部门。蒸汽机在生产运输领域的广泛应用，彻底改变了人类社会物质的生产方式，推动人类生产方式由手工劳动向机器大生产转变，劳动的基本工具由简单机械向机器体系转变。到19世纪上半期，机器制造业的机器化，标志着第一次工业革命的完成。这是人类历史上第一次产业大革命，也是人类社会生产力的一次大飞跃。

第一次工业革命不仅巩固了资本主义的经济基础，而且为资本主义全球扩张提供了强大的物质技术支持。它改变了生产方式的物质技术基础，引起了生产方式以及生产关系的巨大变革。一方面，机器大工业摧垮了以往的一切生产方式，建立了资本主义生产方式的统治地位。在国内，机器大工业打破了各地区间、各行业间的封建堡垒，统一了国内市场，这为商品、劳动力和资本的自由转移扫清了种种障碍，为商品交换和投资转移构筑并提供了平台；在国际市场上，凭借廉价商品打开落后国家的大门，在世界范围冲击并逐步摧垮各种手工业者，进而在世界市场上建立资本主义生产方式的统治地位。另一方面，工业革命为科学发展与应用提供了物质技术条件。在资本驱动下，科学与生产日益紧密结合起来，成为推动生产方式不断变革和演进的强大内生动力。

三　商品经济的普遍发展，确立了资本主义市场经济的运行机制

在《资本论》第一卷中，马克思开宗明义："资本主义生产方式占统治地位的社会的财富，表现为'庞大的商品堆积'，单个的商品表现为这种财富的元素形式。因此，我们的研究就从分析商品开始。"[1] 研究资本主义生产方式之所以从商品开始，不仅因为商品是资本主义社会司空见惯的主要财富形式，还因为商品经济内在包含着资本主义成长的发展史。无论是从历史还是从逻辑方面来看，简单商品经济都是资本主义经济的起点，成长于自然经济内部的简单商品经济作为现代商品经济

---

[1] 马克思：《资本论》（第1卷），人民出版社，2004，第47页。

的幼年状态，不仅包含着现代商品经济的基本矛盾，而且孕育着现代生产方式。诞生于农耕文明的简单商品经济，在农耕文明时期，只有依附于自然经济才能存在；经过工业革命，简单商品经济才发展为现代商品经济，成为覆盖全社会的主导经济形式。现代商品经济借助工业革命的物质技术基础，依靠生产率优势战胜自然经济，成为占据统治地位的经济形式。因此，资本主义生产方式本质上也是现代商品经济的生产方式。资本主义生产方式与现代商品经济历史地融合发展既是历史的偶然现象，也是历史发展的必然结果。

资本主义的成长历史就是现代生产方式战胜传统小生产生产方式的历史，也是简单商品生产发展为现代商品生产的历史。现代生产方式为剩余价值生产提供了生产条件和技术手段，而简单商品生产发展为现代商品生产，也就是把交换用于满足自身生活需要的简单商品生产方式转变为满足社会需要、追逐剩余价值的现代商品生产方式。从历史观点来看，简单商品经济就是现代商品经济发展的逻辑起点。简单商品生产从生产方式来看属于以手工劳动为基础的孤立、分散的小生产。从生产目的来看，就是通过交换用来满足生产者及其家属生活需要的生产，属于特殊形式的自给自足经济。这种经济形式严格来说，是无法独立存在的。因为其产品无法直接满足生产者及其家属生活需要，必须通过交换获得生活资料来满足生产者及其家属生活需要，而交换源于剩余产品的出现，而简单商品生产却不能经常性地提供剩余价值。所以，简单商品经济长期依附于自然经济，通过交换，把自然经济体生产的部分剩余产品用于满足生产者及其家属生活的消费需要，而它生产的手工业品则是作为农牧业生产、生活的必要补充产品。

马克思的一般商品经济理论就是在假定这样的简单商品生产条件中展开分析的，这不是马克思的疏忽，而是马克思运用抽象分析方法的特意简化。把复杂的现代商品经济抽象为简单商品生产与交换，是为了揭示商品经济生产中社会形式的财富代表——商品价值的真正来源，服务于劳动价值理论的科学研究。在随后的剩余价值研究中，马克思沿用了这一假定并把假定条件"劳动者用于满足自身及家属生活需要的生产劳动时间"定义为"必要劳动时间",这就需要我们在阅读和研究中格外注意这一特殊的假定条件。因为必要劳动时间的内涵相当于简单商品经济中劳动者的全部劳动时间,而在现代商品经济中,满足个人及其家属生活需要的劳动时间,只是全部社会必要劳动时间的一部分。

现代商品经济生产本质上是建立在社会化大生产基础上的剩余价值生产。简单商品经济发展为现代商品经济经历了数千年的演进历史。其中,西欧15~16世纪爆发的农业革命,打破了农业生产率长期停滞的趋势,形成年均1%左右的增长,为商品经济发展奠定了生产、生活资料基础;17~18世纪爆发的工业革命,则为现代商品经济的确立奠定了物质技术基础。商品经济的发展,打破了简单商品生产的均衡,加剧了竞争与集中,生产者逐步两极分化:一部分破产者丧失生产资料,另一部分却不断发展壮大。生产资料的规模扩大和不断集中,为运用新技术、机器设备创造了条件。随着工业革命的兴起,以手工劳动为基础的简单商品经济过渡到以机器大生产为基础的现代商品经济,机器大生产逐步取代手工劳动成为主导的生产方式。现代商品经济在工业革命的物质基础上由于简单商品经济的发展而形成了现代商品经济形式,而该经济形式以商品生产者两极分化为条件:众多小生产者破产从而丧失生产资料,由此成为出卖劳动力的雇佣工人,而掌握了生产资料的生产者成为资本家。劳动力成为商品,是形成现代雇佣劳动制度的前提,是资本主义生产方式建立的前提条件;是形成普遍商品交换关系的社会基础,是剩余价值生产普遍化的制度条件,也是现代商品经济确立的必要前提。

可见,资本主义生产方式与现代商品经济发展的历程历史地交融在一起。现代商品经济在机器大生产的助力下,最初在城市,最后在乡村战胜传统生产方式,统一了国内市场,再逐步扩展到世界市场。采用雇佣劳动推进了商品生产的普及与推广,商品生产最终成为生产的普遍形式。资本主义生产方式"在它已经扎根的地方,它就会把一切以生产者本人劳动为基础或只把多余产品当作商品出售的商品生产形式尽行破坏。它首先是使商品生产普遍化，然后使一切商品生产逐步转化为资本主义的商品生产"①。

现代商品经济是以一定生产率条件为基础的，而资本主义生产方式提供了提高生产率的诸多工具和机制，为剩余价值生产奠定了坚实的物质基础和提供了强大的技术手段。马克思把商品经济普遍发展的社会称为"物的依赖社会"，人类正是借助"商品"这个特殊的物，抹去了个体人出身、财富、地位、职业等诸多方面的差异，打破了人的依赖关系，创造了普遍勤劳的生产方式，推动生产力无限发展，创造了生产关系的丰富性和人自身需要的多样性，不断塑造个体人独立自主的个性。

由于资本主义生产方式采用现代商品经济的运行机制，所以，剩余价值理论所总结的现代生产方式运动规律、所揭示的商品经济内部矛盾与冲突，有些是与资本主义生产关系相联系的资本主义生产方式的社会内容，有的则是与现代商品经济相联系的市场经济的运动形式，马克思在研究中对此并没有做出明确的区分。显然，从现代市场经济的发展来看，与资本主义生产方式相联系的剩余价值和与现代商品经济相联系的剩余价值既有联系也存在显著的不同。剩余价值在资本主义生产方式中，就是雇佣劳动者创造的大于自身价值的价值，既有资本剥削劳动的一面，也有资本代表社会发展生产力、执行社会经济职能的一面；而在现代商品经济中，剩余价值则是社会分工的基础，是扩大再生产的一般经济范畴，是社会化大生产的物质基础。劳动者创造多于自身及家属消费的物质资料是扩大再生产的需要，是满足非物质生产领域社会分工要求的需要，也是满足社会公共产品与服务需求的客观需要，多出的物质资料并不是多余的"剩余价值"，而是社会必要劳动的重要组成部分，这与资本剥削不存在必然的联系。

---

① 马克思：《资本论》（第2卷），人民出版社，2004，第43页。

四 社会分裂为两大对立阶级，为剩余价值理论的创立准备了阶级条件

随着工业革命广泛深入的开展，生产方式的变革必然影响上层建筑的变革以及经济结构的变化和社会阶级的构成。以机器代替自然力的现代工厂制度建立之后，社会生产关系彻底变革的时代到来了。大工业生产逐步排斥了手工业生产，从前的大商人、手工业工场主变成了工厂主。手工业工场的工人、包买商控制的工人成为独立的手工业者，失去了土地的农民及大量的新增人口，渐渐地变成了大工厂的工人。封建地主和一切中间阶级也受到了机器大生产的排挤。第一次工业革命的重要社会成果就是建立了以现代无产阶级和资产阶级为主体的社会。

机器大工业造就了资产阶级与无产阶级两大阶级以及二者之间利益的根本对立。它们之间的矛盾与斗争不断发展，日趋激烈和尖锐。19世纪30~40年代，法、英、德等国相继爆发了无产阶级争取经济利益和平等政治权利的政治运动，其中就有被载入史册的"三大工人运动"：法国里昂丝织工人的两次起义、英国的宪章运动以及德国西里西亚纺织工人的起义。三大工人运动的爆发宣告了无产阶级作为独立的力量登上了政治舞台。在1848年的欧洲革命风暴中，巴黎无产阶级的六月起义是无产阶级革命的第一次尝试，但最终被资产阶级残酷镇压。三大工人运动和巴黎工人起义表明了资本主义社会的基本矛盾已经发展到十分尖锐的程度，两大经济利益根本对立的阶级即无产阶级和资产阶级之间的矛盾是不可调和的，正是两大阶级之间的矛盾推动了资本主义的发展。工人阶级斗争的经验为马克思和恩格斯进行理论研究提供了丰富的材料，运动的失败表明无产阶级迫切需要为自己代言的科学的革命理论，客观形势使马克思主义理论的产生成为可能。

于是，资本与劳动的阶级矛盾与斗争成为马克思劳动价值理论和剩余价值理论形成的社会基础。在无产阶级作为资产阶级同盟军共同反对

封建专制与宗教压迫的条件下，资产阶级经济学能够深入资本主义生产关系，在一定程度上揭示资本主义生产方式运动的真相，体现其科学的一面。马克思指出："它的最后的伟大的代表李嘉图，终于有意识地把阶级利益的对立、工资和利润的对立、利润和地租的对立当作他的研究的出发点"。[①] 但出于保护本阶级利益的本能，他缺乏彻底的科学精神，"天真地把这种对立看作社会的自然规律"。[②] "这样，资产阶级的经济科学也就达到了它的不可逾越的界限。"[③] 随着资本主义生产方式的成熟和社会矛盾的充分暴露，"阶级斗争在实践方面和理论方面采取了日益鲜明的和带有威胁性的形式。它敲响了科学的资产阶级经济学的丧钟"[④]。原来对资本主义生产方式的科学研究就让位于对本阶级利益和资本主义制度的辩护。之后，资产阶级经济学走向了否定、取消劳动价值理论理论基础的庸俗化道路。

剩余价值理论作为无产阶级政治经济学的理论基础是在继承、发展古典政治经济学科学成就和批判形形色色庸俗经济学的错误中创立起来的。剩余价值理论的代表著作《资本论》常常被称为"工人阶级的圣经"，剩余价值理论总结和概括了资本主义生产的本质、规律和发展趋势，揭示了资本家发财致富和工人阶级贫困化的秘密，为批判和否定资本主义雇佣剥削制度奠定了理论基础，为无产阶级的解放斗争提供了理论支撑、指明了前进方向。

第二节　剩余价值理论创立的思想理论基础

剩余价值理论的创立源于马克思对古典政治经济学的批判性继承、创造性发展，是唯物史观在研究资本主义生产方式运动中的具体应用，

---

① 《马克思恩格斯文集》（第5卷），人民出版社，2009，第16页。
② 《马克思恩格斯文集》（第5卷），人民出版社，2009，第16页。
③ 《马克思恩格斯文集》（第5卷），人民出版社，2009，第16页。
④ 《马克思恩格斯文集》（第5卷），人民出版社，2009，第17页。

是在劳动价值理论基础上对资本主义生产关系深刻剖析的科学成果，奠定了马克思主义政治经济学的基石，标志着政治经济学的深刻革命。

一 世界观、认识论、方法论基础：唯物史观

马克思和恩格斯继承了费尔巴哈唯物主义的基本原则、摒除了其中的唯心主义杂质，抛弃了黑格尔的唯心主义外衣、吸收了其辩证法的合理内核，创立了科学的世界观、方法论、认识论——辩证唯物主义，并把辩证唯物主义的世界观运用到历史领域，创立了唯物史观，彻底打破了唯心史观长期盘踞、统治历史领域的局面。彻底摒弃了唯心主义从人的意识、思想动机中寻找历史发展动力的错误路线，否定了单纯地从抽象概念和范畴角度解释社会发展的形而上学做法，发现了人的意识、思想、目的变化背后的客观物质力量。他们指出，物质资料的生产及生产方式才是人类社会存在和发展的基础，而历史不过是人类追逐自身发展目的的客观物质运动，人类社会发展是"合目的""合规律"相统一的自然历史过程。唯物史观的发现为科学劳动价值理论以及剩余价值理论的创立奠定了科学的世界观、方法论和认识论基础。

唯物史观作为马克思与恩格斯发现的人类社会演进规律，也是进一步研究资本主义生产关系的认识工具，在二人合作的著作《德意志意识形态》（1845～1846年）中第一次得到详尽阐述。在1859年撰写的《政治经济学批判》序言中，马克思对唯物主义历史观的基本原则做了进一步的精辟概括，把唯物史观的实质高度概括为：人类社会是一个不断发展演进的过程，而人类社会的发展有其规律。人类社会的发展趋势是由其内部存在的矛盾运动所决定的，人类社会发展是由与他们的物质生产力的一定发展阶段相适合的生产关系决定的，该关系是在人们生产过程中形成的必然的、不以他们的意志为转移的关系。唯物史观彻底否定了唯心史观从人类的主观意识领域认识和理解人类社会活动的错误方法，认为社会存在决定社会意识，而社会意识反映社会存在并反作用于社会存在。物质资料的生产方式作为人类社会存在和发展的物质"社会

存在"形式，是产生社会意识并决定社会意识变化的现实基础，制约着整个社会生活、政治生活和精神生活的过程。人类的物质生产方式的基本矛盾运动是推动人类社会发展的内部动力：生产方式的物质内容构成了反映人与自然关系的生产力，而在生产过程中形成的社会形式构成了人与人之间的生产关系，在生产方式运动中，居于主导地位的生产关系总和构成了人类社会上层建筑赖以存在的经济基础。随着生产力的发展以及由此推动的经济基础的变革，生产关系就逐渐由发展生产力的社会形式转变为阻碍生产力发展的桎梏："那时社会革命的时代就到来了。随着经济基础的变更，全部庞大的上层建筑也或慢或快地发生变革。"①

唯物史观把人类社会的发展看作由人的主观动机驱动的符合规律的自然历史过程，总结了人类社会发展的客观规律性，深刻揭示了人类社会发展的根本动力，指明了人类社会演进的一般趋势和方向。唯物史观的基本原理和一般原则的发现为进一步研究和发现资本主义社会基本矛盾、概括和总结资本主义生产方式与交换方式的矛盾运动、揭示资本主义的发展趋势和方向提供了强大的理论武器。在唯物史观的指导下，马克思从社会生活的各个领域划分出物质资料的生产领域，从复杂的社会关系中抽象出经济关系，从各种经济关系中概括出生产关系，从而确定了政治经济学的研究对象；在应用唯物史观研究资本主义生产关系的过程中，形成了从具体到抽象、从简单到复杂、从现象到本质的科学抽象研究方法，把历史进程与思维逻辑进程结合起来。正如马克思在《政治经济学批判》序言中明确指出的那样，唯物史观是指导其政治经济学"研究工作的总的结果"②。在《政治经济学批判》中，马克思成功运用唯物史观分析了资本主义生产方式及其运动过程，在分析商品经济基本范畴和基本理论的基础上，第一次发展了古典经济学的价值理论，提出了完整的马克思主义劳动价值理论，并在此基础上首次发现并初步提出了剩余价值理论的基本原理。

---

① 《马克思恩格斯全集》（第13卷），人民出版社，1962，第9页。
② 《马克思恩格斯全集》（第13卷），人民出版社，1962，第8页。

在对马克思主义剩余价值理论的研究和诠释中,切忌脱离马克思主义经济学的研究方法,造成孤立、片面、静止、绝对化的认识。恩格斯在1884年评价法国社会党人加·杰维尔撰写的《卡尔·马克思的〈资本论〉》一书时说:概述总体是好的,但也存在十分明显的错误。那就是,只注重对马克思有关原理的逐字逐句地复述,而忽视了得出这些结论的前提条件,结果就必然导致人们对这些原理内容的歪曲和误解,马克思都是在特定前提条件下分析内容的,"这些原理具有非常明确的界限",如果抛开了这些原理的特定条件,"在杰维尔的著作中却带有绝对普遍的、因而是不正确的意义"。[①] 在恩格斯看来,对马克思主义经济学的理解不能偏离对其方法论的认识和特定假定条件的理解,只有把这些观点理解为相对真理,只有在一定条件下和特定范围内认识才是正确的;离开具体语境和特定条件,把马克思主义经济学的一些观点绝对化,是形而上学的错误态度。恩格斯当年的警告,今天仍然意义重大。在改革开放40多年后的今天,我们在政治经济学教材编写、教学和学术研究中,对马克思主义经济学基本观点、经济范畴做孤立、片面、绝对化认识的仍不乏其人。而绝对化诠释不仅削弱了马克思主义经济学的生机与活力,而且严重阻碍了马克思主义经济学的创新与发展。

二 理论基础:科学劳动价值理论

唯物史观的确立为创立科学劳动价值理论奠定了科学的世界观和方法论基础,而科学劳动价值理论的建立引起了经济学的理论基础——价值理论的变革,为进一步发现和创立剩余价值理论奠定了坚实的理论基础,也进一步验证了唯物史观的科学性。诞生于资产阶级革命时期的古典政治经济学把研究重点从流通领域转向生产领域,在一定程度上触及资本主义生产的本质和过程,揭示了资本主义商品经济与封建社会自然经济的本质区别,具有一定的科学性和进步性。但出于资产阶级的偏见

---

① 《马克思恩格斯全集》(第36卷),人民出版社,1975,第83~84页。

和维护本阶级利益的本能，其世界观基础是唯心主义的，其理论基础不够彻底，科学的真知灼见与庸俗、错误杂糅并存。它之所以最终破产，就在于唯心主义地把资本主义看作永恒存在的自然现象，就在于不彻底的价值理论基础。没有科学、彻底的价值理论基础，古典政治经济学就无法回答资本生产的一个司空见惯的实际问题：劳动价值理论和"资本与劳动交换"的理论困惑。

马克思把唯物史观应用到对经济学理论及资本主义生产方式运动实践的研究中，认为政治经济学是一门历史学科，经济学所揭示、概括的经济现象、经济过程以及经济范畴不是超历史的永恒存在，而是具有客观性、历史性。因此，经济理论、经济范畴都不是形而上学的永恒的观念，而是历史的、暂时的产物。经济理论和经济范畴作为生产方式以及交换方式及其运动规律的理论概括和总结，都不是超历史存在的永恒的东西。

在与资产阶级经济学的论战过程中，马克思应用唯物辩证法，创立了独具特色的马克思主义经济学抽象分析方法，创立了生产劳动二重性、商品因素二重性理论。按照历史进程与思维逻辑进程相统一的研究路线，通过研究简单商品生产条件下的商品生产、交换过程，揭示了简单商品经济的基本矛盾——社会劳动与私人劳动→生产商品劳动的二重性（抽象劳动与具体劳动）→商品二因素（价值与使用价值的矛盾运动），揭示了商品经济中物质财富的社会形式、性质及内容，揭示了物质财富的社会形式——商品价值的唯一真正源泉——人类的一般劳动，从而形成了科学、完整的劳动价值理论体系；初步回答了劳动价值理论与"资本与劳动交换"的一致性问题，完成了政治经济学的理论基础——价值理论的革命，坚持并发展了劳动价值理论。在批判李嘉图价值理论错误的基础上，"马克思研究了劳动形成价值的特性，第一次确定了什么样的劳动形成价值，为什么形成价值以及怎样形成价值，并确定了价值不外就是这种劳动的凝固"[①]。在劳动价值理论的基础上，

---

① 弗·恩格斯：《序言》，载《资本论》（第2卷），人民出版社，2004，第21页。

马克思从商品价值形式辩证发展的历史研究中，创立了"第一个详尽无遗的货币理论"[①]，揭示了货币的本质与基本职能。

至此，建立在劳动价值理论基础上的一般商品经济理论已经完成。在《政治经济学批判》中，马克思运用唯物辩证法分析商品、劳动、价值、货币，首次提出并阐述了生产商品劳动的二重性学说，从商品与劳动的矛盾运动关系中阐述劳动价值理论的一般理论和货币的基本原理，在1867年出版的《资本论》第一卷中，创立了与新的价值理论相适应的经济学术语，在逻辑和历史统一的基础上，系统地阐述价值形式发展的全部理论问题，形成了完备的劳动价值理论即一般商品经济理论。

在一般商品经济理论的基础上，马克思从简单商品经济的矛盾运动中，阐述了简单商品经济发展为现代资本主义商品经济的历史必然性，在这一转化过程中，货币转为资本，劳动力成为商品，简单商品经济的基本矛盾转换为资本主义社会的基本矛盾：生产社会化与生产资料私有制之间的矛盾。运用劳动二重性理论，进一步诠释了资本与劳动的交换在流通领域遵守价值规律；在生产过程中，雇佣工人生产剩余价值，资本家占有剩余价值的现象是所有权规律转化为对剩余价值占有规律发挥作用的结果，这里遵循而不是背离了价值规律，是剩余价值规律发挥作用的表现形式。至此，已经完美解决了劳动价值理论和"资本与劳动交换"的理论难题。马克思通过分析资本主义生产方式发展史与生产过程，阐释了资本主义生产的本质、特点和发展趋势，揭示了剩余价值的源泉——工人的劳动（具体劳动转移不变资本的旧价值，抽象劳动创造自身价值和剩余价值）；又从产业资本循环与社会资本再生产、剩余价值实现与分配、生产总过程等方面揭示了资本主义制度深刻的矛盾与冲突，总结了资本主义运动的规律与发展的必然趋势：资本主义必然为未来"自由人联合体"社会所取代。所以，劳动价值理论是马克思主义

[①] 弗·恩格斯：《序言》，载《资本论》（第2卷），人民出版社，2004，第22页。

政治经济学的价值理论基础,也是创立剩余价值理论的理论基础。

三 思想来源:古典政治经济学

剩余价值作为剩余劳动的价值形式,在简单商品经济条件下就偶尔存在,可谓历史悠久,但作为主导的价值形式是在资本主义生产方式确立时期才出现的现象。所以,认识和发现剩余价值及其运动规律的进程伴随着简单商品经济转向现代商品经济,以及资本主义生产方式从自然经济社会的腹中诞生、成长到成熟的全过程。从逻辑来看,现代商品经济起源于商人主导的手工业生产与商业活动,马克思称之为资本原始积累,代表商业资本利益的重商主义者较早涉及剩余价值问题,而且把剩余价值在流通领域的特殊形式——商业利润错误地归结为流通领域贱买贵卖的产物,从而在方向上偏离了剩余价值的本质和来源问题。

17世纪中叶以来,随着产业资本取代商业资本占据经济活动的中心位置,代表产业资产阶级利益的古典政治经济学的研究深入资本主义生产过程和生产关系内部,在一定程度上揭示了剩余价值生产的本质和真正来源。但由于受制于阶级局限性和生产关系的成熟程度,古典政治经济学的剩余价值理论还比较零碎,缺乏统一、彻底的价值基础,真理性认识与谬误并存,没有形成体系。"甚至古典经济学的最优秀的代表——从资产阶级的观点出发,只能是这样——,也还或多或少地被束缚在他们曾批判地予以揭穿的假象世界里,因而,都或多或少地陷入不彻底性、半途而废状态和没有解决的矛盾之中。"[①] 马克思的剩余价值理论就是在批判和继承古典政治经济学的基础上产生的。马克思系统地分析了17世纪中叶以来英、法经济学家关于剩余价值的论述,认为重商主义者最早在利润形式上考察了"剩余价值",而古典政治经济学的理论成就成为马克思剩余价值理论的重要思想来源。这里,以其中贡献与影响最大的威廉·配第、亚当·斯密和大卫·李嘉图为代表,介绍他

---

① 《马克思恩格斯文集》(第7卷),人民出版社,2009,第940页。

们关于剩余价值的成就与不足以及对马克思剩余价值理论创立的影响。

(一) 威廉·配第的剩余价值思想及其影响

英国古典政治经济学的创始人威廉·配第（1623~1687年）最早提出了劳动价值理论。在《赋税论》中，配第提出了劳动创造价值的论断，初步分析了剩余价值的特殊形式及来源问题。在分析价值的来源过程中，提出了劳动创造价值的原理，但混同了具体劳动与一般劳动，没有认识到创造价值的劳动的属性。威廉·配第没有系统地分析剩余价值的问题，他关于剩余价值的见解散见于其论著中。

归纳起来，配第的剩余价值观主要有下面几点。其一，劳动是价值的源泉。在《赋税论》中提到的"自然价格"其实指的就是价值。因为剩余价值的决定依存于价值的决定，所以配第关于价值决定的论述就显得尤为重要。其二，初步定义了劳动（力）的价值。认为劳动的价值是由必要的生活资料决定的，也就是说由能够满足劳动者维持自己的生存所需要的食物、衣服等生活资料所决定。劳动的价值就是劳动者应该获得的工资。事实上，劳动者想要获得自己劳动的价值就要付出更多的劳动。工人在创造刚够他维持自己生存的价值的劳动之外，所多做的劳动就是剩余劳动，创造的价值其实就是剩余价值。其三，地租是剩余价值的真正形态。最早从地租形态角度考察了剩余价值的来源，把地租归结为剩余劳动。

配第对剩余价值的认识有许多超越前人的地方，但也存在诸多问题。他没有明确地区分价值、交换价值和价格这三种价值规定，而是将它们混淆起来；没有认识到劳动的二重性；没有能够正确区分具体劳动和抽象劳动，所以自然也就混淆了使用价值的生产和价值的创造。这样，对价值真正来源的考察也就陷入了一种混乱。另外，配第的剩余价值观与劳动价值理论存在矛盾之处。他没能认识到价值的来源问题，只是肯定了劳动在价值创造中的决定性作用，没有能够正确认识到土地等生产资料在价值创造中究竟起到了什么样的作用。所以，威廉·配第对价值和剩余价值来源的考察虽然还存在一些混淆和不清楚的地方，但是与前人相比已经有了十分重要的突破，对马克思等人的剩余价值理论研究有着极其重大的启迪意义。

（二）亚当·斯密的剩余价值思想及其影响

亚当·斯密（1723～1790年）是英国古典政治经济学的杰出代表及其理论体系的建立者，主要代表作有《国民财富的性质和原因的研究》（简称《国富论》）和《道德情操论》。他第一次把以前的经济知识归结为一个完整的体系，第一次系统地论述了劳动决定价值的原理。与威廉·配第只在农业生产领域考察剩余价值不同，亚当·斯密将剩余价值的研究扩大到社会劳动的一切领域。

斯密的剩余价值思想主要有三个方面。其一，进一步发展了劳动创造价值的原理。亚当·斯密初步区分了商品二因素——使用价值和交换价值，并把创造价值的劳动归结为一般社会劳动，但由于不理解创造价值的劳动性质，无法明晰创造价值的劳动与劳动力耗费的"劳动"的区别与联系，无法将生产与流通中的劳动统一起来。因此，其价值理论是科学与错误并存的：一方面，坚持劳动创造价值，另一方面又认为工资、利润和地租这些所谓"购入劳动"决定价值。其二，正确认识到剩余价值的真正来源。正是基于对价值源泉的正确认识，亚当·斯密认识到剩余价值的真正起源，不是生产资料而是劳动者超过自身价值的无偿劳动。其三，进一步考察了不同的具体剩余价值的表现形式，但混同了利润与剩余价值，错误地把剩余价值等同于地租。一方面，把剩余价值看作由工人创造的扣除工资后的余额，是剩余劳动的产物；另一方面，又把剩余价值看作超出预付资本的余额。斯密考察了剩余价值的特殊转化形式地租和利息，认为地租或者利息都是一部分无酬剩余劳动创造的价值，是剩余价值的一部分。在斯密的理论中，不管是资本家的利润、地租还是银行的利息全部都是剩余价值的不同形式。

对于亚当·斯密的剩余价值观，马克思给予了很高评价。他指出，斯密不仅"认识到了剩余价值的真正起源"，"同时他还十分明确地指出，剩余价值不是从预付基金中产生的"，而"是在新的生产过程中从

'工人加到材料上的'新劳动中产生的","可见，利润不是别的，正是工人加到劳动材料上的价值中的扣除部分"。[①] 但斯密的理论也有不足之处。他没有认识到劳动力是一种特殊的商品，也没有区分剩余价值和利润。亚当·斯密还在交换价值的决定方面出现了"斯密教条"——交换价值取决于利润、工资和地租的错误谬论。马克思继承并发展了亚当·斯密的价值理论，同时克服了其缺陷。马克思区分了"价格"和"价值"两个不同的概念，并进一步指出，"供求"只是影响价格的因素，而"价值"才是价格的决定因素。马克思继承和完善了亚当·斯密的"交换价值"理论，指出交换价值的基础是价值，而交换价值只是价值的表现形式。

亚当·斯密的政治经济学思想形成了比较完整的理论体系，对马克思剩余价值理论的创立有着重要的影响。尤其是他最早把剩余价值的来源归结于剩余劳动的观点，更是为剩余价值理论的创立奠定了科学基础。

（三）大卫·李嘉图的剩余价值思想及其影响

大卫·李嘉图（1772~1823年）是英国古典政治经济学的集大成者，是最有影响力的古典经济学家。他的代表作是《政治经济学及赋税原理》，受亚当·斯密的影响较大。他的论著中包含一些关于剩余价值的内容。他论及的利润其实就是剩余价值，他所说的利润规律也就是剩余价值规律。李嘉图的剩余价值观点大略如下。

其一，把劳动价值理论贯彻始终。批评"斯密教条"的错误观点，认为商品价值的大小取决于生产该商品耗费劳动的多少，强调劳动是创造价值的唯一源泉，是衡量商品价值量的真实尺度，商品价值量是由其中耗费的劳动量决定的。已经清晰认识到决定商品价值的劳动并不是任一具体商品的劳动，而是"社会必要劳动"。因此，商品价值的变动是由劳动生产率的变动引起的劳动量变动决定的。并且，运用劳动创造价

---

① 马克思：《剩余价值理论》（第1册），人民出版社，1975，第58~59页。

值的基本原理进一步分析地租，形成了基于劳动价值理论的第一个比较完备的地租理论。李嘉图强调地租不是决定价值的原因，而是农产品价格提高的结果。

其二，批判萨伊"三位一体"的价值公式，认为商品价值包括劳动创造的新价值和过去劳动形成的生产资料的旧价值，并指出只有工人的活劳动才能创造新价值，而生产资料本身是不能创造新价值的。由于没有完善的价值理论，无法从理论上进一步解释新价值创造与旧价值转移的区别与联系。

其三，由于没有建立完善的劳动价值理论，缺乏劳动力商品理论，混同了劳动与劳动力，混同了具体劳动与抽象劳动，遇到两大困惑：（1）资本（雇佣劳动创造的价值）与劳动（劳动力价值或价格）交换似乎违背"等价交换"原则；（2）等量资本大致获取相等利润的分配现象似乎违背劳动决定价值的基本原理。

其四，以"利润"的名义研究剩余价值。由于没有正确区分利润和剩余价值，把"剩余价值"混同于"利润"，在其理论中，与工资或者与劳动相联系的利润实质就是剩余价值。在斯密价值理论的基础上，李嘉图不仅肯定了劳动是剩余价值的源泉，而且进一步把工资与剩余价值联系起来进行分析，进一步肯定了工人的剩余劳动才是剩余价值的真正来源。他的理论着重研究相对剩余价值生产过程，而忽视绝对剩余价值的生产，把工资与剩余价值在生产率提高条件下按相反方向变化看作资本主义生产的唯一规律。他指出工人工资的提高或降低与劳动生产率成反比，因此剩余价值率的提高或降低就与劳动生产率成正比。进而得出结论，一切缩短制造和运输商品的必要劳动时间的方法，并由此降低劳动的价值，都会增加剩余价值，增加利润，从而使资本家阶级发家致富。从理论上深刻揭示了资本主义社会两大阶级对立的经济原因，但他把剩余价值看作资本主义生产方式的固有东西，把剩余价值生产看作人类社会生产的自然形式，而没有看作人类社会发展特定阶段的历史进程。

第一章 剩余价值理论创立的社会历史条件与发展历程

李嘉图对剩余价值的认识存在下列不足。其一，剩余价值和利润混淆不清。大卫·李嘉图在任何地方都没有离开剩余价值的利润、地租、利息等特殊形式来单独考察剩余价值。他所说的利润规律也就是剩余价值规律，因为他把利润和剩余价值混淆起来。其二，混淆了劳动和劳动能力。他把劳动的价值规定为由在一定社会中为维持工人生活并延续其后代通常所必需的生活资料所决定的。其三，存在两个严重自相矛盾的问题。一个矛盾是资本与劳动交换和价值规律的矛盾；另一个矛盾是等量资本获得等量利润和价值规律的矛盾。

亚当·斯密、大卫·李嘉图等古典经济学家虽然承认利润来源于劳动者的剩余劳动，肯定了劳动在经济发展中的主体作用。但其价值理论基础科学与错误并存，不彻底、不完整。由于缺乏科学、完整的价值理论基础，劳动创造价值的观点就无法贯彻到底，也就无法进一步说明劳动如何具体创造价值和创造剩余价值，劳动价值理论就成为抽象、泛化的观点，缺乏具体理论论证和更多体系化范畴结构，剩余价值来源虽有一般结论，却无法进一步展开具体、深入的论证与诠释。因为缺乏科学世界观和方法论，更受制于阶级立场的局限性，古典政治经济学研究了具体、特殊的剩余价值形式，但没有对剩余价值概念做进一步概括和提炼，缺乏对剩余价值一般即剩余价值本身的分析和研究，缺乏研究的深刻性、彻底性，很多研究流于现象，或者在一定程度上触及生产关系的本质，但缺乏揭示本质和真相的勇气和意愿，无法进一步说明剩余价值从哪里产生和怎样生产的问题。在触及剩余价值生产本质的时候，用抽象概念或者形而上学的方法进行解释，缺乏理论深度和真理性。比如，借助天赋人权的说法阐释了资本家独占利润进行资本积累对于经济发展的重要性，而对于工人获取工资、积累人力财富、发挥创新劳动对经济发展的正面作用，要么论述很少，要么几乎没有涉及。认为工人创造剩余价值、无权占有剩余价值是合理的、永恒不变的自然现象，是对生产力发展最有利的。这些缺陷与不足呼唤着后人站在他们的肩膀上，以批判性继承的态度创立更加合理的、科学的剩余价值理论,马克思正是顺应这一时代要求创造伟大发现的人。

第三节 剩余价值理论创立的历程

剩余价值理论是马克思主义政治经济学的核心和基础理论,其创立、发展伴随着无产阶级政治经济学的发展。剩余价值理论有广义和狭义之分:狭义剩余价值理论的创立以阐述剩余价值实质和起源为标志,也就是从理论上回答困扰古典政治经济学家的第一个难题——劳动价值理论与资本和雇佣劳动交换相矛盾的问题;而广义剩余价值理论,则意味着在解决第一个理论难题的基础上,进一步回答第二个困扰古典政治经济学的理论难题——价值规律与等量资本获取等量利润现象的矛盾。如果按照狭义剩余价值理论,《资本论》第一卷的出版标志着剩余价值理论的成熟和完成,而广义剩余价值理论则是在三卷本《资本论》出版后才成熟和完成的。本节以狭义剩余价值理论形成为界进行划分,但参考广义剩余价值理论的形成过程。马克思的"剩余价值理论"创立历史可以划分为四个发展阶段:19世纪40年代的初步探索阶段;19世纪50年代的初步创立阶段;19世纪60年代的确立成熟阶段;19世纪70~80年代的进一步丰富发展阶段。

一 理论准备:剩余价值理论的初步探索

该阶段唯物史观的发现与创立,为剩余价值理论的发现与创立奠定了世界观和方法论基础。此时,学者逐步接受劳动价值理论的基本观点,初步提出劳动力商品概念,为进一步划分可变资本、不变资本,分析发现生产商品劳动的二重性,发现与创立剩余价值理论奠定了直接的理论基础。马克思和恩格斯在19世纪40年代创立科学社会主义,同时开始对经济问题的研究。在这一时期,马克思的剩余价值理论处在初创阶段。马克思的第一个伟大发现——唯物主义历史观,萌芽于1845年的《关于费尔巴哈的提纲》，创立于1845~1846年的《德意志意识形态》，在1847年的《哲学的贫困》中进一步得到发展，为研究资本主义生产方式与交换方式，揭示资本主义生产关系的矛盾运动规律奠定了科学的世界观和方法论基础；初步奠定了劳动价值理论的哲学基础，明确提出物品的价值本质上取决于生产该物品所需要的劳动时间。在1944年的《神圣家族》中，马克思和恩格斯接受了劳动是价值源泉的基本观点。在1849年发表的《雇佣劳动与资本》中，马克思虽然没有明确区分劳动与劳动力两个不同概念，但初步提出了劳动力商品理论，初步分析了劳动力商品价值的决定问题，在发展劳动价值理论上迈出了重要的一步；在剩余价值理论发现方面，有了一定的进展。1848年的《共产党宣言》运用唯物史观成功地论证了资本主义产生、发展和灭亡的历史趋势，揭示了资本主义雇佣劳动的本质，明确提出消灭资本主义私有制的革命主张；《雇佣劳动和资本》初步提出劳动力价值及其决定思想，进一步阐述了雇佣劳动对工人的剥削与压迫，为发现和创立剩余价值理论奠定了初步的理论基础。

二 价值理论变革：初步创立剩余价值理论体系

在提出劳动二重性的基础上，马克思运用唯物辩证法，采用马克思主义政治经济学特有的科学抽象法对商品内部矛盾运动与劳动二重性矛盾进行了分析，创立了完整、彻底的价值理论，实现了劳动价值理论的革命，为剩余价值理论的发现和创立奠定了科学的价值理论基础。在劳动二重性的基础上，进一步将资本区分为不变资本和可变资本，发展并完善了劳动力商品理论，奠定了剩余价值理论的完备理论基础，第一次使用剩余价值的科学范畴分析了资本主义生产方式的发展历史，揭示了资本主义生产过程的二重性；分析了资本主义剩余价值生产的两种基本方法，揭示了资本主义生产的实质，科学解释了剩余价值的真正来源，初步创立了剩余价值范畴及其基本理论体系。

19世纪50年代是马克思主义政治经济学发展的重要阶段。在该阶段，马克思在古典劳动价值理论的基础上构建系统、彻底的劳动价值理论，并在此基础上，初步完成剩余价值理论的创建。这些理论上的重大研究成果集中体现在《1857~1858年经济学手稿》中。在这部手稿中，马克思彻底摒弃古典政治经济学价值理论的错误，运用矛盾分析方法科学解释商品二因素之间的矛盾运动，创造性地提出生产商品劳动的二重性理论，从理论上揭示了决定商品二因素矛盾运动的深层次原因。把劳动创造价值的原理贯彻到全部理论，解决了困扰古典政治经济学的诸多理论难题。在理论上，把商品属性区分为自然属性与社会属性，相应地形成使用价值和价值——同一商品不同的二重因素，科学界定并区分商品使用价值和价值这两个不同范畴；运用劳动二重性理论，进一步分析商品二因素背后"劳动"的不同性质与属性，从而回答了困扰古典政治经济学的理论难题：相同劳动形成不同商品价值。在该手稿中，马克思初步分析了劳动力商品的二重性，正确区分了劳动和劳动力，根据资本在生产中的不同作用性质，把资本科学地区分为不变资本和可变资本，从理论上解释了资本与劳动交换和价值规律的一致性，初步解开了长期困扰古典政治经济学的又一个理论难题。

在手稿中，马克思第一次分析了资本主义生产过程的二重性。劳动二重性学说的创立，劳动和劳动力的区分，劳动力商品二因素的分析，不变资本和可变资本的划分，这一切为分析资本主义生产过程的二重性做好了理论准备。马克思发现，资本主义生产过程既是劳动过程，又是价值增殖过程。在《1857~1858年经济学手稿》中，马克思第一次使用了"剩余价值"这一科学概念，科学地揭示了剩余价值的性质和来源。马克思指出，工人出卖给资本家的是"劳动能力"，是对自己劳动能力的特定时间的支配权。资本家付给工人的是劳动能力这一商品的等价物。工人和资本家的这一交换是在流通领域进行的。流通过程结束后，资本家在生产过程中迫使工人劳动。"劳动是酵母，它被投入资本，使资本发酵。"[①]

---

① 《马克思恩格斯全集》（第46卷·上册），人民出版社，1979，第256页。

第一章 剩余价值理论创立的社会历史条件与发展历程

工人不但生产劳动能力的等价物,而且生产超过劳动能力等价物的价值。根据价值规律的交换原则,等价物只是价值同它自身的等同,而剩余价值绝不会从等价物中产生。因此,它不会在流通中产生,它只能从资本的生产过程中产生。

马克思在将工作日划分为必要劳动时间和剩余劳动时间的基础上,进一步考察了剩余价值生产的两种方法:绝对剩余价值生产和相对剩余价值生产。在资本方面表现为剩余价值的东西,在劳动方面恰恰表现为超过他作为工人的需要,即超过他维持生命力的直接需要而形成的剩余劳动。在《1857～1858年经济学手稿》中,马克思说:"资本的规律是创造剩余劳动"。① 这表明马克思在手稿中实际上已经深刻揭示了资本主义生产的实质和根本动机,初步解释了剩余价值规律的基本内容。"马克思在五十年代一个人埋头制定了剩余价值理论"②。恩格斯的评价是对马克思在19世纪50年代政治经济学研究的科学成果的准确总结。1859年,马克思出版了《政治经济学批判》(第一分册),初次发表了自己在19世纪50年代研究政治经济学的科学成果。

三 创立较为完整、成熟的剩余价值理论体系

马克思主义经济学正式诞生的标志,就是1867年《资本论》第一卷的出版。该书不仅建立了一整套完备的经济范畴,而且在历史与逻辑统一的基础上,建立了高度统一、逻辑严密的理论体系,标志着马克思主义劳动价值理论的成熟,进一步修正了剩余价值理论初创时期的部分错误,发展并完善了有关经济范畴,标志着剩余价值理论的成熟。

《1861～1863年经济学手稿》是马克思为准备出版《资本论》而撰写的手稿。1867年出版的《资本论》第一卷就是以马克思补写的商品、货币部分作为第一章,加上该手稿第一部分的前五章内容组成。在手稿

---

① 《马克思恩格斯全集》(第46卷·上册),人民出版社,1979,第378页。
② 《马克思恩格斯全集》(第39卷),人民出版社,1974,第25页。

中，马克思纠正了劳动价值理论的一些错误——劳动力价值是工资最低额，进一步完善了劳动价值理论，在此基础上不仅概括了剩余价值的一般形式，还进一步分析了各种具体的剩余价值转化形式，建立了系统的剩余价值理论、平均利润和生产价格理论以及地租理论，整理并概括了详细的剩余价值学说史。马克思在1865年的《工资、价格和利润》中首次公开了剩余价值理论的基本内容，而1867年9月《资本论》第一卷的正式出版标志着剩余价值理论的正式诞生。其一，建立了剩余价值理论的价值理论基础：完善的劳动价值理论。劳动价值理论不仅是剩余价值理论的基础，也是马克思主义政治经济学的理论基石。以生产劳动的二重性理论这一重大创新为枢纽，以抽象法、矛盾分析法为主要分析工具，从资本流通总公式入手分析劳动力商品的两重性质，揭示资本主义生产方式确立的前提是劳动力成为商品。其二，从资本主义生产过程出发，揭示了资本主义生产的特殊性质即生产剩余价值的本质，从而揭开了资本主义生产的秘密，阐明了剩余价值的来源与性质。其三，从资本循环和社会资本再生产出发，总结了资本积累是资本主义发展的必要条件、资本积累的客观必然性与历史趋势，总结了社会化大生产按比例进行的客观规律，揭示了资本主义生产既是物质资料再生产，也是生产关系的再生产，深刻揭示了资本主义剥削的实质、资本主义生产关系的内部矛盾以及资本主义产生、发展和必然灭亡的历史趋势。

四 剩余价值理论的进一步丰富发展

《资本论》第一卷付印后，马克思马上开始了整理出版后两卷的准备工作，并制订计划，预计在1867年末完成。可是由于第一国际的领导工作异常繁忙和19世纪70年代多次重病缠身，马克思最终没有完成这个计划。在1870~1877年，基本上中断了后两卷的修订工作。不过马克思在这段时间里并没有完全抛开对剩余价值理论的进一步研究，比如为了完善地租理论，马克思着手对俄语的学习，开始大量收集俄国农业与土地所有制方面的资料,并进行了深入研究。此外,马克思还多次应用数学方法研究1873年经济危机的有关资料,以进一步完善资本主义经济危机的理论。1877年,马克思再次投入资本流通理论的修订工作中,到1881年又先后完成了多份手稿。在此期间,马克思还为《资本论》第三卷写下了一些尽管篇幅不长,但内容广博的手稿。这些手稿有《剩余价值率和利润率关系的笔记》《级差地租和地租只是投入土地资本的利息》等,它们成为剩余价值理论的完善和补充之作。1883年3月14日,无情的病魔夺去了马克思的生命。《资本论》后两卷的内容只能以手稿的形式保存在其大量笔记和手稿中。恩格斯在1883~1885年,整理出版了《资本论》第二卷,该卷考察的是资本流通过程,也就是剩余价值实现问题。该部分把生产过程与流通过程结合起来分析剩余价值实现过程与条件,分别从中观层面(资本的循环和周转)和宏观层面(社会资本的再生产)揭示了剩余价值实现过程、条件及相关规律,进一步揭示了资本主义生产关系的运动规律和矛盾。是对《资本论》第一卷的补充和展开,把第一卷孤立、竞争的生产过程,拓展为动态、相互联结的运动过程,分析更全面,更具体、更深刻。经过1885~1894年的整理、补充,恩格斯修订出版了《资本论》第三卷,该卷是对资本运动总过程的分析,把产业资本、商业资本、银行资本、土地所有者统一起来分析资本运动的总过程,建立利润平均化和生产价格理论,全面回答了困扰古典政治经济学的第二个理论难题,进一步分析了剩余价值的分割或者分配问题,从而完成了广义剩余价值理论的构建,大大丰富和发展了剩余价值理论。

马克思逝世后,他的关于剩余价值理论的手稿转交到K.考茨基手里。经考茨基编辑整理,在1905~1910年以《剩余价值学说史》为名分三卷出版,该内容一般被看作《资本论》的第四卷,是剩余价值思想的详细批判史,包括古典经济学产生(斯密以前)、成熟(斯密和李嘉图)和解体(李嘉图之后)的全过程,是剩余价值理论的组成部分,也是研究马克思主义经济学说史不可或缺的重要文献。

厘清剩余价值理论产生的社会历史条件、理论基础和创立过程，有助于我们结合马克思主义政治经济学的分析方法，还原马克思主义经济理论的本来面貌，澄清一些强加在马克思名下的错误观点，形成继承、创新与发展马克思主义经济理论的正确思路和方法。

第二章 资本主义市场经济条件下剩余价值的生产

马克思的剩余价值理论包括剩余价值生产、实现以及分配三大理论组成部分，物质资料生产是人类社会生存的基础和基本条件，生产决定着交换与分配。因此，剩余价值生产理论是全部剩余价值理论的基础。该理论运用马克思主义经济学的特有分析工具——抽象分析方法，按照历史与逻辑相一致的叙述安排，以资本主义工场手工生产劳动作为逻辑起点，揭示了资本主义生产的本质与特征，从资本主义生产方式历史演进过程的角度概括了剩余价值生产的两种基本方式，总结了资本主义剩余价值再生产的基本条件与发展趋势。由于马克思剩余价值理论的研究对象就是资本主义生产方式，其运行环境是市场经济，为了与下文的社会主义市场经济条件下的剩余价值生产理论相区分，这里，把马克思的剩余价值生产理论统称为"资本主义市场经济条件下的剩余价值生产理论"。

第一节 剩余价值范畴

探讨资本主义市场经济条件下的剩余价值理论问题，就必然涉及剩余价值的范畴问题。长期以来，我们错误地把《资本论》中马克思分析剩余价值生产时提出的剩余价值概念作为唯一的真理性认识，把20世纪50年代苏联编撰的《政治经济学》中有关剩余价值范畴的概括和界定作为标准，而忽视了马克思在分析这些范畴时假定的特殊语境以及运用的特殊分析方法。马克思在分析剩余价值生产过程以及两种剩余价值基本生产方法中，沿用了在商品经济分析中的假设条件，劳动者都是孤立、静止的生产劳动者，劳动者的生产目的只是满足自身及家属的生活需要。马克思把这些需要对应的劳动时间称为必要劳动时间，超出这个需要的劳动时间称为剩余劳动时间。这里没有考虑其他社会分工领域的生产生活需要，也没有考虑再生产条件以及社会一般需要，而沿袭几十年的教科书《政治经济学》中的剩余价值范畴及相关经济范畴都是在这样的假定条件下概括和推论出来的。在这类教科书中，剩余价值范畴就等同于剥削，剩余价值率就是对资本剥削劳动程度的计量指标，该认识对社会主义理论与实践产生了深刻、广泛的影响。因此，必须澄清剩余价值范畴以及剩余价值源泉的本来面目，消除对马克思主义经济学核心范畴的误解，根据我国社会主义现代化与改革开放的实践增强剩余价值理论在社会主义市场经济条件下的适应性和解释力。

一 马克思关于剩余价值范畴的界定

马克思在《〈政治经济学批判〉（1857~1858年手稿）》中，在创立基于劳动二重性学说的劳动价值理论的基础上，正确区分了"劳动"与"劳动力"概念，在理论上第一次解决了困扰古典经济学的第一大难题即劳动价值理论（价值规律）与"劳动与资本相交换"的二律背反问题，初步阐述了剩余价值理论，第一次使用"剩余价值"（mehrwert）这一重要范畴，初步揭示了剩余价值的性质和来源。马克思明确把资本主义生产过程概括为"价值自行增殖过程"[①]——"价值自行增殖既包括预先存在的价值的保存，也包括这一价值的增殖"[②]，首次把"增殖"称为"资本在生产过程结束时具有的剩余价值"[③]，认为工人不仅生产出自己劳动能力的等价物，而且生产出超过等价物的价值。1867

[①]《马克思恩格斯全集》（第46卷·上册），人民出版社，1979，第270页。
[②]《马克思恩格斯全集》（第46卷·上册），人民出版社，1979，第282页。
[③]《马克思恩格斯全集》（第46卷·上册），人民出版社，1979，第270~271页。

年《资本论》第一卷的出版标志着剩余价值理论走向成熟。在《资本论》中,马克思建立了成熟、完善的劳动价值理论,全面系统地论证商品价值的真正源泉,从理论上科学解释了资本与劳动交换和价值规律的逻辑一致性问题。为进一步分析剩余价值的源泉和性质奠定了成熟的理论基础。在价值理论的基础上,构建了劳动力商品理论、劳动二重性理论和资本构成理论,为建立剩余价值理论奠定了直接的理论基础。运用劳动力商品理论解开了"资本流通总公式"的矛盾,运用劳动二重性理论分析资本主义生产过程从而解释了剩余价值的来源和资本主义生产的本质。

但纵观全书,马克思并没有给剩余价值提出一个统一而又明确的定义。在我国教育界和学术界曾长期占据主流地位的经典定义——剩余价值是雇佣工人在生产过程中创造的而被资本家无偿占有的超出劳动力价值的价值,体现了资本家对工人的剥削(许涤新,1980,第409页)。该定义最早源于苏联教科书《政治经济学》(1959年,人民出版社,第115页),国内出版的权威专业工具书《政治经济学辞典》(1980年,人民出版社,第409页)和权威词语工具书《现代汉语词典》(1996年,商务出版社)都有相同和相近的定义。它成为对马克思主义政治经济学的核心范畴剩余价值最权威而广泛流传的认识,影响一代代人,直到今天该定义仍然具有广泛的群众基础。虽然该定义是对马克思剩余价值概念在特定语境和特定生产关系中的概括和总结,但这种认识已经成为马克思主义经济学经典的教科书式的观点,也偏离了马克思对经济范畴的科学定义和方向。

经济范畴是生产关系的理论概括和总结,不仅是现实生产关系的客观反映,而且具有历史性。剩余价值作为经济范畴同样是对客观现实的反映,具有历史性的特征。在三卷本《资本论》中,剩余价值作为最核心的经济学范畴频繁出现,经过归并和整理主要有如下几个具有代表性的含义。[1]

---

[1] 此处参考了陆国梁(2010)的有关观点。

其一，马克思在分析资本流通总公式时，第一次给剩余价值下了个比较清晰的定义："这个过程的完整形式是 G—W—G'。其中的 G' = G + ΔG，即等于原预付货币额加上一个增殖额。我把这个增殖额或超过原价值的余额叫做剩余价值。"① 即剩余价值是资本循环过程中的货币增加额或者资本增殖的价值，这是把剩余价值与资本的职能结合起来定义，该定义充分反映了资本主义生产的根本动机和目的。

其二，剩余价值就是产出（或产品价值）大于投入的预付资本或全部生产费用（价值）的余额。② 在商品价值转变成生产价格的条件下，剩余价值就是商品价值超过商品成本价格的余额③，马克思从资本主义生产和再生产的一般过程角度揭示了资本主义市场经济条件下剩余价值生产的本质特征。

其三，剩余价值是剩余劳动时间的凝结，是物化的剩余劳动。④ 商品的价值是劳动时间的凝结，那么，剩余价值必然是剩余劳动时间的凝结，是物化的剩余劳动。该定义从商品价值理论视角，揭示了剩余价值在商品经济条件下所特有的物化剩余劳动的一般内涵。

其四，把剩余价值看作雇佣工人创造的大于其自身价值的价值。⑤ 剩余价值是可变资本带来的扣除其自身价值的余额，揭示了劳动在价值形成中的决定作用，深刻揭示了剩余价值的来源。资本在所有权规律的作用下，转变为对剩余价值的无偿占有。由此，该含义揭示了在由简单商品经济向现代资本主义生产方式过渡的过程中，在各种"准资本主义生产方式"中，丧失生产资料的独立劳动者出卖劳动力给"小资本家"进行集体简单协作、分工协作（工场手工业）生产的特殊生产关系。该含义把剩余价值与资本主义雇佣的剥削联系起来，深刻揭示了资本主义早期绝对剩余价值生产时期严重不公平的生产关系：资本对雇佣工人

---

① 马克思：《资本论》（第1卷），人民出版社，2004，第176页。
② 马克思：《资本论》（第1卷），人民出版社，2004，第242页。
③ 马克思：《资本论》（第3卷），人民出版社，2004，第41页。
④ 马克思：《资本论》（第1卷），人民出版社，2004，第251页。
⑤ 马克思：《资本论》（第1卷），人民出版社，2004，第242页。

赤裸裸的剥削和残酷压榨。

其五，剩余价值是劳动者剩余劳动或者无酬劳动创造的价值。"剩余价值，即商品产品中体现无酬劳动或剩余劳动的价值部分。"① 这揭示了现代商品经济的本质要求及其生产关系的一般特征。现代商品经济是以劳动力成为商品为前提条件的，社会分工高度发达，商品生产成为覆盖全社会、占据主导地位的生产方式，劳动者的个人消费从属于商品生产与交换需要，成为商品再生产的必要条件，每一个生产者的劳动既是私人劳动也是社会总劳动的一部分，商品生产者相互依赖、相互补充，他们的劳动共同构成商品社会的总劳动。生产者的生产在满足个人需要的同时还必须满足他人以及社会的共同需要，超过个人消费或者再生产劳动力需要的生产是社会分工和满足社会需要的必然条件，剩余价值生产及交换是现代商品经济生产的本质特征。而且生产关系成为普遍的物的依赖关系是现代商品社会最一般的特征。该含义从商品经济的视角解释了剩余价值，在内涵上与含义三相同，在资本主义生产方式过渡时期的生产关系条件下，与含义四的内涵一致。作为现代商品经济生产关系的概括和总结，该含义则具有特定内涵。

二　剩余价值内涵的现代解读

从上述引述中，在《资本论》中剩余价值既是客观的概念也是历史的、不断发展的经济范畴，具有多维度、多层次的不同特定内涵，对剩余价值的理解和把握不能脱离马克思著作的语境及其特定叙述的历史的、逻辑的生产关系条件。要进一步全面深刻认识剩余价值的科学范畴，就必须理解马克思分析经济范畴的研究方法和分析工具，必须按照历史与逻辑相统一的方法，历史地、发展地认识经济范畴，而不能脱离该范畴的语境和特定的生产关系条件，把经济范畴作为脱离逻辑关系和特定生产关系的绝对的真理性认识。不难读懂马克思对剩余价值的有关

---

① 马克思：《资本论》（第3卷），人民出版社，2004，第966页。

定义。从劳动者角度来看，剩余价值就是由劳动者创造的大于劳动者自身价值的价值；从资本家角度来看，剩余价值则是由其预付资本形成的大于其投入价值的价值余额。从全社会角度来看，剩余价值是商品经济条件下，劳动者创造的大于其自身再生产所需要的价值的部分，是以资本家名义首先直接占有的用于满足非物质生产领域生产和生活需要、社会一般需要以及物质生产领域再生产需要的新增价值，反映了物质生产部门创造的用于满足非物质生产领域生产与生活以及整个社会再生产需要的剩余劳动的凝结所形成的价值形式的物质财富，是现代商品经济社会存在和发展的物质基础。从现代商品经济来看，剩余价值是剩余劳动的时间凝结，是剩余劳动物化的价值，它不仅反映了现代商品经济特有的物的依赖的生产关系——它是由劳动者共同创造的大于其自身价值，用于满足社会一般需要和再生产需要的价值，也反映了物的依赖关系掩盖下的特定的人与人之间的生产关系。

第二节　资本主义生产的本质特征与生产剩余价值的基本方法

生产劳动就是人类借助劳动资料改造劳动对象使之满足人类某种需要的活动，也就是人类有目的、有组织、有计划地改造自然，创造某种使用价值满足人类生产或生活需要的活动。从资本主义生产关系来看，就是劳动力的使用或者资本家消费劳动力创造剩余价值的活动。资本主义生产劳动首先表现为一般的人类劳动，人类劳动首先表现为人和自然相互作用的过程，"是人以自身的活动来中介、调整和控制人和自然之间的物质变换的过程"[①]。

生产劳动是人类社会存在和发展的物质基础，在资本主义生产关系条件下，丧失了劳动资料的劳动者是生产劳动的主体条件，而资本家所

---

① 马克思：《资本论》（第1卷），人民出版社，2004，第207~208页。

拥有的劳动资料是客体条件，二者都只是在可能性上是生产力或者都只是形成生产力的基本条件，只有二者的结合才能形成现实的生产力。而二者结合的前提条件就是劳动力成为商品并通过市场自由地买卖。拥有生产资料的所有者在市场上能够顺利地买到劳动力商品，并使之进入生产过程，如此才能开始使用劳动力或者消费劳动力生产价值和剩余价值。而真正占有、使用、经营劳动条件，推动劳动主客体结合，组织、指挥、协调并监督劳动过程的主体是资本家，在对剩余价值生产过程的分析中，资本家管理劳动的主体地位被马克思有意抽象掉了，其作用被高度抽象为客观的"资本职能"，在叙述中，取而代之的是能够自我实现和运动的没有具体劳动内容的、十分抽象的"资本"。在后面的管理劳动叙述中，马克思又不失时机把资本家的管理劳动还原进生产过程；在"总体工人"的叙述中，进一步把生产劳动的范围扩大至所有直接和间接参与生产劳动的全体劳动者。而在现代生产方式中，资本职能执行者是具备专业知识和创新才能的职业经理人[①]。在这里，如果不理解科学抽象法，抛开特定语境和假设条件，马克思对剩余价值生产过程的这种高度抽象容易引起歧义和误解。

一 资本主义生产的本质特征

在资本主义生产条件下，劳动首先表现为人与自然相互作用的一般过程，通过改造自然，满足社会生产和个人消费需要的过程；其次表现为特殊的现代商品生产过程。在现代商品生产过程中，劳动者不仅要生产自身价值的等价物用于交换和满足自身需要，而且要创造满足社会需要的剩余价值，用于满足基于社会分工的其他领域的生产、生活需要和扩大再生产需要。资本家不仅要满足自身需要从而占有部分剩余价值，而且要代表资本履行其社会职能即追逐剩余价值的一般职能。资本主义

[①] 在资本主义早期，由于生产资料所有者与经营管理者常常是一体的，执行资本职能的就是资本家；而在成熟的资本主义生产关系中，由于两权分离和企业家专业化，履行资本职能的并不是资本所有者，而是职业经理人。

生产不仅是满足劳动者、资本家个人及其家属消费需要的生产，也是满足非物质生产领域的商品生产、交换需要和满足再生产条件的生产；不仅要满足一般的社会需要而且要满足不断扩大的再生产的生产条件。因此，现代商品经济的生产与一般人类生产劳动相比，最大的特征是：它不仅是特殊使用价值的生产过程，而且是价值与剩余价值的生产过程。

在简单商品经济发展时期，从农业、畜牧业中分离出来的独立手工业生产者就属于小商品生产者，他们拥有自己的生产资料，凭借自己生产的商品换取满足自己及家属生存需要的生活资料。作为简单商品经济的生产形态并不是独立的生产方式，只是作为过渡形式的生产方式，必须依附于主体生产方式才能生存。比如，在自然经济条件下，小商品生产者依附于自给自足的农业、畜牧业才能生存。因为基于满足自身需要进行交换而进行的简单再生产过程，本身并不能提供普遍商品交换社会所必须具备的较高生产率基础，也不能为普遍依赖的商品交换提供满足社会一般需要的剩余产品和扩大再生产的条件，其目的主要限于满足生产者及其家属消费的需要。一方面，小商品生产者自己生产的产品并非生存的必需品，无法自给自足；另一方面，由于缺乏必要的生产率基础，无法提供既能满足自身再生产需要又能满足他人一般社会需要的物质技术手段，他们交换所得的生活必需品只能来自另一个生产方式体系的剩余产品，生产的产品不能作为其他生产方式体系的必要劳动的产品而只能作为剩余劳动产品进入对方的消费品系列。比如，在中国农耕社会，许多手工业生产是作为自给自足农牧业生产的重要补充而存在的，在作为主体生产方式的农牧业内部，在满足自给自足生产需要以外所形成的剩余产品就成为手工业产品交换的对象，通过市场交换，手工业者获得了生活必需品，而农牧业生产者则获得了满足自给自足生产、生活需要的工具。在现代商品经济条件下，小商品生产者则依附于现代商品生产体系，成为形式上隶属于现代剩余价值生产体系的一部分，成为市场经济优胜劣汰机制的备选对象，随时可能成为市场竞争的牺牲品。

所以，作为一般生产劳动过程与价值形成过程统一的简单商品经济在人类历史上作为第二次社会大分工的产物已经存在数千年，但始终没有成为独立的生产形态。简单商品经济在近代农业革命的推动下，成为推动传统生产方式向现代资本主义生产方式过渡的主要形式，并得到较大的发展，最终在第一次工业革命的推动下，在以机器大生产为代表的现代生产方式确立为主体、主导生产方式的过程中，再次沦为从属于主流生产方式的边缘化的生产方式。现代商品生产劳动过程，首先，表现出人类一般劳动过程的共性，即生产满足社会需要的使用价值的过程，体现人与自然的物质、信息与能量交换关系；其次，表现为特殊的剩余价值的生产过程。

资本主义商品生产过程，就是资本家消费其所购买的劳动力的过程，也就是使用劳动力，把生产主客体条件结合为生产力，通过生产特定使用价值，生产补偿预付资本价值和剩余价值的过程。它表现出两个特点。第一，生产过程管理、协调和监督归生产资料所有者，劳动者在资本家的监督下进行生产。生产劳动的目的从属于资本增殖的需要，而非劳动者的自身需要，最大限度地提高劳动力的使用效率、节约生产资料耗费，而非节约劳动。在出卖给资本家以后，劳动力在生产过程中的使用权归资本家所有，工人则是被动地、被迫地适应生产劳动过程。第二，劳动者生产劳动的产品归资本家所有。资本家不仅拥有生产劳动的客体条件，也掌握着与客体条件结合的主体条件，代表社会行使资本的一般社会职能。因此，生产的劳动产品归资本家所有。所有权规律在生产过程中转化为资本家对产品的占有规律。这一现象不仅反映了资本主义生产关系的实质，也是资本履行其社会职能的制度要求，反映了社会化大生产的客观规律。

资本主义生产与传统农业生产相比，最突出的特色为它不仅是一般的特殊使用价值的生产，也是价值生产；与简单商品生产相比，最大的不同之处为它是在价值生产基础上的剩余价值生产。资本主义生产从属于资本增殖需要，只有生产剩余价值的生产劳动才能被视为"生产劳动"，剩余价值是资本主义生产的全部目的和根本动机，资本家代表社会履行生产剩余价值的资本职能。资本的职能是生产和不断积累剩余价值，从社会视角来看，工人和资本家的消费与资本积累一样都是剩余价值生产与再生产的条件。

从生产过程来看，资本主义生产首先表现出简单商品经济的一般特征，即生产过程是价值的形成过程。在生产过程中，工人通过具体劳动过程，把生产资料原有的使用价值转换为新的使用价值，把生产资料的原有价值转移到新产品中去，通过一般体力和脑力耗费，把与劳动力价值等价的抽象劳动凝结在新产品中，形成了包括转移的旧价值和创造的新价值的商品价值。所以，生产过程既是旧价值的转移过程也是新价值的创造过程。"作为劳动过程和价值形成过程的统一，生产过程是商品生产过程"。[①]

资本主义生产突出的特征和本质是价值增殖。如果资本主义生产止步于劳动力价值的生产就变成了简单商品生产，资本家就无法占有剩余价值。如前所述，简单商品生产自身缺乏独立存在的再生产条件，也无法满足资本主义再生产的基本要求，无法作为独立的生产方式而存在。因此，首先，商品生产必须具有一定的生产率基础，生产者的劳动不仅能够满足自身再生产的需要，而且能够有足够剩余产品用于满足他人或者社会需要；其次，现代商品生产不仅要满足生产者及其家属的消费需要，还要满足一般的社会需要和扩大再生产的需要；再次，资本主义生产是社会化、科学化、资本化高度融合发展的生产，剩余价值是资本主义生产的根本目的和动机，而剩余价值生产与流通则是资本主义生产条件的生产、实现与分配，决定着资本主义再生产的实现与扩张。因此，资本主义生产在生产过程中，形成劳动力自身价值的等价物，即在价值形成过程中不仅创造出补偿劳动力自身的价值，而且必须延长价值形成过程，通过延长劳动时间创造出剩余价值。也就说，资本主义生产过程是劳动过程与价值增殖过程的统一，所谓价值增殖过程"不外是超过一

---

① 马克思：《资本论》（第1卷），人民出版社，2004，第229~230页。

定点而延长了的价值形成过程"①。

这里的"一定点"的价值形成过程，在《资本论》中就是指用于补偿劳动力价值的价值形成过程，但在这里是在特定假定条件下的结论，即生产过程中只存在两个利益绝对对立的阶级——占有生产资料不参加劳动的资本家阶级和丧失生产资料靠出卖劳动力生活的工人；生产劳动的合理界限只是满足劳动者自身再生产需要的简单商品生产②，而超出劳动者及其家属需要的劳动就成为非必要的社会劳动。在这样的价值判断条件下，资本主义生产就是资本主义特有的剩余价值生产方式，即由雇佣工人创造的、被资本家无偿占有的超过劳动力价值的生产（宋涛，2018，第65页）。但如果运用马克思的研究方法进行概念还原和联系马克思政治经济学理论体系进行理解，撇开剩余价值的资本属性不谈，资本主义生产追求扩大再生产条件的特点就不是资本主义所特有的，而是现代生产方式的普遍要求，剩余价值生产的本质内容也并不必然与资本主义剥削内涵相一致。把马克思在特定语境中和特定假设条件下得出的结论作为绝对真理性认识来看待，就必然违背了马克思的初衷，也违背了马克思政治经济学的科学精神和科学方法。

二 剩余价值生产的两种基本形式

在资本主义发展历程中，剩余价值的具体生产方法多种多样，马克思把资本主义剩余价值生产的具体方法总结和概括为绝对剩余价值生产和相对剩余价值生产两种基本方法，不仅是按照生产方法的根本特征与物质技术条件加以区别，也是按照历史与逻辑相统一的方法进行叙述和安排的。这是把资本主义制度下工人的每个工作日区分为必要劳动（时间）和剩余劳动（时间）。所谓必要劳动（时间）就是用于生产劳动者

---

① 马克思：《资本论》（第1卷），人民出版社，2004，第227页。
② 实际上假定为作为自然经济补充的简单商品经济生产，这是特殊的自给自足形式的商品生产方式，即劳动者的商品生产仅限于满足自己及家属的需要，而不考虑社会的一般需要。

45

及其家属所需生活资料的那部分劳动（时间），剩余劳动（时间）就是超过劳动者工资的那部分生产劳动（时间）。

注意！这里，把劳动力价值再生产所需的劳动时间或者用于生产劳动力及其家属所需生活资料的劳动时间作为必要劳动时间，在马克思著作的文本叙述中是有特定假定条件和历史背景的。在后面的"剩余价值率"分析中，马克思抛开了这些特定的假设条件和历史背景，代入剩余价值率，并以此衡量资本主义剥削程度。这有其逻辑一致性要求，作为对资本主义生产关系极度简单的抽象方法无可厚非，有助于我们更加清晰地认识资本主义雇佣劳动的生产关系实质。但把这些基于极度简化得到并包含诸多假设条件的生产关系范畴作为对真实的社会关系进行定量分析的工具，就会无形中夸大资本主义的"罪恶"，把本来用于满足社会一般需要的剩余价值生产当作资本主义剥削的"罪恶"加以否定和批判，从而严重误导公众。如果把基于这些概念分析得出的结论作为真理性认识，则会与真理和事实渐行渐远。因为把个人需要作为社会全部需要的假设只是马克思抽象法的极简概括和总结，这种方法只是出于逻辑分析需要，其演绎得出的结论既不是历史的真实也不是理论的全部。

在人类历史上，只有自然经济时期的简单商品经济生产者的个人消费基本符合这一假定条件：小商品生产者把生产的全部商品用于交换本人及家属所需的生活资料，而满足其交换对象条件的只有自给自足的农牧业生产方式体系——该体系的生产在满足本经济体自身生活需要的同时，产生一定数量的剩余产品，用于交换生产、生活所需的手工业产品。但这种交换对于双方来说都属于消费性质，并非现代商品经济条件下生产条件的交换和实现。按照马克思的观点："生产的条件同时也就是再生产的条件。任何一个社会，如果不是不断地把它的一部分产品再转化为生产资料或新生产的要素，就不能不断地生产，即再生产。"① 这里，不仅把满足劳动力再生产需要的一般社会需

---

① 马克思：《资本论》（第1卷），人民出版社，2004，第653页。

要的生产"舍象"掉，使之成为特殊的简单商品生产，而且无视生产资料的再生产，把生产仅仅看作满足个人消费需要的手段，这种生产不具备再生产的条件。因此，该生产方式无法作为主体的生产方式独立存在。

而事实上，马克思在分析资本主义生产的过程中一再强调：建立在机器大生产基础上的资本主义剩余价值生产才是真正的资本主义特殊的生产方式。资本主义生产本质上是剩余价值生产而非简单商品生产，资本主义生产是建立在机器生产机器的物质技术条件上，占统治地位的是社会化大生产而绝非自给自足的小生产，资本主义生产是以劳动力成为商品为条件的商品交换覆盖全社会的"物的依赖关系"社会的生产，而非孤立、分散的小生产。这个假设与成熟资本主义生产关系是相互矛盾的："如果工人需要用他的全部时间来生产维持他自己和他的家庭所必要的生活资料，那么他就没有时间来无偿地为第三者劳动。"[①] 剩余产品的出现是阶级社会的物质条件，也是出现产品交换和商品生产的必要前提。劳动者的生产只有在满足自己及家属需要之后存在一定数量的剩余，也就是存在剩余劳动及其产品，劳动者才可能为他人需要而生产，商品生产才有条件成为现实。

（一）绝对剩余价值生产

绝对剩余价值生产就是通过绝对延长工作日生产剩余价值的方法，也就是在必要劳动时间一定的条件下，通过延长劳动时间来生产剩余价值的方法。绝对剩余价值生产无论是从历史还是从逻辑来看，都是相对剩余价值生产的起点，也是整个"资本主义制度的一般基础"[②]。

绝对剩余价值生产作为早期占据主导地位的资本主义生产方式是资本主义战胜小生产者、拥有小块土地农民和小商人的最有效的手段。虽然随着机器大生产的逐步普及，机器大生产的主体地位最终确立，传统的绝对剩余价值生产方式被取代，以生产资料不断变革和技术组织不断

[①] 马克思：《资本论》（第1卷），人民出版社，2004，第585页。
[②] 马克思：《资本论》（第1卷），人民出版社，2004，第583页。

演进为特征的相对剩余价值生产成为主流。但采用新的剩余价值生产方法并不是为了拒绝剩余价值,而是为了更精巧、更高效地获取剩余价值,不断改进和完善剩余价值生产的方法,是资本主义发展的绝对规律和趋势;相对剩余价值生产不过是以技术进步为前提条件的特殊形式的绝对剩余价值生产。因此,绝对剩余价值生产是资本主义生产的一般基础。

在资本主义发展的早期,由于第一次工业革命的成果尚未普及,资本主义还没打下属于自己的生产方式的物质技术基础,资本主义生产仍然建立在传统手工业生产的物质技术基础之上。此时,劳动者作为独立的生产者,拥有作为小生产者的全部生产智慧、工艺和技巧,甚至拥有部分生产资料,他们出卖的仅仅是劳动及其产品,还不是真正意义上的劳动力商品,"这种生产方式连同它的方法、手段和条件本身,最初是在劳动在形式上从属于资本的基础上自发地产生和发展的"[1]。由于资本主义没有打下自己的物质技术基础,资本家提高生产率的手段十分有限,普遍采取延长劳动时间和提高劳动强度的方法实现绝对剩余价值生产,一方面扩大资本积累规模,另一方面加速小生产者的两极分化,为最终战胜小生产者,不断创造和巩固资本主义生产的主客体条件。在生产关系内部,劳动者还拥有对生产过程、生产工具、生产工艺、生产流程的主导权和控制权,劳动对资本的隶属关系主要体现在对生产资料以及产品所有权的主导以及控制上。因此,只是形式隶属关系而非实质隶属关系,资本对生产过程的绝对监督控制权和对产品的绝对所有权还没有真正建立起来。

由于资本主义早期没有打下与剩余价值生产相适应的物质技术基础,只能在沿袭几百年的既有物质技术条件下生产剩余价值,资本竞争的要求与追求增殖的贪欲都需要把雇佣劳动的时间无限延长。资本在从旧社会中诞生之初,由于自身力量比较弱小,"不能单纯依靠经济关系的力量,还要依靠国家政权的帮助才能确保自己吮吸足够数量的剩余劳

---

[1] 马克思:《资本论》(第1卷),人民出版社,2004,第583页。

第二章 资本主义市场经济条件下剩余价值的生产

动的权利"①。英国、法国等早期资本主义国家的资本"借助国家政权的力量力图迫使成年工人接受的工作日的延长"②,是绝对剩余价值生产方式的典型代表。在早期资本主义工场手工业内部,资本通过无限延长劳动时间和提高劳动强度对雇佣工人进行赤裸裸的剥削和压榨的生产关系十分简单明了。在资本主义生产关系诞生的早期,被雇用的劳动者在"必要劳动时间"生产出自身价值的等价物,在"剩余劳动时间"为资本家生产剩余价值。但这种无限延长劳动时间的方法会遇到工作日天然长度的限制,会遇到个人生理极限的限制,会遭遇来自工人越来越激烈的对抗与反抗。这种生产方法的过度使用会严重摧残劳动者的身心健康,甚至危及劳动条件的再生产,会遭到工人特别是掌控生产工具使用智慧和生产工艺、技巧的工人的激烈反抗,从而导致破坏剩余价值正常生产的条件,反而不利于剩余价值的生产。所以,马克思认为这种生产方法只存在于由传统手工业向资本主义生产方式过渡的中间环节,必然随着资本主义生产方式的完全确立而被逐步取代。

我们必须注意:马克思在分析资本主义剩余价值生产过程时,是把绝对剩余价值生产的基本条件和假设贯彻始终的,相对剩余价值的生产、剩余价值率分析也是如此。这样的假设和分析前提,使分析内容的逻辑关系显得简洁明了、前后一贯,但这种方法也会引发问题,容易导致读者误把早期资本主义生产方式绝对化,从而形而上学地对待资本主义生产关系及相关范畴。

在资本主义早期的生产过程中,资本执行社会职能的权力得到初步发展。在原有生产方式内部初步确立资本对劳动的指挥权。随着资本主义生产方式的确立,在生产劳动过程中,"资本发展成为对劳动,即对发挥作用的劳动力或工人本身的指挥权"③。生产剩余价值作为资本的社会职能和权力在这里得到确认,并在成熟的资本主义生产方式中得到

---

① 马克思:《资本论》(第1卷),人民出版社,2004,第312页。
② 马克思:《资本论》(第1卷),人民出版社,2004,第313页。
③ 马克思:《资本论》(第1卷),人民出版社,2004,第359页。

进一步强化和巩固。资本家是"人格化的资本"——这也是马克思分析资本主义生产关系一以贯之的叙述方法，为了避免误解，将资本家作为执行资本职能的当事人，"这里涉及的人，只是经济范畴的人格化，是一定的阶级关系和利益的承担者"①。基于唯物史观的认识，马克思把资本主义生产方式的运动和发展视为自然的历史过程，资本的职能只是资本主义生产关系的产物，而资本家则是资本职能和资本主义生产关系的承担者和当事人。资本的权力正是履行资本职能的客观需要，属于资本对剩余价值生产过程监督、指挥和管理的社会权力。在剩余价值生产方面，"作为他人辛勤劳动的制造者，作为剩余劳动的榨取者和劳动力的剥削者，资本在精力、贪婪和效率方面，远远超过了以往一切以直接强制劳动为基础的生产制度"②。正是缺乏与大规模剩余价值生产相适应的物质技术基础，资本对劳动急功近利的剥削和压榨显得十分突出、残酷和普遍，引起工人的对抗和反抗也比较突出和激烈。也可能因为这样，马克思事实上把资本主义生产关系设定为零和博弈的对立关系，而且出于对工人阶级利益捍卫和维护的目的，在对资本主义生产关系的条件设定与分析中，自觉不自觉地突出了工人立场和利益，而忽视甚至无视了资本主义社会的一般利益。

事实上，工人与资本家作为资本主义生产关系的主角，他们的利益既有对立冲突的一面，也有协调合作的一面，片面肯定或者否定任一个方面都不是辩证的态度。这里，马克思对劳资关系分析的事实是置于商品关系普遍化的社会关系之中的，劳资对立关系的分析中也渗透着深刻而广泛的物化劳动关系的影响。工人在生产过程中表现出客体化、被动、被迫、强制、剥夺等处境与地位不仅与资本主义生产关系有关，也与物化社会的环境息息相关。由于马克思在分析过程中把资本主义早期生产关系的条件代入成熟的资本主义生产关系的分析之中，所以如果不理解这一点就容易错误地把前商品经济的社会关系作为成熟商品经济的

---

① 马克思：《资本论》（第1卷），人民出版社，2004，第10页。
② 马克思：《资本论》（第1卷），人民出版社，2004，第359页。

生产关系来看待。比如，把工人劳动力价值再生产的时间视作"社会"必要劳动时间，而排除了成熟商品社会个人消费社会化的普遍规定，社会必要劳动不仅要满足个人消费需要，也要满足他人与社会一般需要。而满足个人需要的生产主要限于小生产者（小商品生产、自给自足农业生产等范围）。

（二）相对剩余价值生产

马克思把通过改变工作日两个部分的比例，缩短必要劳动时间、相对地延长剩余劳动时间生产的剩余价值称为"相对剩余价值"。现在的政治经济学教材把这种方法称为"相对剩余价值生产"[1]，也就是在工作日一定的条件下，通过缩短必要劳动时间，相对地延长剩余劳动时间生产剩余价值的方法。

其一，"相对剩余价值的生产以特殊的资本主义的生产方式为前提"[2]。相对剩余价值生产是典型的资本主义生产方式，也就是以追逐资本增殖为唯一目的的特殊商品经济，或者典型的或者成熟的剩余价值生产方式。绝对剩余价值生产只是在传承下来的既有生产方式条件下进行的剩余价值生产。在这种生产方式中，劳动力还没有完全从属于资本增殖的需要，工人的劳动还具有独立的完整形式，劳动过程还没有被资本占有和掌控，资本增殖的愿望还无法克服工作日的长度限制、工人的生理限度，还无法提供消除劳动抗争的物质条件，所以它只能作为资本主义的过渡性生产方式。

要突破既有生产方式的限度必须推动生产方式革命，奠定和建立与资本主义剩余价值生产相适应的物质技术基础和生产方式。资产阶级革命为科学发明和新技术应用创造了制度条件和社会环境，在工业革命的推动下，新的发明和技术不断应用于生产过程，彻底改变了传统手工业生产方式，推动生产方式不断变革，大大提高了劳动生产率，相应地缩短了必要劳动时间，不断地改善劳动者的劳动条件和环境，也为剩余价

---

[1] 马克思：《资本论》（第1卷），人民出版社，2004，第366页。
[2] 马克思：《资本论》（第1卷），人民出版社，2004，第583页。

值生产的不断扩张创造了新的条件。

在社会变革方面,砸碎强加在劳动力身上的超经济强制的种种枷锁,让劳动者成为支配自身劳动力的主人,通过借助国家力量和市场竞争加速小生产者的两极分化:生产资料日益集中在少数人手中、大批小生产者破产成为依靠出卖劳动力生活的无产者。劳动力成为商品,从而形成以商品或者货币依赖为中介的普遍的物化关系世界,让劳动力消费和再生产成为资本主义生产的一部分,从而完成向劳动对资本的完全隶属关系的转变,巩固资本社会职能的权威及其在生产领域的统治。

在物质技术方面,工业革命为资本主义生产方式的全面确立提供了物质技术动力。机器生产机器奠定了机器化社会化大生产的物质技术基础。"无限度地延长工作日正是表现为大工业的特有的产物。"[1] 机器化社会化大生产彻底打破了工作日的自然界限,让剩余价值生产成为全天候无休息的无限度扩展模式,机器大生产剥夺了劳动者作为独立生产者的条件,把劳动者原有的力量、智慧和技巧通通转移到生产资料上,原来的经验性积累的劳动让位于科学的应用和工艺、工程科学与生产过程的结合。机器生产不仅消灭了原来的劳动等级,还无情剥夺了劳动者作为独立劳动者所拥有的力量、智慧和技艺,让劳动成为简单重复、空洞乏味的过程。让独立的劳动者变成了以机器工作运行体系为中心所形成的不同生产环节的企业内分工的一个组成部分。

在生产组织方面,形成与机器大生产相适应的以机器运行为中心的劳动协作分工的现代企业组织:工厂。机器的高速连续运行为提高劳动强度提供了技术条件,而纪律严明的工厂制度则为劳动力合规范、高效率的使用提供了组织保障。资本主义生产方式凭借自身驱动生产力发展的特殊机制,不断推动科学发展和技术进步,不断推动生产率的提高,在一切生产领域攻城略地,不断战胜传统的以手工劳动为基础的小生产者,逐步成为占统治地位的生产方式。"它成了生产过程的普遍的、在

---

[1] 马克思:《资本论》(第1卷),人民出版社,2004,第584页。

社会上占统治地位的形式。"① 资本主义生产方式的确立打开了财富创造的源泉，推动科学的资本化发展与应用，推动生产社会化、市场化和国际化。科学的资本化发展与应用，推动了生产资料不断变革，而生产资料变革引发了生产方式与生产关系的不断演进。现代生产方式的确立适应了资本主义剩余价值生产无限扩张的需要，它帮助资本主义在国内战胜小生产者，成为普遍的、占统治地位的生产方式；在国际上，不断征服落后民族、开拓国际市场，成为推进经济国际化的经济武器。

其二，资本主义生产方式为现代科学发展提供了物质技术条件和广泛的应用平台，形成自我革命的强大驱动力。科学创新和应用为生产方式不断变革提供了强大动力。机器大生产在人类历史上为现代科学发展提供了研究、实验的物质条件，也为科学在生产中大规模应用创造了社会组织平台和物质技术手段。资本主义生产方式利用资本化手段驱使科学为剩余价值生产服务，"生产过程成了科学的应用，而科学反过来成了生产过程的因素即所谓职能。每一项发现都成了新的发明或生产方法的新的改进的基础"②。在现代商品经济社会里，资本是驱使科学和生产过程相结合的"社会机构"（杨玉华和丁泽勤，2013，第22页），而资本主义生产方式成为科学与生产结合的载体和社会平台，"劳动资料取得机器这种物质存在方式，要求以自然力来代替人力，以自觉应用自然科学来代替从经验中得出的成规"③。以机器为基础的社会化大生产为科学发展和应用创造了条件，也进一步推动了科学发展与应用。在生产过程中，科学应用替代了原来手工劳动的智慧与技巧，一线工人的劳动成为简单机械重复的劳动；一方面，脑力劳动与体力劳动完成了对立和分化；另一方面，科学劳动逐渐从一般劳动中分离出来，成为专业的独立化的劳动。科学的资本化应用，推动了科学与生产过程结合，也推

---

① 马克思：《资本论》（第1卷），人民出版社，2004，第584页。
② 《马克思恩格斯全集》（第47卷），人民出版社，1979，第570页。
③ 马克思：《资本论》（第1卷），人民出版社，2004，第443页。

动了脑力劳动的独立化和专业化发展。"随着资本主义生产的扩展,科学因素第一次被有意识地和广泛地加以发展、应用并体现在生活中,其规模是以往的时代根本想象不到的。"① 正是由于生产与科学结合的实践不断推动生产资料及机器设备的发展和完善,以科学应用为基础的现代生产方式具有不断变革演进的特点。②

其三,资本主义生产方式推动了生产社会化不断发展,成为创造新生产力的源泉。资本主义生产采取机器体系方式,形成的生产规模是以往手工劳动无法比拟的,较大的生产规模和连续不断的空间聚集生产流程,不仅促进生产过程分工与协作,把过去孤立分散的小生产者组织集合成为具有一定规模的结合劳动,也为科学应用和技术工艺不断改进提供了可能:"生产过程不断地变成社会结合的、用科学处理的生产过程"③。建立在分工基础上不断扩大的总体劳动,推动了以机器体系为中心的劳动资料的不断发展和完善,为更大规模、更高层次应用科学创造了可能;同时,建立在日益发展的分工基础上的总体劳动的协作、监督和管理本身越来越成为复杂的科学行为。因此,科学与生产的结合,不仅驱动科学在生产过程中应用,把生产过程变成科学的组成部分,还要求"应用自然科学来解决由此产生的问题"④,而且"这个原则到处都起着决定性的作用"⑤。同时,生产实践活动也为科学发展提供了源源不断的动力和素材,正是生产实践不断推动的科学的应用和发展,使科学成为"生产的另一个可变要素"⑥,正是生产与科学结合的实践不断推动生产资料及机器设备的不断发展和完善,因此,"现代工业的技术基础是革命的"⑦。

---

① 《马克思恩格斯全集》(第47卷),人民出版社,1979,第572页。
② 马克思:《资本论》(第1卷),人民出版社,2004,第560页。
③ 马克思:《资本论》(第1卷),人民出版社,2004,第724页。
④ 马克思:《资本论》(第1卷),人民出版社,2004,第531页。
⑤ 马克思:《资本论》(第1卷),人民出版社,2004,第531页。
⑥ 《马克思恩格斯全集》(第49卷),人民出版社,1982,第495页。
⑦ 马克思:《资本论》(第1卷),人民出版社,2004,第560页。

绝对剩余价值生产是资本主义生产的起点,也是资本主义生产的基础;相对剩余价值生产是资本主义生产中占统治地位的方法,是在科技进步和生产率提高基础上的特殊形式的绝对剩余价值生产。

第三节 资本主义生产方式的发展史

在剩余价值生产理论分析中,马克思详尽地展示了历史与逻辑相一致的分析方法的具体应用,在用抽象法概括和总结资本主义生产本质与特点的基础上,展示了资本主义生产方式的发展历程;在动态与发展过程中,运用历史分析方法补充和修订在抽象法基础上得出的结论。这样就把抽象法与历史的分析方法结合起来,避免了在抽象、孤立、静态分析中出现的偏颇结论和推论,把逻辑与历史结合起来,把抽象的经济范畴还原到历史的具体实践过程中,不断推动经济范畴自我运动和发展,把抽象分析得出的本质结论与具体、历史实践结合起来,进行检验、丰富和发展,从而明晰经济范畴的发展演绎过程,呈现理论中的具体,把事物的多维性规定充分展示出来。因此,所有的经济范畴既是客观的也是历史发展的。

一 资本主义协作劳动

一定规模的手工劳动者聚集起来,在同一的管理者指挥下相互协作共同完成生产过程,被马克思称为协作生产。从独立分散的手工劳动转变为机器大生产,资本主义协作生产是中间的过渡环节。从资本主义发展历程来看,这种生产方式就是资本主义生产的起点。资本主义协作生产在历史上和逻辑上都是资本主义生产的起点。[1] 在既有的生产方式条件下进行生产劳动,只有雇用足够多的工人,才能生产出足够规模的剩余价值,才能让雇用工人的小业主放弃原本参与的生产劳动,真正成为

---

[1] 马克思:《资本论》(第1卷),人民出版社,2004,第374页。

脱离一线劳动的资本家。因此，协作是在既有生产方式条件下满足资本主义生产关系最低生产规模需要的早期资本主义生产方式。因此，小业主转变成脱离生产的资本家需要有一定最低限额的单个资本。① 与分散、孤立的小生产者劳动相比，资本主义协作劳动具有以下四个特点。其一，同一个资本同时雇用较多的工人，通过雇佣关系，劳动者在同一时空聚集劳动，共同接受同一资本家的指挥和监督。其二，很多人生产同一产品或者同时处在生产同一产品的不同环节。其三，生产劳动规模较大而且生产的产品数量较多；协作劳动产生了管理、监督和调节生产过程的特殊职能。其四，协作劳动摆脱了个体劳动孤立、分散的特征，具有社会劳动的性质。生产过程的协作劳动，使参与劳动的工人劳动具有社会平均劳动的性质，由协作劳动形成远超个体劳动的社会生产力。②

工场手工业的协作劳动之所以成为资本主义生产的起点，就在于生产过程与资本所有权结合起来，而生产资料作为资本所有权的存在形式，不仅成为联结资本与劳动的纽带，而且赋予资本家对生产过程的监督和管理权利。一方面，市场竞争导致两极分化，生产资料日益掌握在少数资本家手中，雇佣劳动者借助生产资料聚集在一起协作劳动，小生产方式转变为资本主义社会化生产方式，表现出劳动过程转化为社会化劳动过程的历史必然性。工业革命，形成了生产资料变革，机器代替手工，确立了社会化生产牢固的物质基础。另一方面，劳动过程的社会化结合形式，是借助资本物质形式生产资料和社会形式所有权来实现的，生产过程的社会化不仅是提高生产率的主要手段，而且成为资本更有效剥削劳动的一种方法。

（1）协作劳动能够有效提高生产力。在《资本论》中，马克思归纳出协作劳动的九个方面优势（杨玉华和丁泽勤，2013，第 20~21 页）。除此之外，协作劳动具有孤立分散的小生产者不具有的一些优势。

---

① 马克思：《资本论》（第1卷），人民出版社，2004，第383页。
② 马克思：《资本论》（第1卷），人民出版社，2004，第388~389页。

其一，扩大劳动的空间范围，许多工人在同一时间聚集劳动可以完成单个工人无法完成的大空间劳动过程。其二，缩小劳动的空间距离，共同使用生产资料可以节约生产费用。其三，大大提高劳动生产率，缩短劳动时间。对于复杂劳动过程，很多劳动者集聚起来，按照不同操作，同时协作劳动，"就可以缩短制造总产品所必要的劳动时间"[1]。其四，形成了社会化的结合劳动，创造出远高于孤立、分散劳动生产力总和的一种特殊的结合劳动性质的社会生产力。这种集体协作"劳动者在有计划地同别人共同工作中，摆脱了他的个人局限，并发挥出他的种属能力"[2]。

（2）协作劳动赋予了资本特殊的管理职能。由于协作劳动是许多人在一起的共同劳动，要保证劳动的秩序和使它具有一定强度就必须进行统一指挥和监管。规模较大的生产劳动，涉及的劳动者众多，而每一个参与劳动的工人的操作能够密切协作、顺利接续、高效运转，就需要大家都接受和服从的权威对每一个劳动者及其劳动过程进行指挥、管理和协调。因此，协作劳动形成社会化结合劳动客观上需要一种特殊的职能，从而产生职能资本家这种新职业。"一旦从属于资本的劳动成为协作劳动，这种管理、监督和调节的职能就成为资本的职能。"[3] 这种管理的职能与资本结合，成为具有资本性质的特殊职能，具有与一般管理不同的特殊性质。

产生于资本主义协作劳动的特殊管理职能具有二重性：一方面，协作劳动发挥结合劳动性质的社会生产力客观上需要管理职能对生产过程进行指挥和协调，这"是一种由社会劳动过程的性质产生并属于社会劳动过程的特殊职能"[4]，就管理的内容来说，它是对社会劳动过程的协调和控制职能；另一方面，由于资本主义生产过程中资本与劳动之间的利益关系具有对抗性质，由资本所有权赋予的管理职能"同时也是剥削

---

[1] 马克思：《资本论》（第1卷），人民出版社，2004，第380页。
[2] 马克思：《资本论》（第1卷），人民出版社，2004，第382页。
[3] 马克思：《资本论》（第1卷），人民出版社，2004，第384页。
[4] 马克思：《资本论》（第1卷），人民出版社，2004，第384页。

社会劳动过程的职能"①。管理是为资本增殖服务的，管理过程也是资本雇用工人生产剩余价值的过程。因此，资本主义的管理职能是由生产资料所有权赋予的资本职能：生产剩余价值的特殊职能。

（3）协作劳动形成的社会生产力本质上属于资本的生产力。资本主义协作劳动是以劳动力成为商品为前提，很多工人把自己的劳动力出卖给同一个资本家进行的劳动。工人的劳动从属于资本生产剩余价值的需要，整个协作劳动过程在资本家监督下进行，协作劳动的产品全部归资本家所有。因此，"工人作为社会工人所发挥的生产力，是资本的生产力"②。在生产劳动的过程中，很多劳动者在同一资本家的管理下进行协作劳动，形成了远高于这些劳动者作为个体劳动之和的生产力，马克思称之为"集体生产力"，虽然不费资本家分文，但被资本无偿占有和支配，资本主义协作劳动的生产力在本质上是属于资本的生产力③。

二 基于社会分工的工场手工业

以分工为基础的协作劳动，最早存在于手工业工场，它是由资本汇聚而形成的简单协作劳动发展而来的。在资本主义形成的早期，典型的生产组织形式就是手工业工场，工场手工业这种劳动方式是从传统手工劳动向典型的资本主义机器大生产过渡的具有资本主义生产特征的中间形式。在欧洲，该劳动方式占据统治地位的时期大约是从16世纪中叶到18世纪后期。

（一）工场手工业的二重起源

工场手工业的技术基础是手工劳动，是在简单协作劳动基础上形成的以分工为基础的复杂协作劳动，劳动的社会性质更加凸显。由于多人共同劳动形成的简单协作划分为两类，因此工场手工业的起源是二重的。一方面，它以不同种类的独立手工业者的结合而形成协作劳动。每

---

① 马克思：《资本论》（第1卷），人民出版社，2004，第384页。
② 马克思：《资本论》（第1卷），人民出版社，2004，第387页。
③ 马克思：《资本论》（第1卷），人民出版社，2004，第387页。

一个独立的劳动者只完成固定的某一个分工的环节或者工序，从事相互补充、相互接续的结合劳动的局部劳动，共同完成同一种商品的生产过程。另一方面，工场手工业以同种手工业者的协作劳动为出发点，把每一个独立劳动的工人分配到不同生产环节或操作流程，每个工人独立完成某一特定部门或流程的操作，共同完成同一种商品的生产过程。工人分化成同一商品生产过程中不同的专门职业者，每一个工人只独立完成某一特殊环节或特定操作。在简单协作劳动的基础上，手工业劳动者在生产过程中进行分工，在分工的基础上结合起来形成协作劳动。工场手工业的优势不仅体现在一般协作优势方面，而且突出体现在其特有的劳动分工（社会分工）方面。

（二）特殊的资本主义劳动分工：生产方式的革命性变革

工场手工业的生产基础仍然是手工劳动，劳动的专业化分工得以充分地发展和体现。在马克思看来，工场手工业内部形成以工人劳动局部化、片面化、职业化为特征的劳动分工，不仅是推动资本主义生产方式发展的有效手段，也是提高生产率、扩大相对剩余价值生产的最有力的工具，是资本主义独特的劳动分工。[1] 在该阶段，劳动对资本的隶属关系由于资本主义特殊分工剥夺了劳动者的独立劳动能力，而变成实质性隶属关系，从而建立了真正属于资本主义的生产方式，引起了生产方式的革命性变革。

这种特殊资本主义分工具有以下几个特点。其一，资本家拥有对工场手工业内部分工的绝对权威，资本家的绝对权威来源于生产资料所有权，因而属于一种特殊的社会权力。在工场手工业内部，劳动分工是以专断形式进行的，劳动过程则是有计划、有权威地组织生产。因此，"资本主义的管理就其形式来说是专制的"[2]。

其二，生产资料成为工人形成结合劳动的平台和媒介。一定规模的生产资料聚集到同一的资本家手里是协作劳动的前提条件，参与协作的

---

[1] 马克思：《资本论》（第1卷），人民出版社，2004，第415~416页。
[2] 马克思：《资本论》（第1卷），人民出版社，2004，第385页。

全部劳动者通过市场交换，聚集到同一空间，借助生产资料这个平台和媒介，在资本家指挥、监督和协调下，在协作劳动过程中，成为结合劳动中总体工人的一部分。

其三，在工场手工业内部，局部工人之间要保持特定比例与关系。在生产过程中协作劳动必须把劳动者按照一定比例分配到不同生产部门或者不同劳动操作环节，这是由生产过程内部分工的客观规律决定的。有些部门或者劳动环节比较复杂，需要较多人手；另一些部门或者劳动环节比较简单，需要较少人手；有些劳动可以借助工具，效率较高，耗时较短；有些劳动需要手工操作，效率较低，需要较多时间。

其四，在工场手工业内部工人的分工地位并不平等。根据工人从事劳动的难易、复杂程度，工人的劳动区分为不同等级。在工场手工业内部形成了不同的劳动力等级制度，并形成了与此相适应的不同工资等级。

其五，工场手工业的内部分工推动了劳动过程中的智力对立与分化。工场手工业彻底改变了工人的劳动方式，把每一个工人都变成只能从事局部劳动的片面的个人，剥夺了他们作为独立劳动者的知识、判断和意志力，"局部工人所失去的东西，都集中在和他们对立的资本上面了"[1]。而代表独立生产劳动的全部智慧、技巧和判断力全部转移到结合劳动上，成为服从资本增殖需要的资本家的特权。协作劳动形成了脑力劳动者与体力劳动者的分离与对立，资本成为社会化生产过程中智力劳动的代表，而参与协作劳动的工人成为丧失独立劳动智慧和技能的局部劳动者，"这个分离过程在简单协作中开始，在工场手工业中得到发展，在大工业中完成"[2]。在大工业生产过程中，智力与财产权结合成为资本驾驭和统治劳动的特殊工具。

其六，工场手工业内部分工及由此形成的分工规则成为建立资本主义生产组织和工厂制度的基础。工场手工业内部分工，"通过产权制度

---

[1] 马克思：《资本论》（第1卷），人民出版社，2004，第418页。
[2] 马克思：《资本论》（第1卷），人民出版社，2004，第418页。

安排形成高效的激励—约束机制，在机器生产的技术条件下形成了组织严密、管理严格的现代生产组织形式和工厂制度"（杨玉华和丁泽勤，2013，第20页）。

（三）工场手工业内部分工成为提高生产率、推动资本主义生产方式变革的重要工具

在社会一般分工的基础上，工场手工业内部分工发展起来，而工场手工业的协作劳动，进一步推动了内部分工发展。这些内部分工进一步分化和独立成为社会分工的组成部分，又进一步推动社会分工的发展和它自身的发展。社会分工是以市场为中介和以价值规律为绝对权威的，工场手工业分工是以生产资料为中介和以资本家为绝对权威的，二者齐头并进，相互促进，相辅相成，共同发展，推动了以分工为基础的生产社会化的发展，使之进一步发展成为大规模生产，这些都是提高生产率的有效工具，都是以增进协作剩余为动力的有效形式（杨玉华和丁泽勤，2013，第21页）。资本主义在手工劳动的基础上，找到了与自己相适应的生产方式，后者成为在传统物质技术条件下，生产剩余价值最有力的工具。

首先，职业化分工提高了劳动生产率。劳动分工的职业化有助于提升劳动者的技巧和丰富劳动者的经验，进而提高结合劳动的总体效率。"工场手工业在工场内部把社会上现存的各种手工业的自然形成的分立再生产出来，并系统地把它发展到极端，从而在实际上生产出局部工人的技艺。"[1] 以手工劳动为基础发展起来的局部劳动，要求工人终生从事某一特殊局部劳动，甚至世代相传，能够最大限度地发挥个人的禀赋特长，有助于积累经验，形成专业技巧和专业精神，并且利于技巧传承与积累，与独立的手工业相比，能够在更短时间内提供更多更高质量的产品，从而提高劳动生产率和产品品质。

其次，职业化分工推动了劳动工具的专业化、多样化。工场手工业

---

[1] 马克思：《资本论》（第1卷），人民出版社，2004，第394页。

推动了劳动过程的不断分化和独立，每一个分化独立出来的分工劳动在局部工人手里不断获得最合适的专业化形式，进而要求劳动工具适应专业化劳动需要进行改变。劳动工具产生于克服复杂困难工艺和流程的需要，是劳动经验、生产技巧和工艺智慧的高度凝结。"劳动工具的分化和劳动工具的专门化，是工场手工业的特征"。[①] 工场手工业通过把劳动过程不断分解和独立化，不断创造出适合局部劳动和局部工人特殊职能的专业化劳动工具，推动了劳动工具简化、专业化和多样化。生产工具的发展不仅大大提高了劳动生产率，推动了生产工具局部质变，而且为创造机器体系准备了物质基础。

（四）工场手工业的资本主义性质

工场手工业"生产了资本统治劳动的新条件"[②]，这样的工场手工业生产劳动是建立在分工条件下的协作劳动，是在手工劳动基础上创造的最适合剩余价值生产的资本主义生产方式。它把工人从原来的独立劳动者转变为结合劳动的局部工人，从而完成了劳动从形式上隶属到实质上隶属于资本的根本转变，初步完成了生产方式变革，成为人类历史上第一个本质上的资本主义生产方式。该生产方式所特有的资本主义分工形式，不仅打开了劳动方式变革的"潘多拉盒子"，成为提高生产率最有力的杠杆，而且促进生产工具专业化、多样化以及机器化变革，推动了生产资料局部质变，为建立资本主义的物质基础——机器大工业准备了条件。

由于工场手工业仍然建立在手工业的基础上，剩余价值生产严重依赖于工人的智慧、技巧以及意志和力量发挥，缺乏稳定、可靠的劳动条件。因此，相对于成熟的资本主义生产来说，它属于特殊的资本主义生产形式。该生产方式创造了特殊的资本主义分工，打开了劳动分工多样化、专业化发展的源头，成为驱动劳动条件和劳动过程变革的杠杆，成为发展生产力最有力的社会工具。工场手工业内部的分工只是在手工劳

---

① 马克思：《资本论》（第1卷），人民出版社，2004，第396页。
② 马克思：《资本论》（第1卷），人民出版社，2004，第422页。

动基础上创造的生产相对剩余价值的一种特殊方式，而且是依靠使各个工人畸形化来发展生产力的特殊的资本主义生产方式。它是依靠"牺牲工人来加强资本（人们把它叫作社会财富，'国民财富'等等）自行增殖的一种特殊方法"①。作为由手工业生产向机器大生产过渡的资本主义生产方式，工场手工业表现出鲜明的历史二重性：一方面，工场手工业的存在是社会发展的客观必然趋势，具有进步性；另一方面，"它表现为文明的和精巧的剥削手段"②。

工场手工业形成了资本主义的特殊分工，在工场手工业分工的基础上创造出分工-协作式的总体结合劳动，在手工劳动的基础上形成了真正意义上的社会化生产，不仅创造了"社会劳动的一定组织"，而且"发展了新的、社会的劳动生产力"③，也创造了现代企业的最初的组织形式，当然这是适合资本主义性质的新生产组织；形成了新的社会化大生产的"集体生产力"，当然这是属于资本的新的生产力。

三 以机器生产为物质基础的现代大工业

资本主义的物质基础是以机器生产为基础的大工业。工业革命爆发后，蒸汽机动力在生产过程中得以广泛应用，以机器生产为物质基础的现代社会化大生产，最终取代了以手工劳动为基础的工场手工业，从而建立了真正意义上的资本主义生产方式。

（一）资本主义物质基础的完全确立

资本主义劳动方式是在简单协作生产的基础上起步的，协作初步形成了包含社会劳动的结合劳动生产力，以及劳动对资本在形式上的隶属关系，初步确定了资本在集体协作中的指挥、监督地位，满足了早期小规模剩余价值生产的需要。在工场手工业阶段，协作创造了资本主义的特殊分工，剥夺了劳动者独立劳动的条件，完成了向劳动对资本实质性

---

① 马克思：《资本论》（第1卷），人民出版社，2004，第422页。
② 马克思：《资本论》（第1卷），人民出版社，2004，第422页。
③ 马克思：《资本论》（第1卷），人民出版社，2004，第422页。

隶属关系的转变，打开了劳动条件和劳动过程变革的源泉，推动了分工专业化、多元化、机器化发展，创造出基于手工劳动的社会化生产及其组织，初步形成了资本主义自我发展的生产方式条件。

但是工场手工业的物质基础仍然是手工业，推动劳动条件和劳动过程变革的条件还不成熟，劳动工具的变革和完善还依赖于手工劳动。此时，生产过程中的智力分化才刚刚开始，资本只是初步掌握结合劳动的经验和技巧，还没有完全掌控生产过程和劳动工具，还无法掌握局部劳动的智慧和技巧，劳动过程还在一定程度上掌握在工人手里，工人不仅掌控局部劳动所有的智慧和技巧，还牢牢控制着劳动工具的使用权。因此，资本主义生产过程还充满着劳资对抗关系的干扰与影响。"工场手工业本身的狭隘的技术基础发展到一定程度，就和它自身创造出来的生产需要发生矛盾。"[①] 资本家的剩余价值生产规模和速度受制于劳动条件、劳动工具的完善程度；受制于工人的手工劳动的智慧、速度、技巧和意志，受制于专业化、多样化工人供给的质量、规模、速度以及结构等，受到工人生理及状态变化的制约；还容易受到熟练工人对局部劳动和劳动工具掌控行为的干扰和制约；劳动条件、劳动工具的改进与完善也完全受制于手工业的发展水平。

总之，没有建立与资本主义剩余价值生产相适应的物质基础，资本家还无法完全掌控生产资料和劳动力，生产资料和劳动力的供给与不断扩大的剩余价值生产要求越来越不适应。工场手工业规模的扩大受到专业化工人供给有限的制约，多样化生产发展也受到工人片面发展的制约，手工劳动的物质基础无法满足对劳动条件、劳动过程日新月异变革的要求，劳动工具制造和创新无法满足无限扩大的生产和日益多元化的生产的要求，无法满足日益提升的生产社会化水平和不断提高的生产率的要求。工场手工业发展为机器大工业，是资本主义发展的客观需要。只有建立起与剩余价值生产相适应的物质技术基础，资本主义生产才能

---

① 马克思：《资本论》（第1卷），人民出版社，2004，第426页。

第二章 资本主义市场经济条件下剩余价值的生产

克服这些困难和问题,才能获得新的发展。

"因此,大工业必须掌握它特有的生产资料,即机器本身,必须用机器来生产机器。这样,大工业才建立起与自己相适应的技术基础,才得以自立。"[1] 只有建立起与无限扩大剩余价值生产相适应的资本主义物质基础即机器大生产,才能彻底摆脱作为生产方式的手工业的物质技术基础,摆脱工场手工业活动规则强加在资本身上的分工等级和结合劳动的规则,摆脱劳动过程因手工劳动而受到的工作日的天然界限、劳动力的生理界限和道德约束,摆脱工场手工业局部劳动与局部机器对生产社会化过程的制约和限制。局部劳动工具的发明,并不能改变手工业的物质技术基础,因为这些工具只是替代劳动过程的一个或者一些局部工人的局部劳动,并不能改变工场手工业的运行趋势和分工原则,并不能改变结合劳动局部工人手工劳动的物质技术条件。作为局部劳动工具的机器的发明与应用是工业革命的起点,也是手工业或工场手工业过渡到机器大工业的起点,并不能改变原有生产方式的性质。只有劳动过程的局部机器发展成为完全替代局部工人进行结合劳动的机器体系,复杂的机器体系才成为总体工人智慧和技巧的化身,成为劳动过程不断完备、功能强大的结合劳动的生产客体,彻底代替局部工人的力量、智慧、经验和技巧,成为高强度、高效率、无限度劳动的自动机。

与复杂机器体系相适应,直到瓦特发明了第二种蒸汽机,即双向蒸汽机,为机器体系提供了不受地域限制,完全可控、广泛使用的强大动力机器,才真正建立适应剩余价值无限扩张的物质技术基础。被瓦特蒸汽机武装起来的机器大工业,不仅打破了原有蒸汽机的地域限制,而且成为突破工作日自然界限和道德界限的永不疲倦的永动机。至此,资本主义才真正建立起自己的物质技术基础,才真正建立起与剩余价值生产相适应、具有无限扩张趋势的资本主义生产方式。生产方式原来依靠局部工人手工劳动的特殊分工及其结合劳动,现在变成由机器体系性能

---

[1] 马克思:《资本论》(第1卷),人民出版社,2004,第441页。

结构－运行规则所决定，即生产方式的变革取决于劳动资料的性质，而劳动资料的性质取决于技术决定的物质实现形式。在劳动资料不断变革的趋势推动下，生产方式的技术组织以及相适应的生产关系具有无限发展与演进的趋势，能够推动生产力水平不断提升，进而推动人类社会各个方面的不断进步和发展。

马克思在这里主要采用逻辑与历史相结合的叙述方法，在逻辑思维中具体展示了资本主义生产方式从旧社会的母体中不断成长起来的发展历史，从发展的历史脉络中揭示了人类生产方式从简单到复杂、从低级向高级的真实的演进历程。我们根据马克思理论分析的逻辑思路和有关事实叙述的历史进程进行梳理和补充，以便更完整、准确地反映马克思理论的逻辑层次和内容结构，更好地理解和认识有关论述。从马克思前后逻辑一贯、结构严谨的叙述中，我们发现揭示资本主义生产秘密的"剩余价值生产方式发展史"，几乎占据《资本论》第一卷一半的篇幅，叙述之详尽，分析之严密、完整，也只有商品经济部分可以相提并论。在这里，马克思把研究对象锁定在资本主义生产方式的运动过程与规律，而并非狭义的生产关系上：从劳动技术组织、劳动资料形式、劳动过程到人与人之间生产关系的产生、发展的历史进程。

因此，这里验证了马克思在《资本论》第一卷第一版《序言》中的有关论断："我要在本书研究的，是资本主义生产方式以及和它相适应的生产关系和交换关系。"① 这与我国现行的政治经济学教材把研究对象定义为"生产关系"是有一定的出入的。在政治经济学教材的有关范畴定义中，普遍强调了政治经济学范畴揭示的人与人之间的社会关系，特别突出强调其中的阶级关系，就研究对象的内涵理解而言，仅仅把研究对象界定为人与人的社会关系显然是不够全面、不准确的，一定程度上偏离了马克思理论的初衷。这样的误解在一定程度上与恩格斯当年对马克思有关理论的解读有关。恩格斯在《卡尔·马克思"政治经济

---

① 马克思：《资本论》（第1卷），人民出版社，2004，第8页。

学批判"》中认为"经济学所研究的不是物，而是人和人之间的关系，归根到底是阶级和阶级之间的关系"①。

按照马克思主义经济学的经典研究方法抽象法进行理解，这里"资本主义生产方式"，只能理解为成熟的生产方式，而绝不能理解为作为历史与逻辑起点或者中间过渡的生产方式。而与资本主义生产方式相关联的经济范畴和概念也必须置于资本主义生产方式中才能准确、全面地理解和认识。这样，再审视和理解马克思经济学的有关范畴和概念，得出的认识与马克思在特定语境中和特定条件下得出的论断也许不相一致，或者有较大偏差，但这样的论断才是符合马克思研究方法的逻辑，才能客观地反映资本主义生产方式的本质要求，才是马克思经济理论的初衷，才是符合马克思经济学理论体系的科学解释。

在理解《资本论》的内容方面，列宁强调，在别人看到物的地方，马克思都揭示了物的外壳掩盖下的人与人的关系。由于受到列宁解读的影响，教材《政治经济学》偏重揭示物的外壳掩盖下人与人之间的生产关系。这是因为剩余价值理论形成的背景是资本主义市场经济的确立，普遍的商品经济形成了十分突出的"物的依赖"关系，资本主义的生产关系天然与市场经济条件下的商品拜物教结合在一起。但仅仅解释人与人的关系是不够的，过分强调生产关系就是人与人之间的阶级关系也是不全面的。马克思在这里详尽分析了资本主义生产方式的发展历史，把历史的与逻辑的统一起来，历史的分析具体展示了资本主义的逻辑演绎进程和历史进程。生产关系并不是简单的人与人之间的社会关系还包括生产，也就是广义生产关系即生产方式、生产的物质技术组织形式和狭义的生产关系。

（二）机器大工业带来的生产方式的巨大变革

机器大工业实现了生产资料的根本变革，推动了传统生产方式从量变到质变的自我否定，由此从劳动资料的技术要求、劳动过程的社会性

---

① 《马克思恩格斯全集》（第13卷），人民出版社，1962，第533页。

质、劳动组织技术的物质内容到生产关系都更加适应剩余价值的生产，生产方式适应了无限扩张的生产规模、不断变革的物质技术基础、不断推进的内部分工、不断演进的社会化大生产、不断提升的劳动生产率的发展趋势。机器大工业形成了以机器大生产为物质基础的劳动方式，引起了生产方式的巨大变革。

其一，生产资料获得了不断变革的物质技术条件，成为推动生产方式变革的直接物质基础。"生产方式的变革，在工场手工业中以劳动力为起点，在大工业中以劳动资料为起点。"① 在工场手工业时期，创造了资本主义式的劳动分工，形成了推动生产方式自我演进的内在机制，但推动生产方式变革的主体是工人，物质技术条件是手工劳动，资本无法完全掌控生产资料和劳动力，因此难以适应资本主义的发展要求。在机器大生产时期，资本彻底掌握了劳动资料和生产过程，成为推动生产方式变革的主体，科学的应用成为驱动生产资料变革的原动力，劳动资料取得了机器形式的存在方式，成为实现变革的物质基础，机器生产并入了巨大的自然力，推动了科学与生产的结合，成为推动劳动资料变革的不竭动力。因此，现代工业的物质技术基础是不断变革的。

其二，生产社会化程度不断提升，总体工人的范围日益扩大。劳动过程中的结合劳动是以社会分工发展为基础的，结合劳动的社会化程度越高，意味着存在越广泛越深刻的社会分工。越广泛的社会分工就需要越复杂越迂回的协作劳动和延伸越长的劳动过程，就意味着越多的工人成为结合劳动的局部工人，或者直接或者间接地作用于劳动对象，共同构成总体工人。"总体工人的各个成员较直接地或者较间接地作用于劳动对象。因此，随着劳动过程的协作性质本身的发展，生产劳动和它的承担者即生产工人的概念也就必然扩大。为了从事生产劳动，现在不一定要亲自动手；只要成为总体工人的一个器官，完成他所属的某一种职能就够了。"② 劳动的社会化程度越是提升，对劳动过程的指挥、监督、

---

① 马克思：《资本论》（第1卷），人民出版社，2004，第427页。
② 马克思：《资本论》（第1卷），人民出版社，2004，第582页。

第二章　资本主义市场经济条件下剩余价值的生产

协调作用就越为突出，对生产过程的管理职能就越为突出和重要。因此，总体工人中第一个应该扩大的人员就是从事管理的劳动者。另外，劳动社会性质增强的物质基础在于生产资料的变革，第二个扩大对象就是推动劳动资料变革的科技劳动者。此外，不断发展的社会化劳动过程，对结合劳动的工人的受教育水平和科学素养的要求也越来越高，第三个扩大对象应该包括从事教育和科学素养培训的教育劳动者。当然，随着现代生产方式发展，生产劳动的范围不断扩大，总体工人的范围也会相应扩大。所以，马克思说："上面从物质生产性质本身中得出的关于生产劳动的最初的定义，对于作为整体来看的总体工人始终是正确的。但是，对于总体工人的每一单个成员来说，它就不再适用了。"[1]

其三，科学发展及其应用成为推动劳动条件和劳动过程变革的强大动力，成为发展生产力的强大杠杆。建立在分工基础上不断扩大的总体劳动，推动了以机器体系为中心的劳动资料的不断发展和完善，为更大规模、更高层次地应用科学创造了可能；同时，建立在日益发展的分工基础上的总体劳动的协作、监督和管理本身就越来越成为复杂的科学行为。因此"科学就是靠这些发明来驱使自然力为劳动服务，并且劳动的社会性质或协作性质也是由于这些发明而得以发展起来"[2]。机器大生产的原则把生产过程分解为各个组成阶段，并且要求"应用自然科学来解决由此产生的问题"，而且"这个原则到处都起着决定性的作用"[3]。生产实践中不断提出实践问题和不断积累认识的过程不断推动科学的应用和发展，使科学成为"生产的另一个可变要素"[4]；规模不断扩大的社会化结合劳动为科学发展创造了实践条件，同时劳动过程日益社会化发展的需要也推动了科学在生产中的应用。资本正是利用了科学的力量掌握了生产资料和生产过程；同时，人们用资本武装科学，驱使科学为资本利

---

[1] 马克思：《资本论》（第1卷），人民出版社，2004，第582页。
[2] 《马克思恩格斯全集》（第16卷），人民出版社，1964，第140页。
[3] 马克思：《资本论》（第1卷），人民出版社，2004，第531页。
[4] 《马克思恩格斯全集》（第49卷），人民出版社，1982，第495页。

益服务。"大工业的原则是,首先不管人的手怎样,把每一个生产过程本身分解成各个构成要素,从而创立了工艺学这门完全现代的科学。社会生产过程的五光十色的、似无联系的和已经固定化的形态,分解成为自然科学的自觉按计划的和为取得预期有用效果而系统分类的应用。"①正是机器大工业把工人劳动的全部智慧和技巧转移到劳动资料上,劳动资料才成为科学与生产相结合的载体,成为科学发现应用于生产的物质力量。"只是在大工业中,人才学会让自己过去的、已经对象化的劳动的产品大规模地、像自然力那样无偿地发生作用。"② 在机器大工业中,由于劳动资料采取了机器这样的工具,机器形成相对独立的运行体系和分工规则,要求辅助机器生产的工人按照机器运行规则进行分工,并同劳动资料结合成社会劳动共同发挥作用。"劳动过程的协作性质,现在成了由劳动资料本身的性质所决定的技术上的必要了"③,机器大工业创造了以机器为物质基础的社会化大生产,而且劳动资料自身的不断变革不断推进生产社会化程度不断提高。"现代工业通过机器、化学过程和其他方法,使工人的职能和劳动过程的社会结合不断地随着生产的技术基础发生变革。"④

其四,完成劳动过程的智力分化,消灭了劳动等级差别,极大地扩大了劳动力商品的范围。随着机器大生产的确立,原来在工场手工业中局部工人所拥有的局部劳动智慧和技巧转移到劳动资料以及结合劳动上来,劳动过程的智力分化和对立至此完成。工人在劳动过程中成为空洞、乏味的简单劳动者,工人专业化的局部劳动变成了平均、简单的社会化劳动,原来在工场手工业时期形成的劳动等级制度被彻底废除。这样就大大扩大了劳动力商品的范围:妇女甚至未成年儿童都可以出卖自己的劳动力,成为结合劳动的工人。

---

① 马克思:《资本论》(第1卷),人民出版社,2004,第559页。
② 马克思:《资本论》(第1卷),人民出版社,2004,第445页。
③ 马克思:《资本论》(第1卷),人民出版社,2004,第443页。
④ 马克思:《资本论》(第1卷),人民出版社,2004,第560页。

第二章　资本主义市场经济条件下剩余价值的生产

其五，机器大生产打破了自然、道德的所有界限，劳动者在劳动过程中的地位空前异化。机器大生产由于劳动资料采取了机器体系的方式而存在，劳动资料的运行和活动就离开工人之手成为相对独立的劳动客体。机器体系运行就突破了原来强加在劳动过程上的工作日的自然限制以及劳动力的生理的、道德的限制，机器大生产成为最适应资本主义剩余价值生产的生产方式。在生产过程中，智力与体力完成了分离，劳动资料作为人类智慧的化身，成为执行资本职能的代表，"智力转化为支配劳动的权力"①。工人作为局部劳动工人的技巧"在巨大的自然力面前，在社会的群众性劳动面前，作为微不足道的附属品而消失了"②。机器大工业消灭了旧式劳动等级分工，让工人都成为拥有平均社会劳动的个人，但在机器大工业的劳动过程中按照机器运行规则和要求，旧式劳动等级分工又重新恢复起来，让工人"终身专门服侍一台局部机器"③。

其六，以机器大生产为基础，建立了现代生产组织的原则和工厂制度。机器大生产消灭了旧式劳动等级分工，把工人的劳动都转成平均的结合社会劳动。劳动资料取得了机器体系这样的客观存在形式，劳动资料客观上要求工人必须采取与劳动资料相结合的社会劳动才能共同发挥作用。劳动资料的不断变革推动了劳动过程的社会化水平不断攀升，客观上要求监督劳动的充分发展，产生新的劳动分工和不同职责划分，"把工人划分为劳工和监工，划分为普通工业士兵和工业军士的现象得到充分发展"④。劳动资料作为自动系统连续高速规则划一地运动，要求与之结合进行社会化劳动的工人适应和配合其运行，"工人在技术上服从劳动资料的划一运动以及由各种年龄的男女个体组成的劳动体的特殊构成，创造了一种兵营式的纪律"⑤。这种适应机器大生产所形成的纪律发展成为完整的工厂制度，以机器运行为中心的劳动分工规则和工厂制

---

① 马克思：《资本论》（第1卷），人民出版社，2004，第487页。
② 马克思：《资本论》（第1卷），人民出版社，2004，第487页。
③ 马克思：《资本论》（第1卷），人民出版社，2004，第486页。
④ 马克思：《资本论》（第1卷），人民出版社，2004，第488页。
⑤ 马克思：《资本论》（第1卷），人民出版社，2004，第488页。

度一起构成了现代生产组织的基本原则。

机器大工业完成了从简单商品生产到现代市场经济的转变，资本主义生产方式以劳动力成为商品为前提，劳动力自由流动，是市场配置资源的主要手段。随着劳动力成为商品，生产市场化完成，而市场机制、价值规律成为推动生产力发展的重要的外部条件。机器大工业掌握了劳动资料和劳动过程，确立起资本对劳动的绝对权威，成为指挥、监督和管理生产过程的最高司令官，成为结合劳动中科学、智慧、力量、技巧的代表，成为科学应用与社会化生产的化身，是资本社会职能的唯一执行者，驱使科学服务于生产过程和资本增殖，完成了生产的资本化改造。在资本主义分工的基础上，形成结合的社会生产力，机器大工业把科学并入资本主义生产，不断推进以劳动资料变革为物质基础的劳动条件、劳动过程的变革，分工的发展以及劳动资料的变革，成为推进劳动过程社会化的强大动力，劳动资料成为科学应用和结合劳动的物质技术基础，成为决定内部分工发展与结合劳动水平的关键条件，机器大工业奠定了社会化大生产的坚实物质基础，推动了生产社会化的发展。机器大工业为科学的发展与实践提供了客观条件，生产过程的社会化要求科学与生产相结合，生产的资本化驱使科学为剩余价值生产服务，在资本的驱使下，以劳动资料为代表的劳动条件、以结合劳动为代表的劳动过程不断科学化。

传统生产方式的转型，资本主义生产方式的确立呈现前所未有的崭新面目，人类物质生产实践从以手工劳动为基础的孤立的、分散的、经验型、自主的传统生产劳动转变为以机器工业为基础的市场化、社会化、资本化、科学化的生产劳动。生产的市场化、社会化、资本化、科学化成为生产力发展和生产方式变革与演进的强大推动力。生产市场化、资本化以及科学化不断推动以劳动结合为特色的社会化生产不断发展，不断推进生产资料、生产过程以及经营管理的社会化，生产劳动的社会化日益取代资本对雇佣工人的剥夺和压榨，成为提高生产率、增加社会财富的强大物质力量。所以，马克思在剩余价值的生产理论中强

第二章　资本主义市场经济条件下剩余价值的生产

调:"必须把社会生产过程的发展所造成的较大的生产率同这个过程的资本主义剥削所造成的较大的生产率区别开来。"① 实际上,在学术界和教育界,我们忽视了这些正告的理论价值和实践意义,把资本主义剩余价值的源泉不加区别地归结为一线雇佣工人的简单劳动,把全部剩余价值简单等同于剥削内容,忽视了在这些理论分析和研究中的假设条件和社会背景,忽视了马克思剩余价值理论的典型特色。

首先,马克思的剩余价值理论应该建立在成熟资本主义生产方式与生产关系的分析基础之上,剩余价值理论反映的是典型的成熟的资本主义生产方式与生产关系的运动规律。而马克思在分析中,根据抽象的方法,寓成熟典型的资本主义于简单、单纯的萌芽时期的资本主义分析之中,把简单商品经济的生产关系假设为资本主义逻辑、历史分析的起点,把劳动力再生产的个人必要劳动等同于全部社会必要劳动,把超过劳动力再生产需要的劳动一律视为剩余劳动。在相对剩余价值生产的理论分析中,前面的假设条件并没有变化,仍然假定工人在工作日中,用必要劳动时间生产满足自身需要的使用价值,再用剩余劳动时间为资本家生产剩余价值。这样保持了分析条件的前后逻辑一贯性,但明显违背了分析的历史性原则,会造成理论上的误解和认识上的误导,也会造成理论逻辑上的矛盾和冲突。

在简单商品生产条件下,假定生产者既是商品的交换者又是商品的生产者,总体上符合历史真实情况(在一定条件下),劳动者的劳动就是价值的唯一源泉,再把这一结论套用到典型的资本主义生产关系分析中就显得错误百出。因为在资本主义生产关系中,生产劳动已经高度社会化了,一线雇佣工人已经成为简单劳动的提供者,生产过程中管理劳动、生产过程之外的科学劳动都成为推动资本主义生产发展的决定性因素。所以,用"总体工人"的全部劳动来解释剩余价值的来源,才能既符合实践的真实情况,又符合事物逻辑发展的要求,也符合马克思的

---

① 马克思:《资本论》(第1卷),人民出版社,2004,第486页。

本意。这也是马克思主义唯物辩证法与唯心辩证法的最根本的区别。如果从理论到理论、从概念到概念，只简单逻辑推理，而背离了马克思方法论的原则，就必然得出错误的结论。

同样，我们把简单商品经济的假设条件沿用到资本主义绝对剩余价值和相对剩余价值的分析中，简单把工人个人的必要劳动时间等同于社会必要劳动时间，就必然得出剩余价值的内涵等同于资本主义剥削的荒谬结论。因为资本主义生产是建立在发达商品经济条件下的剩余价值生产，任何人的劳动都是社会化大生产总体劳动的一部分，其生产不仅要满足自身生活需要，也要满足社会一般需要和满足扩大再生产需要。如果假定生产者的劳动只满足自身需要，现实中只有孤立、分散的自给自足的小农生产才能实现，或者在自然经济主导的经济环境中，简单商品生产者可以通过市场，从自然经济体的剩余产品中交换到自给自足的生活资料，但这要附加不考虑再生产需要的假定条件。雇佣工人劳动的强迫性、异化性不仅源于资本主义制度，还源于商品社会特有的物化社会关系。因此，工人的消费不可能回到过去小国寡民的旧时代，而是从属于社会化大生产的社会化消费。工人消费品的范围远远超过个人生产的范围，商品经济日益生产出生产、交换关系和消费的全面性，个人消费水平主要取决于由生产劳动的社会性质决定的生产力发展水平，劳动者的压力更大了！劳动异化的根源在于生产力发展水平与社会增长的消费需求之间的矛盾，而不仅仅是资本主义的剥削。

其次，马克思的剩余价值理论寓于市场经济、社会化大生产、物化社会关系的历史背景中。在剩余价值理论中，市场经济条件下的生产方式与资本主义生产方式浑然天成，融为一体，社会化大生产规律与资本主义特有的生产方式运动规律完全交织在一起，资本主义特有的剥削、压迫与商品经济所特有的物化社会关系所形成的商品拜物教难以截然分开。所以，对于对资本主义生产方式与生产关系的认识以及对剩余价值生产理论的理解，要注意其中的区别与联系，对市场经济一般与资本主义市场经济特殊、现代商品经济生产方式与资本主义特有的生产方式、社会化大生产一般规律与资本主义特有规律、物化社会关系的特有现象与资本主义压迫和剥削要做必要区分和甄别。

第四节 资本主义剩余价值生产的条件：资本积累

物质资料的生产是人类赖以生存的基础，人类社会的存续和发展依赖于物质资料生产的连续性和不间断性。要满足再生产的需要，任何物质资料生产过程不仅要满足消费需要，也要满足生产条件再生产的需要。从动态的过程来看，"生产的条件同时也就是再生产的条件"[1]，任何社会的生产过程，同时也是再生产过程。资本主义生产不仅要满足工人和资本家的个人消费需要，也要满足生产条件再生产的需要，否则资本主义生产就会停止。因此，资本主义生产不是静态的一次性生产过程，而是动态的再生产过程。

在劳动价值理论和剩余价值理论的构建过程中，马克思把价值生产过程和资本主义生产过程进行高度抽象和概括，把复杂的动态再生产过程分别抽象和简化为静态、孤立的简单商品生产－价值形成过程和资本主义生产－剩余价值形成过程，并没有考虑动态的再生产的条件与过程，这是抽象法的特点及其具体运用的结果。在简单商品经济生产过程中，马克思发展并创立了全面、系统的价值理论；在沿用简单商品经济生产的基本假设条件（劳动者自给自足）对资本主义生产过程与生产方式的发展历程进行分析中，马克思发现并构建了剩余价值理论。虽然高度抽象和概括的目的是透过纷繁陆离的现象把握事物本质，抓住对事物本质的认识和理解，但要进一步认识和把握事物的全局和运动必然性，需要回到复杂、具体的历史条件中进行分析，从而在理论中再现思维的具体，把理论与实践结合起来，丰富、验证和发展已有的认识。也就是，把通过高度概括和抽象形成的对事物本质规定的认识，还原运用

---

[1] 马克思：《资本论》（第1卷），人民出版社，2004，第653页。

到对现实的具体实践分析中，以深化对事物的认识。把价值理论和剩余价值理论运用到动态的再生产过程分析中，进一步完善和深化剩余价值理论。

从动态资本主义生产过程来看，资本主义生产不是简单满足生产者自给自足需要的生产，而是剩余价值的再生产。因此，资本主义生产不仅要满足社会的一般消费需要，也要再生产出自己的生产条件，满足再生产的需要。在剩余价值生产的理论分析中，马克思假定商品价值的生产全部等于价值的实现，也就是不考虑流通领域对价值实现的影响，把生产过程的劳动作为价值唯一的决定和影响因素。把生产领域的资本家假定为剩余价值的唯一占有者。"我们把资本主义的生产者当作全部剩余价值的所有者，或者，不妨把他当作所有参加分赃的人的代表。"[1]事实上，生产领域的资本家只是第一个占有剩余价值的生产资料所有者，但并非唯一的也不是最后一个。[2] 在流通领域，执行商品资本职能、货币资本职能的资本家以及土地所有者一起参与瓜分剩余价值。在这里，马克思只是撇开流通领域，抽象地考察资本积累，也就是把资本积累放在生产领域，看作直接生产过程的重要条件。也就是抛开流通过程，把资本主义再生产过程抽象为静态的简单再生产过程，是动态地对生产过程的进一步考察，也是对资本主义再生产的静态研究。前者进一步丰富和发展了剩余价值生产理论，后者则是透过再生产的复杂现象，抓住其最本质的规定，为进一步研究动态再生产过程奠定了理论基础。

一 资本主义简单再生产的必要条件：剩余价值消费

所谓再生产就是不断重复或者动态的生产过程，就是把生产看作连续、不间断循环往复的过程。再生产根据生产规模变化划分为简单再生产和扩大再生产：在原有规模上或者不变规模上进行的再生产就是简单再生产，而在扩大的规模上进行的再生产就是扩大再生产。把资本主义

---

[1] 马克思：《资本论》（第1卷），人民出版社，2004，第652页。
[2] 马克思：《资本论》（第1卷），人民出版社，2004，第651页。

第二章　资本主义市场经济条件下剩余价值的生产

生产作为动态的再生产过程来分析，这样就可以发现并总结资本主义生产在动态过程中的特征和规律。静态、孤立地看，在价值规律作用下，在简单再生产过程中，资本家占有的剩余价值似乎是全部预付资本执行资本职能自行增殖的结果，而非剥削的结果。资本家预付可变资本作为劳动的主体条件，预付不变资本作为劳动的客体条件，二者结合共同在生产过程中执行资本增殖职能。资本家预付可变资本购买劳动力，获得支配劳动力的权利；由于购买不变资本获得生产资料所有权，获得了占有全部劳动产品的权利，进而占有剩余价值，这是所有权规律作用的结果。马克思把在资本主义再生产过程中出现的产品归生产资料所有者占有的现象，称为"商品生产的所有权规律……转变为资本主义的占有规律"[①]。该规律就是指在生产资料与劳动者分离的条件下，在典型的资本主义生产方式条件下，劳动力作为商品被买卖，商品生产普遍化，资本家预付的可变资本，用于购买养活工人及其家属的生活资料。因此，似乎资本家不仅没有剥削工人，而且养活了工人。

从动态、相互联系的生产过程来看，资本主义简单再生产不只是简单地满足工人和资本家个人消费需要的静态、孤立的生产，也是生产条件和生产关系的再生产过程。在动态、连续的简单再生产过程中，资本家或者工人的消费都不再是孤立的个人消费，而是从属于资本主义生产需要的资本主义条件的再生产过程。在生产性消费过程中，再生产出了生产条件，在个人消费的过程中再生产出资本主义的生产关系。[②] 动态的生产过程分析消除了在静态孤立生产过程中发现的歪曲的假象，进一步验证了资本主义生产的本质特征，还原了剩余价值生产的真相，揭示了剩余价值的真正来源。资本家的消费是属于资本主义生产的资本主义性质的消费，一方面再生产出生产资料，另一方面再生产出资本家自身。雇佣工人的个人消费本身属于劳动力再生产，是生产条件的再生产过程，也是生产关系再生产的一部分。从孤立静止的生产过程来看，工

[①] 马克思：《资本论》（第1卷），人民出版社，2004，第668页。
[②] 马克思：《资本论》（第1卷），人民出版社，2004，第666~667页。

人用于消费的工资就是资本家预付资本的一部分可变资本，似乎是资本家提供的，但从再生产过程来看，不仅资本家消费的剩余价值是雇佣工人创造的，就连预付资本也是雇佣劳动者在再生产过程中创造出来的。所以，剩余价值的消费是简单再生产的必要条件，通过再生产不仅生产出来所消耗掉的生产资料，也再生产出来资本主义生产关系。作为资本主义生产的物质基础，生产资料的成功再生产是资本主义存在、发展的决定性因素。剩余价值的消费维持了资本主义简单再生产的基本条件，而留出一部分剩余价值用于追加投资，才能扩大生产规模。所以，作为生产性投资的资本积累也就是把一部分剩余价值用作资本或转化成资本，是资本主义再生产的必要条件。

二　资本主义扩大再生产的根本条件：剩余价值转换为资本

追逐剩余价值不仅是资本的职能，而且是资本主义存在和发展的必要条件，只有不断扩大生产规模和具备更高的生产率，资本才能获得更多的剩余价值。更大的生产规模意味着资本不断扩大，也就是越来越多的剩余价值转化为资本，成为生产资料和劳动力；而越来越高的生产率意味着劳动资料并入的自然力越来越庞大，内部分工越来越发达，在分工基础上结合劳动的社会性质越来越先进、效率越来越高；生产资料的结构 – 功能越来强大，也就需要投入越来越多的资本来发展科学及其应用，完善和改进生产资料的结构和功能，提高社会化大生产的协调、管理水平。资本积累既是资本主义生产剩余价值的必然条件，也是进一步扩大剩余价值生产的根本手段。

在资本主义发展的早期，由于资本主义生产还建立在手工劳动的基础上，还缺乏应用科学的规模生产条件和推动科学应用的实践需求，劳动生产率提升比较缓慢，资本积累的手段主要依靠扩大生产规模和提高剥削程度，资本积累的增长远赶不上资本扩张的需求。因此，极力降低劳动力价值和自身需求就成为资本家不得不采取的必要手段。把尽可能多的剩余价值用作资本积累，不是资本家所谓的节俭美德，而是资本家执行资本职能的必然要求,是资本主义生产规律强制发挥作用的结果。

随着机器大生产的确立,资本主义建立起适应剩余价值生产的物质技术基础和不断演进提升生产率的生产方式体系和机制,以由科学的应用推动的生产资料不断变革为基础,内部分工不断演进,在分工和劳动资料基础上的结合劳动的社会性质不断增强,表现为以技术进步-生产率提高为基础的相对剩余价值生产越来越成为居于主导地位的生产形式,科学的发展及应用、生产的社会化和管理的改善成为提高生产率、加快资本积累和扩大剩余价值生产的具有决定性的关键因素。

首先,资本积累是剩余价值规律作用的结果。资本家作为资本社会职能的执行人,为了生产更多的剩余价值,就必须扩大生产规模和提高生产率,而进行资本积累就成为必要的条件。扩大生产规模就必须扩大投资,其主要渠道就是资本积累,而提高生产率的物质技术基础就是不断更新更高效率的生产资料。其次,资本积累是市场竞争的必然要求。扩大生产规模是占据规模优势的主要手段,而提高生产率、形成竞争优势则是克敌制胜的最强武器。二者都需要扩大积累规模,都对资本积累规模和速度提出了客观的要求。一定的生产规模有利于科学技术的应用和推广,而雄厚的资本则是高强度科研投入和科技应用的有效保障,同时高超的管理才能与技巧也需要一定的资金支持。

除了物化劳动的积累以外,马克思还把人的知识和生产技能的积累当作再生产的必要条件[①],这对于研究再生产具有重大意义。只有生产劳动的主体条件与客体演进的要求相适应,二者才能形成不断演进的生产方式和不断发展的生产力。

制约资本积累的主要因素有以下几个。其一,剩余价值率的高低。一般来说,剩余价值率越高,生产的剩余价值越多。延长劳动时间、提高劳动强度和压低工资水平都是提高剩余价值率的手段。但在资本主义生产方式确立以后,这种生产方法逐步被放弃。

---

① 《马克思恩格斯全集》(第48卷),人民出版社,1985,第154页。

其二，生产规模的大小。一般来说，生产规模是由预付资本的大小决定的。在剩余价值率一定的条件下，生产规模越大，则生产的剩余价值越多，资本积累规模才有可能越大。

其三，社会劳动生产率的高低。社会劳动生产率越高，则满足个人及其家属需要的生活资料的价值就越小，用于补偿工资的必要劳动时间就越短，从而相对地延长剩余劳动时间，提高剩余价值率；这样就可以加速资本周转，降低资本使用费用，提高年剩余价值率。社会劳动生产率是生产力发展的产物。现代生产方式中，主要取决于科学发展水平以及科学应用水平。资本主义生产方式是建立在机器大工业基础之上的，而机器大工业形成了大规模应用科学的生产条件和生产需要，在资本的驱动下，资本主义生产就具有不断提高劳动生产率的特征。

其四，科学发展及其应用的先进程度。首先，科学在生产中的应用是提高生产率的根本手段，也是完善和强化生产资料结构-功能的根本手段。企业内部分工的发展水平、生产的社会化程度以及管理智慧都取决于科学的发展与应用水平。换言之，科学的发展及其在生产中的应用水平，一定程度上代表了生产力的水平，越是先进的科学及其应用，一般也意味着越高水平的生产力。较高水平的生产力，意味着劳动力生产和再生产费用较低，用于补偿劳动力价值的必要劳动时间就比较短。因而，剩余劳动时间就相对地较长，所生产的剩余价值也较多。所以，在要素生产率一定的条件下，剩余价值生产取决于科学发展及其应用的先进程度。其次，先进科学技术率先在生产中应用，可以提高劳动生产率，使率先采用先进技术的企业个别劳动生产率远高于社会劳动生产率，从而形成企业在市场竞争中的绝对优势，获得超额剩余价值。因此，个别企业生产率与社会生产率的差异，也是影响资本积累的重要因素。

其五，企业的经营管理水平。首先，改善管理、提高管理效率，可以有效降低生产成本，提高劳动生产率，也就是提高马克思所说的所用资本与所费资本的差额。所用资本就是指投入生产的资本，所费资本则是生产过程中实际消耗的资本。随着资本规模不断扩大，所使用的生产资料规模越来越大，与生产中所消耗的生产资料价值（固定资本耗费价值就是固定资本折旧）之间的差额也会越来越大。如果提高生产效率，会提高生产资料使用效率，降低一次性转移价值的原辅材料消耗成本，降低固定资本折旧费率，从而降低资本使用和消费成本。其次，改善经营条件、提高营销效率，可以节约营销成本，缩短流通时间，从而提高剩余价值实现程度，提高年剩余价值率。

在资本主义生产过程中，上述的前两项因素属于外延式资本积累方式；后三项因素属于内涵式资本积累方式。在资本主义早期，由于劳动生产率较低，且提升缓慢，剩余价值规模不大且增长缓慢。因此，资本积累的压力要求资本家尽可能减少个人消费，把尽可能多的剩余价值用作资本。在资本主义生产方式确立以后，技术进步以及由此推动的劳动生产率不断提升成为生产剩余价值的主要手段，随着劳动生产率不断提升，用于补偿劳动力价值的必要劳动时间不断缩短，而剩余劳动时间不断延长，资本家个人消费占比不断下降。因此，资本积累的速度已经不再受制于个人消费，而主要取决于劳动生产率的提高以及由此带来的剩余价值规模的扩大。

第五节　资本积累的结果：资本有机构成不断提升的趋势及其影响

由资本的技术构成决定的反映资本技术构成变化的资本价值构成，称为资本的有机构成。资本有机构成的高低取决于生产资料的社会性质与技术要求决定的劳动力和劳动资料之间的特殊分工原则。马克思用资本有机构成这个经济范畴反映生产过程中生产资料与劳动力之间的结构比例变化情况。

在资本主义早期，资本积累主要采取提高剥削程度和扩大预付资本规模的方法。由于资本构成相对稳定，随着资本积累的不断扩大，对劳动力的需求也会按比例同步不断增长。此时，由于生产方式的基础依旧是手工劳动，资本积累的速度比较缓慢。因此，对劳动力需求的增长也十分有限。

自机器大生产确立以来，由于把科学并入生产过程，作为科学物质化的集中体现，生产资料的结构日趋复杂，功能也不断提升，无论是在结构组织体系还是在凝结的人类一般劳动方面，体现的都是不断增大的趋势。生产资料既是生产剩余价值的条件，也是加速资本积累、扩大剩余价值的手段。生产资料的不断演进和发展，不断提高劳动生产率，同样价值的生产资料推动的劳动力价值越来越少。同理，同样规模的生产资料需要的劳动力也越来越少。马克思把自资本主义生产方式确立以来，随着生产资料规模不断扩张以及生产资料物质基础不断发展其价值量不断提升的现象，概括为资本有机构成不断提高的规律。

首先，资本积累的具体途径表现为通过企业自身资本积累而不断扩大的生产规模，是资本积聚。资本积聚不仅是市场主体扩大再生产的基础，也是社会资本增长的微观基础。但资本积聚受到资本积累规模与速度的双重约束。

其次，资本集中，就是部分较小的资本合并成较大的资本的现象。"集中可以通过单纯改变既有资本的分配，通过单纯改变社会资本各组成部分的量的组合来实现。"[①] 资本集中可以突破个别资本自我积聚的所受到的自身积累规模和积累增速的限制，可以在较短时间内合并成较大规模的资本。资本集中，扩大了生产规模，可以产生规模效应，降低生产成本，利于科学的应用，可以满足较大行业进入的资本最低额要求。资本集中既是市场竞争的结果，也是个别资本利用信用杠杆进行兼并的产物。竞争过程也就是优胜劣汰的过程，在市场中，具备生产率优势的企业逐步淘汰生产率较低的企业，生产和销售不断集中在具备生产率优势的企业手里；资本主义信用制度的发展，为资本快速扩张提供了

---

① 马克思：《资本论》（第1卷），人民出版社，2004，第723页。

最有力的杠杆。信用制度,可以把社会闲散资金集中到金融机构统一使用,而实力雄厚的单个资本可以借助贷款迅速扩大生产经营规模,加速市场淘汰进程,推进资本集中;借助信用制度,促进中小资本的联合,通过发行股票,把众多中小资本合并在一起,组成拥有较大资本的股份公司。

单个资本通过资本积聚和资本集中迅速扩大规模,为科学应用、采用先机机器设备和大规模社会化大生产创造了条件,提升了企业的资本有机构成,也提高了劳动生产率。

一 资本主义积累规律

资本积累是资本主义发展的必然要求,既是资本主义发展的结果,也是资本主义进一步发展的条件。从生产条件来说,资本是劳动主体与客体在一定物质技术基础上的结合,而资本积累就是劳动客体扩大的源泉;从本源来说,资本积累来源于雇佣工人剩余劳动的创造。首先,在一定物质技术条件下,不同生产部门都有特定的资本有机构成要求,在社会化大生产过程中,劳动客体与主体形成特定的实体形态和价值形式的结构比例是社会化大生产的客观要求,它取决于劳动资料的物质技术条件。其次,雇佣工人的工资与雇佣工人的数量要与资本积累需要,也就是生产剩余价值的客观需要相适应。其一,资本积累是为了追逐更多的利润,而不是为了增加雇佣工人。因此,增加就业的限度就被限制在增加剩余价值的必要限度内。[①] 其二,资本积累是资本有机构成不断提升的原因,资本有机构成的提高也是进一步加速资本积累的物质技术条件。资本有机构成不断提高是资本主义生产的客观规律。因此,就业的增长要与资本有机构成不断提高趋势下的资本积累的要求相适应。即劳动力增减都是资本积累或者剩余价值生产的客观要求,而劳动力数量必须限制在资本增殖或者资本积累的需要以内。

---

① 马克思:《资本论》(第1卷),人民出版社,2004,第716页。

二 社会两极分化加剧：财富日益掌握在少数大资本家手中

现代资本主义生产方式建立在不断变革的机器大生产的物质基础上，成为不断提高劳动生产率的物质技术基础。不断提高的劳动生产率，为资本积累提供了源源不断的动力，而资本的不断扩大，又成为扩大积累规模的有力工具。资本不断积累，意味着生产规模的不断扩大和生产的日益集中，也就是以剩余价值为代表的财富日益集中到少数掌握规模庞大生产资料的资本家手里。与此形成对比的是，中小资本家则日益边缘化甚至破产。

三 产生规模不断扩大的产业后备军

相对过剩的人口也就是产业后备军的规模不断扩大是资本主义积累的结果。工人的剩余劳动创造的剩余价值成为资本积累的源泉，而随着技术不断进步和劳动生产率提高，剩余价值规模不断扩大。随着资本积累规模的不断扩大，资本有机构成不断提高，这必然导致日益扩大的资本主义生产和不断扩大的资本积累所推动的劳动力相对减少，由此劳动力相对过剩就成为必然。之所以是相对过剩，是因为相对于资本增殖的需要来说过剩，而不是绝对的过剩。但这种产业后备军的存在"又成为资本主义积累的杠杆"[①]，失业人口的存在客观上为在岗工人施加了巨大的压力，成为资本加强剥削和控制的社会条件。产业后备军的存在也是资本主义生产方式存在的必要条件。资本主义生产在市场机制的作用下，具有周期性扩张—收缩特征。在生产扩张周期，就需要大量产业后备军随时投入规模扩张的生产中去；在生产的收缩周期，由于生产规模不断萎缩，就会从生产过程中不断释放过多的劳动力，从而出现失业人口。因此，产业后备军的存在就给周期性生产提供了自我调节的劳动力"蓄水池"，成为满足资本主义周期性生产过程的必要条件。总的来看，

---

① 马克思：《资本论》（第1卷），人民出版社，2004，第728页。

产业后备军的规模是与资本主义生产规模相适应的。也就是说,"产业后备军的相对量和财富的力量一同增长"①。

在资本主义发展的不同时期,资本积累规律的作用方式有所不同,解决的手段也很不相同。在资本主义发展早期,由于资本主义生产方式诞生于传统生产方式内部,资本积累的物质技术基础还只是手工劳动,虽然资本积累增长缓慢,但在资本有机构成不变的条件下,对劳动力的需求还是不断增长的。由于资本主义制度尚未完全确立,资本急需的劳动力很多还限制在传统的生产领域。因此,彻底解除限制劳动力自由流动的制度藩篱,就需要运用革命的手段,打破传统社会的制度枷锁,解放劳动力。随着资本主义生产方式的确立,资本积累不断扩大规模和加速,对劳动力的需求也会不断增加和加速,原有的劳动力结构和规模远远不够。因此,资本主义生产的快速扩张就带动来自农业、农村的大量劳动力向城市、工业转移。随着资本主义生产方式最后在广大农村和农业确立自己的统治地位,原来被束缚在广大农村和农业的潜在剩余劳动力就被解放出来,成为高速扩张的城市、工业生产的最广大的产业后备军。虽然资本有机构成的提高会在一定程度上排斥劳动力的增长,但只要资本积累的规模扩张与增速超过资本有机构成变化引起的劳动力的减少的数量,资本积累与劳动力需求的增长总体上还是相适应的。

第六节　剩余价值的源泉

科学的价值理论是创建剩余价值理论的理论基础,而劳动力商品理论和可变资本与不变资本理论,则是构建剩余价值理论的直接前提。正是正确区别了劳动与劳动力,进而建立了劳动力商品理论,并运用劳动二重性理论对资本在价值创造、剩余价值生产中的不同职能进行了科学区分,提出了不变资本与可变资本的重要经济范畴,才为分析剩余价值

---

① 马克思:《资本论》(第1卷),人民出版社,2004,第742页。

来源奠定了理论基础。

一 构建剩余价值理论的直接前提

(一) 劳动力商品理论

马克思在《资本论》的初稿《政治经济学批判（1857~1858年手稿）》中第一次科学地分析了劳动力商品。劳动力商品的买卖与一般商品不同，资本家购买的只是对劳动力使用的支配权，劳动者出卖的只是自身一定劳动过程的支配权。劳动力就是存在于活着的人的身体内部的改造自然使之满足人类的生产、生活需要的智力与体力之和，也就是人自身的劳动能力。劳动力成为商品是剩余价值理论的主要理论基础之一。古典政治经济学由于不懂得劳动与劳动力的区别，混同了劳动创造的价值与劳动力自身的价值，在劳动价值理论基础上无法解释资本主义的普遍现象，那就是资本与"劳动"交换的矛盾。如果按照价值规律进行交换，则资本无法实现增殖，不符合资本家普遍发家致富的现实；要承认资本实现了增殖，则无法坚持劳动创造价值的原则。

其实，从成熟的科学的理论视角来看，古典政治经济学由于没有科学的劳动价值理论，无法理解创造财富与创造价值劳动的不同与区别，也无法解释价值创造与价值实现、价值分配之间的区别与联系，错误地把价值创造等同于价值分配；更关键的是，由于没有劳动力商品理论，错误地混同了劳动力创造的所有价值与资本家购买劳动力所付出的价值两个截然不同的价值量。马克思在创造性地提出生产商品劳动二重性理论的基础上，形成了科学的劳动价值理论，正确解释了价值创造与价值实现的区别与联系，进一步初步地回答了"劳动"与资本交换一致性的问题。

在分析资本流通总公式的矛盾时，马克思成功地运用劳动力商品二因素以及劳动力"使用"即劳动的二重性解开了这一矛盾。劳动力在买卖过程中遵循的是价值规律，劳动力在使用过程中遵循的是剩余价值规律。二个规律的基础都是所有权。在交换领域，资本家与劳动者都按照各自的所有权利益进行平等、自由、互利地买卖，"一离开这个简单流通领域或商品交换领域……原来的货币占有者资本家，昂首前行；劳动力占有者作为他的工人，尾随于后。一个笑容满面，雄心勃勃；一个战战兢兢，畏缩不前，像在市场上出卖了自己的皮一样，只有一个前途——让人家来鞣"①。在生产领域，资本所有权就转换成对劳动过程的监督和指挥权以及对劳动产品的占有权，也就是所有权规律转变成资本对劳动成果的占有规律。

基于劳动力商品理论，马克思驳斥了工人买卖劳动的错误认识。首先，劳动无法作为商品在出卖前独立存在，而必须依附于劳动者；其次，如果劳动作为商品买卖，其价值就无法确定，就成为同义语的反复，毫无意义。因此，个人出卖的只能是劳动力而不是劳动。劳动力作为商品同样具有使用价值和价值。其价值就是劳动力生产和再生产中所凝结的一般社会劳动，换算成相应生产资料的价值，包括：劳动者及其不参加劳动的家属（不具备劳动条件或者不处于法定劳动年龄段的非劳动者）所必需的生活资料费用，用于劳动者劳动力的生产和后代劳动力的再生产；劳动者本人与子女的教育培训费用，满足资本主义生产对劳动力文化知识和科学技术的要求。其使用价值就是在劳动过程中不仅可以创造补偿自身价值的价值，而且可以创造剩余价值。正是其特殊的使用价值揭示了资本家发家致富的秘密——资本主义剩余价值的源泉所在。

当然，劳动力成为商品也是需要特定的社会条件的。基本条件有两个。其一，劳动者有权出售自己的劳动力。历史地看，资产阶级革命废除了封建社会强加在劳动者身上的种种超经济强制，从法律上赋予劳动者自由、平等的普遍的公民权利，劳动者拥有了自由出卖劳动力的权利；现实中，劳动者成为劳动力商品还要满足一定的年龄、身体条件和教育资历或者职业资格条件。其二，劳动者被迫或者愿意出售自己的劳

---

① 马克思：《资本论》（第1卷），人民出版社，2004，第205页。

动力。历史地看，成为劳动力商品的劳动者就是被剥夺了生产资料，成为不得不依靠出卖劳动力换取生活资料的无产者；现实地看，出卖劳动力成为雇佣工人，不仅是生活所迫，也是弥补自身生活资料的不足、改善生活条件的需要，也是劳动者进入社会化生产的组织和平台发展自己、实现自身价值的主要手段。当然，劳动力成为商品并不是任何社会都有的社会现象，它是现代商品经济特有的社会现象，是在生产力有了一定发展，能够提供普遍剩余产品，但又不能满足普遍社会需要的特殊条件下的历史产物。所以，要消灭劳动力商品的现象就要大力发展生产力，使产品极大丰富，能够满足任何人的社会普遍需要。那时候，劳动已经不再是谋生工具，而是个人全面发展的唯一需要，劳动力的经济权利已经没有区分和保护的任何必要，过去凌驾于个人之上的社会权力被社会普遍需要——劳动者全面发展的需要所取代。

（二）不变资本与可变资本理论

在剩余价值形成过程中，马克思根据在剩余价值生产中的不同作用，把资本划分为不变资本和可变资本，为进一步分析剩余价值的具体生产过程，揭示剩余价值的真正来源提供了有力的理论工具。

所谓资本就是资本主义制度赋予生产资料所有者通过雇佣劳动而占有全部劳动产品的社会权力，它是生产资料所有权在资本主义生产方式中的特殊反映，是资本主义生产关系的基础。资本在经济生活中常常具体表现为不同的实物形式，如一定数量的货币、生产资料、生产的产品和待售的商品，但这些实物本身并不是资本，只有在这些实物归属于资本家所有并置于资本掌握之中，雇用劳动力生产剩余价值或实现剩余价值的时候它们才是资本。因此，资本不是物，资本是反映资本主义生产关系本质特征的特定经济范畴。在价值形式上，资本就是能够带来剩余价值的价值；在职能方面，资本就是代表社会生产剩余价值或者实现价值增殖的职能；在结构组织方面，资本是在一定生产资料基础上和一定技术条件下，劳动主体和客体结合起来执行资本职能的物质技术组织；在生产关系方面，资本反映了在生产过程中形成的资本家与雇佣工人之间不平等的社会关系；在阶级关系上，资本表现为拥有生产资料所有权的资产阶级对丧失了生产资料所有权的劳动者阶级的剥削、压迫关系。所以，资本在一般社会表现形式上，就是资本主义社会赋予的执行价值增殖职能的物质技术组织及其运行过程和权利关系，在实体形式上包括执行不同资本职能的所有资本实体形式，在生产过程和流通过程中包括执行资本职能的资本客体和主体形式及其结合组织，在劳动过程中表现为资本所有者对生产资料、劳动力使用及劳动过程的指挥、监督和协调权利，以及对劳动产品和剩余价值的占有权利。

马克思根据再生产过程中预付资本的不同职能和作用把资本家手里的预付资本划分为不变资本和可变资本。所谓不变资本，从价值形态来看就是用于购买生产资料的那部分价值；在实物形态上，就是转变为生产资料的那部分资本；在实体上，是生产劳动的客体。所谓可变资本，从价值形式来看就是用于购买劳动力的那部分价值，或者就是表现为劳动力价值或工资的那部分资本；从实物形态看，就是转变为雇佣工人及其家属生活资料的那部分资本；在实体上，表现为劳动力本身，是生产劳动的主体条件。可变资本和不变资本共同组成了资本家的预付资本。

二 剩余价值的源泉

马克思在分析资本流通总公式的过程中，就发现剩余价值既不能产生于流通流域，否则就会违背价值规律。但也不能离开流通流域，否则，资本就会离开流通流域，要么变成贮藏货币，无法自行增殖；要么变成纯粹的使用价值，其本身所包含的消耗成本价值和剩余价值都不能实现。而劳动力成为商品就成为货币转化为资本的前提条件，只有劳动力这种特殊商品在交换中遵循价值规律，才能具备创造自身价值和剩余价值的使用价值。劳动力商品的这种特殊的使用价值或者劳动力的资本主义消费，不仅是现代资本主义商品经济条件下创造价值，也是创造剩余价值的唯一源泉。劳动力商品理论彻底解开了困扰古典政治经济学"资本与劳动交换"的理论悖论即价值规律与资本增殖之间的逻辑矛盾，成为马克思创立剩余价值理论的理论前提。

剩余价值作为超过等价物的价值"决不会从等价物中产生，因而也不是起源于流通""它必须从资本的生产过程本身中产生"①。也就是说，剩余价值产生于直接生产过程。由于剩余价值只有在流通领域才能实现，而且剩余价值的实现与否以及实现到何种程度都取决于现实中市场的竞争、供求状况，这就容易造成剩余价值来源于流通领域的假象。流通领域是价值规律强制贯彻其作用的领域，"等价物，按其规定来说，只是价值同它自身等同"②，如果在流通领域发生了不平等交换或者欺诈行为，交易一方的所得则是另一方的所失，交易的总价值并没有发生变化，并没有发生价值的增殖。不公平交换不能产生额外的剩余价值，欺诈方固然可以通过骗取他人钱财而发财致富，但也不可能带来真正意义上的价值增殖，因此恩格斯说："一个国家的整个资本家阶级决不能靠欺骗自己来发财致富。"③

在生产过程中，雇佣工人的生产劳动过程具有两个不同的方面：一方面，劳动者运用生产工具作用于劳动对象，生产出满足人们生产或生活需要的使用价值；另一方面，所有劳动都是人类智力和体力劳动的总和，属于同质化的一般人类劳动，通过市场交换，具体劳动还原为一般抽象劳动，一般人类劳动凝结在商品中就形成了价值。作为一般商品生产过程，资本主义生产既是生产使用价值的人类劳动，也是生产价值的商品生产劳动。资本主义生产作为生产剩余价值的特殊商品生产过程，必须是超过劳动者自身价值而延长的生产劳动。劳动者在必要劳动时间生产出自身价值，在剩余劳动时间生产出剩余价值。在价值形成过程中，预付资本的两个部分具有不同作用，不变资本提供了生产劳动客体条件，可变资本提供了劳动主体条件，劳动者通过具体劳动把生产资料的价值转移并保存在新产品中；通过抽象劳动创造出自身价值和剩余价

---

① 《马克思恩格斯全集》（第46卷·上册），人民出版社，1979，第286页。
② 《马克思恩格斯全集》（第46卷·上册），人民出版社，1979，第286页。
③ 《马克思恩格斯全集》（第20卷），人民出版社，1971，第221页。

值。因此，只有可变资本是剩余价值的唯一源泉，而不是全部预付资本。

在剩余价值的生产过程中，用于购买生产资料的那部分资本的价值量并未发生变化，只是在生产过程中变化了实物形态，在生产结束时变成了新产品的组成部分，或者说，它的价值转移到新产品中。可变资本在生产劳动过程中，其具体劳动转移并保存了生产资料的价值，其抽象劳动创造了等同于自身的价值和剩余价值，也就是其价值发生了增殖。马克思的劳动价值理论是分析剩余价值源泉的理论基础，马克思把劳动价值理论运用到对资本主义生产方式与生产关系的分析中，科学地揭示了人类的一般劳动不仅是商品价值的唯一源泉，也是剩余价值的唯一源泉，为分析资本主义的直接生产过程、创建剩余价值理论提供了得力的理论分析工具。

第三章　资本主义市场经济条件下剩余价值的实现

剩余价值的实现过程就是"资本的流通过程",对剩余价值实现的研究就是《资本论》第二卷所涵盖的内容。在研究生产过程的基础上,马克思把资本主义生产过程与流通过程统一起来考察,进一步揭示剩余价值从生产到实现的过程与条件,研究的主题就是剩余价值实现问题。按照马克思的有关论述,资本主义市场经济条件下剩余价值的实现大致可以划分为三个层面:宏观层面,也就是社会资本再生产的实现;中观层面,市场竞争(机制)是实现剩余价值的基本条件;微观层面,即产业资本循环层面,也即单个产业资本实现循环。

在研究资本主义生产过程的基础上,马克思以产业资本为研究对象把生产过程与流通过程结合起来分析剩余价值的实现问题。通过对资本主义生产过程的研究揭示了资本主义生产的本质与剩余价值的来源;把剩余价值生产过程与流通过程统一起来研究,就是进一步揭示剩余价值实现的一般条件和再生产规律。本部分先从单个产业资本的循环与资本周转角度揭示微观经济主体剩余价值实现的一般条件及规律,再把相互联系的单个资本作为整体研究社会资本再生产与运动,揭示社会资本剩余价值实现与再生产的一般条件及规律。

第一节　资本主义市场经济条件下产业资本的剩余价值实现

产业资本就是投入物质生产部门，包括农业、工业、采矿业和交通运输业的资本。在"资本主义生产理论"分析中，马克思把资本主义生产置于孤立、静止的环境中总结资本主义生产的本质与一般趋势；在产业资本循环分析中，马克思把资本主义生产置于运动、连续的循环往复过程中，研究资本主义剩余价值生产与实现的条件及规律。

产业资本是资本主义生产方式的基础，也是剩余价值生产的唯一产业基础。其一，产业资本循环不仅包括剩余价值生产，而且包括剩余价值实现以及占有。产业资本是执行生产、实现和占有剩余价值职能的"惟一的这样一种资本存在方式"[1]，充分展示了资本主义生产的本质。其二，产业资本循环充分凸显了资本主义生产关系的实质。产业资本充分体现并"决定了生产的资本主义性质"[2]，充分展示了无产阶级与资产阶级两大阶级的经济对立与冲突。其三，产业资本是生产方式的基础，生产方式的变革最终是由产业资本的物质技术条件的变化引起的。科学在生产中的应用，引起了生产资料结构、组织和功能的变化以及生产过程和社会组织的变革，"从而社会的经济历史类型也会发生变革"[3]。其四，产业资本是其他形式的独立资本存在和发展的共同基础。货币资本或银行资本、商品资本或商业资本从逻辑与历史相统一的视角来看，都是从产业资本循环中货币资本职能和商品资本职能独立分化出来的，其他形式独立运营的资本，从逻辑上从属于产业资本，而且从运动过程来看，产业资本都是其他形式独立资本的基础。其他资本只有被纳入产业资本循环之中，且其运动机制与产业资本运动相适应，它的职

---

[1] 马克思：《资本论》（第2卷），人民出版社，2004，第66页。
[2] 马克思：《资本论》（第2卷），人民出版社，2004，第66页。
[3] 马克思：《资本论》（第2卷），人民出版社，2004，第66页。

能才能得到执行。如果彻底隔断与产业资本的联系,丧失了产业资本的基础,其他资本就无法履行其职能。①

一 产业资本循环不同阶段的职能与剩余价值实现

剩余价值生产过程与流通过程的统一,从运动过程来看就是资本循环往复的过程。在不同阶段,资本呈现不同的物质形态,执行不同的职能。资本在运动中所具有的特征就构成剩余价值实现的特殊规律:剩余价值在连续不断的运动中实现增殖,运动是剩余价值增殖的条件,而增殖才是剩余价值生产的目的。产业资本运动公式如下:

$$G—W\cdots P\cdots W'—G' \cdot G—W\cdots P\cdots W'—G'$$

式中,G代表货币、W代表商品、P代表生产,W′、G′分别表示包括剩余价值的商品资本和包括新货币的货币资本,"…"表示流通过程的中断,进入生产过程。产业资本依次经历三个不同阶段,依次采取货币资本(购买阶段)、生产资本(生产阶段)和商品资本(售卖阶段)三种不同资本形态,分别执行准备生产剩余价值、生产剩余价值和实现剩余价值的不同职能。在循环过程中,不断实现剩余价值和再生产剩余价值,从而不断实现资本的增殖。

(一) 准备生产剩余价值阶段 (G—W)

劳动主客体只有结合起来组成生产劳动的具体方式才能形成生产力。工人只有与生产资料(资本家)结合起来,才能转化为现实的生产力。在资本主义生产关系中,生产资料与劳动者完成了分离过程,一端是掌握了生产资料所有权的资本家,另一端是只有劳动力所有权的无产者。在这种社会条件下,生产要素结合要通过市场,劳动力必须作为商品出卖给资本家,才能获得与生产资料结合进入生产过程的权利。劳动力成为商品是资本主义生产关系的特征,所以,该阶段的流通公式被

---

① 马克思:《资本论》(第2卷),人民出版社,2004,第66页。

看作最具资本主义生产方式的特征①，当资本家在流通流域买到了劳动力这个特殊商品时，资本家手里的货币就转为资本。该阶段被马克思称为购买阶段，货币持有者通过准备生产剩余价值，把自己转变成为生产剩余价值的资本家。用公式表示为：$W < ^{A}_{Pm}$。其中 G—W 在形式上是一般商品流通过程，而实质内容则是资本流通过程的一部分，资本家手里的货币与一般消费者的不同，它是作为预付资本的货币。公式中 A 表示资本家购买到的劳动力这个特殊商品，Pm 表示购买到的生产资料。这样通过市场，资本家手中的货币资本转化为实物形态的生产资本劳动力和生产资料，准备生产剩余价值。具体购买多少劳动力与生产资料，其价值关系或者实物关系都是由社会化生产规律决定的，是由资本技术构成决定的价值构成即资本有机构成所决定的。在资本家看来，这是准备生产剩余价值的条件；从市场来看，也就是通过市场机制配置生产要素的过程。

（二）生产剩余价值阶段（P）

随着购买阶段的结束，剩余价值生产的条件已经具备，资本就由流通领域进入生产领域，开始剩余价值的生产。因此，该阶段也称为生产阶段。该阶段用公式表示为：$W < ^{A}_{Pm} \cdots P \cdots W'$。该阶段充分体现了资本主义生产的本质。生产资本（P）就是预付资本，其价值公式就是 $P = A + Pm$，其中 A 表示可变资本，Pm 表示不变资本。在劳动过程中，劳动力利用生产资料生产出新产品，新产品不仅包含劳动力价值、投入生产资料的成本，还包括剩余价值，即 $W' = A + Pm + M = P + M$。这些过程，前文已经论及，这里不再赘述。该阶段是一般人类劳动过程与价值增殖过程的统一，最能体现资本主义生产的目的和本质特征，在产业资本循环中具有决定性意义。

（三）实现剩余价值阶段（W'—G'）

产品生产出来之后，就由生产领域转入流通领域，进入售卖过程。

---

① 马克思：《资本论》（第 2 卷），人民出版社，2004，第 36 页。

因此，该阶段也称为售卖阶段。该阶段售卖的商品似乎与一般消费者购买的商品并没有什么两样，它们的价值量都是由生产商品的社会必要劳动时间决定的，但其价值内涵不同。一般商品具有价值和使用价值，反映了劳动者平等交换劳动的社会关系，而作为售卖阶段商品的商品资本是为了履行资本职能而存在的特殊商品，具有履行资本职能的特殊使用价值。对于资本家而言，其价值不仅包括预付资本，而且包含剩余价值，即 $W' = W + w$，商品资本是包含剩余价值的特殊商品，在数量上体现着预付资本与剩余价值之间的关系，在性质上反映着资本家对工人的雇佣关系。

售卖过程 $W'—G'$，可以按照内容改写为：$W'—G' = (W + w) - (G + g)$。按照逻辑关系，售卖阶段可以划分为资本价值流通和剩余价值流通两个阶段：在资本价值流通阶段 $W—G$，通过销售，回收预付资本即生产资料和劳动力的价值；在剩余价值流通阶段 $w—g$，实现剩余价值并进而占有剩余价值。在实际售卖过程中，这两个阶段很难加以区分，但在价值量上是容易统计和计量的。售卖的速度、数量以及价格都会对剩余价值的实现产生重要影响。如果销售效率很高，所生产的商品很快销售一空，预付资本在很短时间内就被回收，剩余价值很快实现，可以促进资本积累，进一步扩大生产。因此，售卖速度直接影响再生产的速度和规模。如果产品销售速度慢，甚至还有部分产品卖不掉，不仅会影响剩余价值的实现，甚至也会影响预付资本的回收。如果全部预付资本只能部分回收，就意味着资本家亏本，不要说扩大再生产规模，就连简单再生产也难以实现；如果产品销售严重困难，预付资本几乎全部不能回收，则意味着资本家破产。因此，售卖阶段是资本家的"惊险的跳跃"，如果这个跳跃不成功"摔坏的不是商品，但一定是商品占有者"[1]。售卖阶段是劳动者私人劳动转换为社会劳动、创造使用价值的具体劳动转化为形成价值的抽象劳动，生产资料的价值转移的关键，决

---

[1] 马克思：《资本论》（第1卷），人民出版社，2004，第127页。

定着生产者（包括资本家和劳动者）的命运。当然如果产品供不应求，商品价格就会不断抬升，售卖者就会实现超过一般剩余价值的超额剩余价值，这同样会加速再生产过程和扩大再生产规模。

这里，注意执行货币资本职能的 G 与执行商品资本职能的 G′ 的区别与联系。二者实物形态相同，都是货币形态的资本，但职能不同。前者是执行预付资本职能，购进生产资料和劳动力，为生产做准备；后者则是作为商品资本执行实现剩余价值的职能，此时商品价值从实物形式转化为货币形式，是商品资本的转化形式，是包括预付资本和剩余价值的货币形式的资本。这只是从理论上做出的区分，在实际生活中，执行货币资本职能的货币与执行商品资本职能的货币，作为货币并没什么不同，不同的只是抽象的概念而已。

二 产业资本循环过程与剩余价值实现

资本的使命在于在运动中带来剩余价值，一旦运动中断，资本的生命就结束了，剩余价值生产与实现的职能就丧失了。为了便于分析，马克思根据资本循环起（终）点不同，把产业资本循环划分为三个不同的循环过程：货币资本循环、生产资本循环与商品资本循环。

（一）货币资本循环

货币资本循环就是起点和终点均是货币资本，从货币资本出发，依次经过生产资本、商品资本，最后带着剩余价值回到原出发点货币资本的过程，循环简式为 G—W⋯P⋯W′—G′。每一个循环都是从出发点回到原点的相对完整过程，但每一次循环都是前后相继、不断往复的连续过程，详细公式为：$G-W<_{Pm}^{A}\cdots P\cdots W'(W+w)-G'(G+g)$。产业资本依次经过流通领域、生产领域，再回到流通领域；资本依次变化为三种资本形态再回到原来的资本形态货币资本。从起点回到原出发点，资本形态经过不同领域的转化回到原来形态，在运动中，预付价值得以保存，而且实现了增殖。

在资本循环过程中，不同阶段的资本采取不同的价值形态，在运动中又不断抛弃原来的价值形态,在不同阶段采取不同价值形态执行相应的职能。这里,处于不同阶段的资本并不是独立运营的资本,而是产业资本在不同阶段采取的不同的资本职能形式,它们只是三种不同的特殊职能形式。

其一,货币资本循环是产业资本典型的循环形式。货币资本运动的逻辑起点与产业资本运动一致,运动的历史过程与顺序也和产业资本相同,运动终点是包含价值增殖的货币资本,突出了生产的目的就是生产剩余价值,充分体现了资本主义生产的本质,而且货币本身就是社会财富完美的代表。而货币资本运动过程和不同阶段所执行的不同资本职能则是生产和实现剩余价值的过程与手段。

其二,货币资本循环充分展示了资本主义生产的动机和目的。到达终点的是包含剩余价值的货币资本,突出资本的价值增殖本质,彰显资本主义生产的动机和目的。而资本在循环中所经过的不同阶段和不同的资本职能形式则是实现价值增殖的手段。剩余价值生产的目的与实现价值增殖的手段完美结合,充分体现了资本主义生产的本质与特点。

其三,货币资本循环具有产业资本循环最片面的表现形式。货币资本循环公式"$G-W\cdots P\cdots W'-G'=G+g$"中,两端都是货币形式,好像货币具有自行增殖的特殊魅力,在形式上具有欺骗性、迷惑性。[①] 该运动形式强调的不仅是价值增殖,而且突出在这个过程中增殖的货币形式,"强调的是资本家所有的金银数量的增加"[②]。如果我们只把该公式看作孤立、静止的过程,就会形成货币能够自行增殖的假象和幻觉,如果我们省去生产过程,该公式就变成了"$G-W'-G'$"。这种片面的幻象就更突出了,资本的价值增殖好像来自流通过程,货币通过流通过程实现了自我增殖。该公式不仅掩盖了剩余价值真正的来源,而且形成了对资本自行增殖的错觉和假象,这是导致资本拜物教的经济根源。因

---

① 马克思:《资本论》(第2卷),人民出版社,2004,第72页。
② 马克思:《资本论》(第2卷),人民出版社,2004,第72页。

此，马克思称之为产业资本循环最片面的表现形式。[1]

（二）生产资本循环

生产资本循环就是从生产资本出发，依次经过不同资本形态，顺次经过生产→流通→生产领域，再回到生产资本形态的过程。其运动公式为 $P\cdots W'—G'\cdot G—W\cdots P$。生产资本循环就是产业资本的再生产过程，生产资本在实物形态上表现为资本家购买到的劳动力和生产资料，在价值形态上表现为可变资本和不变资本。

其一，再生产成为资本循环的中心，两端的流通领域成为联结生产资本循环的中介。在生产资本循环过程中生产被置于中心位置，处于两端的流通领域的货币资本和商品资本则是连接生产和再生产的中介和桥梁，强调了只有货币资本准备好生产条件才能开始生产和再生产；同理，只有商品资本顺利实现剩余价值，收回全部预付资本，才能为再生产创造条件。这里生产资本循环过程就是剩余价值生产与再生产过程。与前面孤立、静止地研究生产过程和再生产过程不同，孤立、静止状态下的生产过程和再生产过程不包括流通过程，而这里流通过程成为生产资本循环的必要环节和条件。这样的研究就弥补了前面研究所造成的遗漏，把研究对象置于运动和联系状态中，更接近实践、更加具体。

其二，生产资本循环就是连续不断的再生产过程。$P\cdots W'—G'\cdot G—W<^{A}_{Pm}\cdots P$，每一个生产资本循环过程都是再生产过程，不仅是实物形态的物质资料再生产，货币形态的资本价值和剩余价值实现过程，也是剩余价值的再生产过程（杨志和王岩，2015，第364页）。

其三，生产资本循环区分为两种不同形式的再生产。产业资本循环本质上就是产业资本再生产过程，根据生产规模变化与否，划分为简单再生产和扩大再生产。资本主义再生产的本质特征就是扩大再生产，也就是每一次循环过程下来，在实现的剩余价值中拿出一部分用于资本积累，扩大产业资本的规模。这样，产业资本在循环过程中规模不断扩大。

---

[1] 马克思：《资本论》（第2卷），人民出版社，2004，第70页。

（三）商品资本循环

商品资本循环就是从商品资本出发，在流通领域实现新产品的价值，带着剩余价值，顺次经过流通→生产→流通领域，依次采取相适应的不同资本形态，执行不同的资本职能，回到原出发点的过程。其运动公式就是：$W'—G' \cdot G—W <^A_{Pm} \cdots P \cdots W'$。其中，$W' = W + w$，$G' = G + g$，二者从价值形态来看，都属于预付资本和剩余价值，但在实物形态，前者属于商品，后者是货币，前者表现为包含剩余劳动的使用价值，代表生产商的私人劳动，后者则是包含剩余价值的价值，代表社会劳动。商品资本循环不仅是单个商品资本的实现过程，也是社会总产品实现过程的组成部分。因此，商品资本循环体现了社会资本的微观运动过程。

其一，在循环过程中，三种商品形式具有不同的物质内容。处于起点的商品资本是上一轮资本循环过程中生产的商品，其价值包括上一轮的预付资本和剩余价值；处于终点的商品资本，则体现了本轮产业资本循环中的剩余价值实现，其价值包括本轮预付资本和实现的剩余价值；中间的商品形式的资本，则是货币资本购买的劳动力和生产资料，价值形态分属于可变资本和不变资本。

其二，商品资本循环包含资本价值流通与剩余价值流通两个方面。商品资本作为起终点，均为包括剩余价值的商品，因此该循环过程也是剩余价值的循环过程，首先表现为资本价值流通过程，其次表现为剩余价值流通过程。资本价值流通收回了预付资本，剩余价值流通实现了价值增殖。

其三，商品资本循环是社会资本运动过程的组成部分，包括生产资料和生活资料的流通过程。商品资本循环在价值形态上，包括资本价值和剩余价值循环，在实物形态上包括生产资料和生活资料的流通。产品售卖对于资本家来说，就是预付资本价值和剩余价值的实现过程。预付资本包括价值形态的可变资本和不变资本，实物形态对应劳动力及其家属的生活资料和生产资料，剩余价值的一部分用于资本家及其家属的生活消费，一部分用于资本积累，对应实物形态的生活资料与生产资料。

对于消费者而言，商品资本循环就是工人及其家属、资本家及其家属的生活资料的消费过程。因此，商品资本循环的总和构成了社会资本运动的总和，包括价值形态的可变资本、不变资本和剩余价值的实现，也包括实物形态的生产资料和生活资料的实现或流通。中间作为生产资本展开形式 $W<_{Pm}^{A}$ 存在的循环则是两端商品资本循环的基础和条件，而不是像省略生产过程的货币循环公式表现的那样，货币会自己增殖。就好像商品资本循环公式展示给人们的表象那样，似乎资本运动都源于商品流通，这是假象，而不是事实。

三　产业资本循环总过程的特征及其实现的条件

在分析产业资本循环的每一个运动过程中，马克思概括并总结了产业资本总循环的基本特征和产业资本循环顺利实现的基本条件。

（一）产业资本循环总过程的特征

把剩余价值生产过程作为运动的、联系的过程与前面孤立、静止分析相比，资本显示出运动性、连续性的新特征。从相对独立的三种资本循环过程来看，产业资本循环的三种形式相互联系、相辅相成，既互为条件，又依次转化、密不可分，形成一个循环往复、不间断连续运动的总过程。在运动过程中，产业资本顺次经过生产、流通两个不同领域，依次采取货币资本、生产资本和商品资本三种不同物质形态，先后完成生产剩余价值、实现剩余价值和再生产剩余价值，最后实现价值不断增殖的目的。每一次循环的终点都是新的循环的起点，每一个资本循环过程都是总过程的连续不断运动的一个阶段或者组成部分。在特定时空中，产业资本的物质形态是确定的，其职能也是确定的；在运动过程中，其形态是不断转换的，其职能是先后连续的。在总循环过程中，产业资本是生产过程与流通过程的统一，是货币资本、生产资本与商品资本形式与职能的统一，也是生产剩余价值、实现剩余价值和再生产剩余价值条件的统一。

剩余价值理论的创新与发展

1. 资本运动的连续性

连续性是资本主义生产的特征。[①] 产业资本运动是三种资本循环的有机统一体，产业资本循环充分展示了资本运动的特点，而且强调了资本运动的连续性。只有处于不断运动过程中，资本的职能才能逐步得以执行，资本增殖的目的才能逐步达成。货币资本循环中断，意味着货币退出流通领域成为贮藏货币，丧失资本职能；生产资本循环中断，导致劳动力无法与生产资料结合，生产资料成为纯粹的使用价值，就意味着生产过程的中断，无法生产剩余价值；商品资本循环中断，就意味着全部商品或者部分商品卖不出去，不仅剩余价值无法实现，甚至连生产资料转移的价值和补偿劳动力的价值也无法实现，资本家亏本甚至破产。

2. 资本实物形态的多样性

产业资本在循环过程中展示了资本物质存在形式的多样性和变化性，根据资本循环的先后次序，产业资本依次转化为货币资本、生产资本和商品资本三种不同物质形态。而且在不同物质形态转换过程中，它们的顺序性和连续性是产业资本物质形态的主要特征。资本物质形态的不同形式的转换其实也是资本再生产的重要条件，资本在运动过程中不仅价值形式得以实现，而且在不同职能形式中的实物形式必须得以补偿；否则，资本循环条件将不复存在，资本循环将中断。

3. 资本价值形态的增殖性

生产剩余价值是资本主义生产的本质内容，如果没有资本循环过程，剩余价值就无法实现和再生产。因此，孤立、静止地考察生产过程，就会得出片面、绝对化的结论，即生产剩余价值过程会自动实现剩余价值，剩余价值生产等于实现。所以，资本循环不仅是剩余价值生产的基本要求，也是剩余价值再生产的具体形式。在实践中，剩余价值生产仅仅为剩余价值实现提供了可能性，而实现剩余价值还要经历资本循环过程，如果生产过程不间断即剩余价值再生产不中断，仍需要资本不

---

① 马克思：《资本论》（第2卷），人民出版社，2004，第118页。

断运动即资本处于循环过程之中。资本循环才是资本实现增殖的完整过程。因此，资本循环从资本价值形态来看，就是资本不断增殖的过程。

4. 资本生产目的与实现过程的统一性

资本循环过程展示了剩余价值生产与实现的统一性。从方法论角度来看，也只有把剩余价值生产的孤立、静态分析与剩余价值流通的动态、联系分析结合起来，才能得出更加具体和接近实践的结论和规律。资本循环理论揭示了剩余价值生产、实现与再生产的连续性与统一性。

5. 资本实物形态、职能转换与资本家主体的驱动性

对生产过程孤立、静止的分析凸显了劳动创造价值和剩余价值的主体作用与贡献，虽然也谈及资本家的职能，但他们仅仅是作为抽象的经济范畴发挥作用；在资本循环过程中，每一次资本物质形态与职能的转换过程中，都隐含着资本家的存在与作用。资本运动或者循环过程似乎是资本动机或生产目的的自我实现过程，其实都是资本职能的实施过程，抽象的资本职能替代了资本家在生产管理、资本运动中不可或缺的重要作用和地位。每一次资本形态与职能转换都是资本家发挥作用、履行资本职能的结果。因此，资本循环及资本的职能，不过是资本家才能与智慧的表征与概括。在剩余价值生产过程中被抽象掉的资本家才能又获得了存在的空间和地位。

（二）产业资本循环实现的条件

产业资本循环是剩余价值生产、实现和再生产的具体过程，其顺利进行就表现为运动过程的连续性，连续性既是资本循环的特征，又是产业资本循环实现的条件，也是单个资本剩余价值再生产的条件。

第一，产业资本的三种形态必须保持一定的比例关系同时存在。产业资本在循环过程中的三种形态的出现具有先后次序性和连续性，它们在特定的时空中是重叠的，但顺序不同、形态不同，履行的职能也各不相同。如果产业资本都以货币资本形态处于流通领域就意味着原材料进不来或工人招不到，生产停止，销售中断；同样，如果产业资本都处于生产资本形态，说明购买过程和销售过程中断，原材料进不来或者无法

销售产品；如果都处于商品资本形态就说明产品积压、销售停滞，企业资金无法回笼，生产过程和购买过程中断。三种不同的资本形态并存，而且要保持一定的比例，是生产的物质技术结构和资本正常循环的规模结构决定的。有的生产过程较长，占有的资本价值较大，在生产阶段的资本比例大；有的销售过程较长，在流通过程中的资本占比较大。

第二，产业资本的不同形态及相应职能在时间先后顺序和连续性上具有严格的要求。在每一次循环过程中，三种资本形态及其职能形式都具有先后次序性和连续性。虽然三种资本循环的路线和过程都有差异，起点和终点各不相同，循环内容也有所不同，但在先后顺序和连续性方面都具有一致的严格要求：先后顺次继起、连续不断。资本形态转换次序为货币资本→生产资本→商品资本→货币资本……相应地，处于不同形态的资本履行各自不同的资本职能，而且循环往复、连续不断，共同构成时间上的先后顺序和连续继起。

产业资本的三种形态和职能在空间上的按比例并存性和在时间的先后继起性是产业资本循环正常进行的条件，二者互为条件、相辅相成。一方面，产业资本先后继起的连续性在空间上就表现为三种资本形态并存，并履行各自不同的职能；另一方面，三种并存的不同资本形态顺次连续运动就必然形成三种资本形态前后继起、顺次转换的结果。

只有保持资本运动时间上的连续性和空间上的并存性，资本才能在不断运动中实现增殖，剩余价值生产和再生产才能顺利实现。生产剩余价值是资本主义生产的本质，而流通则是制约剩余价值实现的关键领域。离开了流通领域，在生产领域，劳动创造价值就是一句空话。资本循环理论补充了劳动创造价值的条件，也弥补了剩余价值生产理论孤立、静止分析形成的严重缺陷，只有把生产和流通统一起来，劳动才能创造价值和剩余价值。产业资本循环不仅是剩余价值的实现过程，也影响剩余价值生产与实现的程度。如果把产业资本循环看作周而复始的过程，产业资本循环的每一个周期，也就是资本周转，产业资本循环或者资本周转速度对剩余价值生产与实现均会产生重要影响，产业资本循环速度越快,资本周转次数越多,带回的剩余价值量就越大。

四 价值革命对产业资本循环和剩余价值再生产的影响

马克思在分析产业资本循环的过程中,排除了价值革命这一特殊情况,有关产业资本循环与产业资本再生产实现的分析均假定资本价值是不发生变化的。"因为我们在这里研究的首先是单纯的运动形式,所以对资本价值在它的循环过程中可能发生的革命就不去考虑了"①。

(一) 价值革命的含义

所谓价值革命就是指商品价值量剧烈变动的现象。按马克思的有关论述,价值革命就是指周期性的技术革命引起的社会价值的剧烈变动。资本主义生产方式建立在机器大生产的基础之上,把科学并入生产过程,并利用资本驱使科学服务于剩余价值的生产需要。科学不断发现和技术不断进步推动了资本主义生产的物质技术基础的不断变革,生产资料的结构-功能不断完善,利用效率不断提升,管理不断创新,劳动的社会性质不断增强,使资本主义劳动生产率不断提升。生产资料不断变革与劳动生产率不断提高的趋势,最终促成生产方式的物质技术周期性变革,从而造成"价值革命"的现象。

(二) 价值革命对产业资本循环以及剩余价值再生产的影响

由于现实中的社会资本价值革命经常性发生,商品价值常常处于不断变化之中,这必然会对循环中的产业资本价值造成很显著的影响。一般来说,技术进步越快,劳动生产率提升越多,价值革命发生频率越高,引起的要素价值变动也就越剧烈。价值革命是产业资本循环中的"黑天鹅事件",对正常的生产和流通都会产生巨大影响,是产业资本循环中的高风险问题,对产业经营管理者的市场预见、风险防范和化解意识提出了严格的要求。用现代管理学观点来看,价值革命就是创新性毁灭带来的价格冲击。每次重大的科学发现或理论创新,都会在一定程

---

① 马克思:《资本论》(第2卷),人民出版社,2004,第122页。

度上应用于生产过程，对生产设备、原辅材料、技术、工艺以及生产流程、组织管理等产生或大或小的影响。创新的每次出现都会改变技术进步节奏，快速提高生产率，从而剧烈地影响生产要素的价格和供求，打乱原有的资本循环的过程和节奏，这就是所谓的价值革命。周期性的价值革命对剩余价值生产以及再生产造成巨大冲击，可能导致资本循环的中断。

第一，对货币资本的影响。在生产规模不变的情况下，价值革命直接影响的是生产要素价格变动。如果要素价格上升，则同样的生产规模需要的货币就更多，就会有更多货币留存于生产过程；相反，如果要素价格下降，则需要的货币就更少，就会结余货币资本。

第二，对生产资本的影响。价值革命首先会直接影响既有生产资本的货币价值，如果要素价格下降，生产资本价值缩水，同样的生产规模，所需的流动资本减少，预付资本有所结余；如果要素价格提高，则生产资本价格膨胀，新增流动资本数额增加，预付资本会出现缺口，要维持既有生产规模，就必须追加投资。如果价值革命技术中性，由于要素价格升降会形成不变资本与可变资本的同比例增减，如果技术变化是资本密集型的，则会相对增加对资本的需求，减少对劳动的需求；如果技术变化是劳动密集型的，则会相对增加对劳动的需求，减少资本投入。

第三，对商品资本的影响。价值革命使处于流通领域待售的商品资本价值发生变化。如果价值革命降低了生产要素的价格，则会降低商品资本的价值，相反，则会提高商品资本的价值；如果要素价格有升有降，则影响较为复杂，要具体问题具体分析。

经常性的价值革命会严重冲击产业资本的循环进程，但不可能取消资本价值的独立性。产业资本循环是由资本家个人行为推动的，资本价值的独立性是在资本循环运动中得以保持和强化的。保持产业资本运动和价值的独立性是资本的社会职能和责任。对于如何排除价值革命的干扰，抵御价值革命的冲击，马克思详尽地列举了保持资本价值独立性的不同方法。

（1）充分利用各种经济杠杆和工具，对冲价格的剧烈变动，保持价值关系的相对稳定。保持价值关系相对稳定，是保持产业资本循环正常进行的一般条件。

（2）预留一定规模的货币，是抵御价格剧烈变动的有效手段。价值革命会严重影响生产要素价格，从而影响非货币形态资本的价值，而货币作为实物资本的价值代表可以最大限度地防范价格波动。一般来说，价格变动影响的实物资本波动越大，需要的货币越多，价值革命的风险大小与防范风险所需要的货币相适应。因此，资本家手中预留一定数量的货币资本是防范价格波动的有效手段。

（3）社会资本联合起来，以社会化货币资本抵御价值革命越来越大的冲击。随着资本有机构成不断提升，产业资本的生产规模不断扩张，不仅预付资本规模会不断扩大，而且应对价值革命冲击的货币资本数额也会越来越多，"使产业资本家的职能越来越转化为各自独立或互相结合的大货币资本家的垄断"[1]。专门经营货币的企业银行的出现和信用制度的形成，为产业资本对抗和抵御价值革命提供了充足资金准备和大规模融资的制度保障。

（4）努力提高生产效率，加速资本循环，筑牢产业资本抵御风险的生产率基础。首先，单个产业资本只有具备生产率演进优势，才能以不断提高劳动生产率抵消价值革命导致产品价值剧烈下降造成的冲击，最大限度地化解价值革命引发的风险。其次，加速资本周转，缩短非货币资本形态存在的时间，适应要素价格波动频繁的市场环境，减少产业资本价值的剧烈波动，特别是大幅下降带来的冲击。

价值革命意味着打破了原有的价值关系和产业资本循环的既有格局和实现条件，也就是熊彼特所谓的打破"循环流转"的经济状态，形成新组合。通过企业家的不断创新推动产业资本适应新的循环条件和格局，"资本的运动所以会表现为产业资本家个人的行动，是因为他作为

---

[1] 马克思：《资本论》（第2卷），人民出版社，2004，第124页。

商品和劳动的买者,作为商品的卖者和作为生产的资本家执行职能,因而通过他的活动来促成这种循环"①。抵御和化解价值革命的影响,推动新的资本循环正常运行,保持和加强资本价值的独立性突出了资本家职能的作用和地位,彰显了企业家才能与智慧的极端重要性。

第二节　资本主义市场经济条件下社会资本再生产与剩余价值实现

前面对单个产业资本再生产与流通或者循环进行了分析,总结了剩余价值再生产实现的微观条件,下面对相互联系、相互作用的单个资本总和即社会资本再生产与流通进行分析,进一步总结社会资本循环条件,也就是全社会总的剩余价值再生产实现的宏观条件。

社会总产品实现问题是社会资本运动的核心问题。在产业资本循环正常进行的两个必要条件中,不同资本顺次转换和先后继起,实物形态资本与价值形态资本无缝对接、顺利转化已经包含资本价值顺利实现和实物补偿两个基本条件。社会资本再生产要顺利实现同样需要资本价值实现和实物补偿。一方面,要进行再生产,在生产中耗费掉的不变资本和支付的可变资本的价值,必须能够得到补偿,也就是投入生产的商品价值一定要顺利实现;另一方面,要保证再生产顺利进行,只补偿价值还是不够的,还必须在市场上把生产中消耗的生产资料和生活资料购买回来,进行再次消费。也就是说,在生产中消耗的实物资本必须得到补偿,再生产才能正常进行。因此,社会总产品实物补偿和价值补偿是社会资本再生产的核心问题。对于单个资本运动,不同资本形态转换和连续运动不仅要实现价值补偿,而且需要实物补偿才能顺利进行。在分析中,假定资本的实物补偿和价值补偿都可以顺利地在市场中实现,但作为单个资本总和的社会资本运动分析就是要进一步回答再生产过程所需

---

① 马克思:《资本论》(第2卷),人民出版社,2004,第122页。

要的实物补偿和价值补偿是如何实现的,因为社会资本运动包括全部单个资本运动,也就是包括全部市场运动。因此,不能再像研究单个资本运动那样假定这些问题都在市场上自动实现,因为资本的实物形态或价值形态在市场流通领域的实现本身就是社会资本运动的表现形式。

一 社会资本再生产的基本理论前提

为了进一步分析社会资本再生产问题,马克思分别从价值形态和实物形态角度对社会总产品进行划分。在价值形态方面,社会总产品由不变资本(c)、可变资本(v)和剩余价值(m)三个部分构成;在实物形态方面,社会总产品按照最终用途区分为生产资料和生活资料,社会生产就划分为两大部类:第Ⅰ部类生产资料的生产、第Ⅱ部类生活资料的生产。所谓实物补偿就是要求在生产过程中消耗掉的生产资料和生活资料能够在流通领域顺利购买到,也就意味着在生产领域,社会资本运动在实物形态上能够生产并提供相应的产品。所谓价值补偿,就需要在社会资本运动中,所生产的商品资本通过流通领域顺利转换为货币资本,实物形态的商品资本所包含的不变资本、可变资本和剩余价值顺利转换为价值形态,这样资本家不仅收回了全部预付资本,而且获得了剩余价值。社会总产品的实现包括实物形态和价值形态双重补偿,二者缺一不可。只有社会总产品不仅在实物上得以补偿,而且在价值上得以实现,社会资本再生产才能顺利进行,社会资本才能进入下一次循环。

二 社会资本简单再生产

按照逻辑和历史相统一的方法,马克思把社会资本再生产的逻辑起点定位为简单再生产。实践上,简单再生产是扩大再生产的基础,只有在简单再生产过程中生产并实现剩余价值,才能为资本积累提供资金,为扩大再生产准备条件;理论上,只有解决简单再生产的实现问题,才可能进一步解决扩大再生产的实现问题;这是从简单到复杂的渐进过程。

建立简单再生产实现的基本交换模型。假定剩余价值全部由资本家个人消费，剩余价值率均为100%，两大部类的资本有机构成均为4：1，不变资本不包括固定资本或者固定资本与原材料一样是一次性转移到新产品中。在这样的假设条件下推导出简单再生产实现的条件。

（一）Ⅰ(v+m) = Ⅱc

社会分工是交换的前提条件。由于两大部类相当于两个从事不同分工的生产单位，交换首先发生在两个不同生产单位之间。实物形态上，二者产品不同，使用价值各异：一个生产生产资料，一个生产生活资料；价值形态上，按照价值规律，二者等价交换。从消费需要来看，第Ⅰ部类的生产能够满足两个部类不变资本的实物补偿需要，第Ⅱ部类的生产能够满足两大部类资本家和工人的个人生活资料消费的需要。虽然两大部类产品的最终用途不同，但价值形态之间存在密切的内在联系，即第Ⅰ部类的生产无法满足本部类资本家和个人的消费需要，必须与第Ⅱ部类交换。同样，第Ⅱ部类的生产无法满足本部类不变资本更新的需要，必须向第Ⅰ部类购买。在价值量关系上，Ⅰ(v+m) = Ⅱc，两大部类保持供求平衡。

（二）Ⅰ(c+v+m) = Ⅰc + Ⅱc

在第一个基本条件即公式Ⅰ(v+m) = Ⅱc两边同时增加Ⅰc，就得出第Ⅰ部类供求平衡的价值量关系式Ⅰ(c+v+m) = Ⅰc + Ⅱc。该公式反映了全社会生产资料的供给与需求关系。第Ⅰ部类生产的全部产品在实物形态上属于生产资料等不变资本，必须满足两大部类生产资料等不变资本实物补偿的需要；在价值形态上，生产资料的价值等于两大部类不变资本价值的总和，二者需要长期保持平衡。

（三）Ⅱ(c+v+m) = Ⅰ(v+m) + Ⅱ(v+m)

在第一个价值量关系式的两边同时增加Ⅱ(v+m)，就推导出第Ⅱ部类供求平衡的价值量关系式。该关系式反映了全社会生活资料的供求关系。这个条件反映了社会资本再生产对生活资料生产的需求，它要求第Ⅱ部类生产必须满足两大部类工人和资本家对生活资料的需求，并保持平衡。

(四) 固定资本的补偿

马克思的简单再生产理论,在分析的假设条件中排除了固定资本的补偿问题或者把固定资本当作流动资本处理了。实际上,在社会资本再生产中,不变资本中相当大的部分都是固定资本,由于它的使用价值在生产过程中长期存留,其价值是在长期使用过程中逐步转移到新产品中,而不是像原辅材料那样一次性转移到新产品中。所以,在总产品实现的过程中,每个再生产过程都需要价值补偿,但实物补偿不需要随着再生产过程进行。一般也不需要在当年实现实物补偿,而是以折旧基金的形式积累起来,在积累很多年后,折旧基金达到一定程度才会要求实物补偿。由于固定资本价值补偿与和实物补偿的不同步性,社会总产品中的一部分生产资料价值,由于两大部类不变资本以固定资本形式存在的部分不需要实物补偿而无法实现,再生产的基本条件Ⅰ(v+m)=Ⅱc就会受到破坏。因此,在引入固定资本补偿条件后,原有的社会资本简单再生产实现问题就会变得比较复杂,实现的条件就必须根据变化的条件进行必要的修订。

(1) 固定资本价值补偿与实物更新总体平衡,从而总体满足简单再生产实现的条件。其一,在一定时间内,固定资本折旧基金与固定资本实物更新的价值平衡。在一定时间内,由于有一部分固定资本正在折旧,另一部分固定资本已折旧完毕,需要实物更新,因此,只要处在不同补偿阶段的这两部分固定资本在时间上能够衔接、在数量上基本平衡,第Ⅰ部类的全部生产资料就可以实现。所谓时间衔接,就是在这一段时间内,一部分资本家提取折旧基金,另一部分资本家则用以前积累的折旧基金进行实物更新;所谓数量上的基本平衡,就是一段时间内,以货币形式提取折旧基金的固定资本部分与实物更新的固定资本部分价值基本相等。其二,固定资本折旧基金与实物更新的总体结构平衡。因为社会资本是由数量众多的单个资本组成的,而每一个产业资本都是固定资本价值补偿和实物补偿的独立主体,有些企业在提取折旧基金,有些企业在进行固定资本更新,只有总量上二者平衡,才能满足生产资料生产与销售的平衡要求。

（2）在固定资本价值补偿与实物更新不平衡的条件下，可以通过对外贸易进行再平衡。如果第Ⅱ部类折旧基金大于其固定资本更新价值，说明第Ⅰ部类生产的部分生产资料销售不出去，本部类的部分资本家和个人消费无法通过与第Ⅱ部类交换得到满足。这种情况下，可以通过对外贸易出口过剩的生产资料，进口短缺的生活资料，从而实现二者供求平衡。如果第Ⅱ部类折旧基金小于其固定资本更新价值，说明国内生产无法满足第Ⅱ部类生产资料更新的需要。在这种情况下，可以通过对外贸易进口生产资料满足第Ⅱ部类的资本更新需要，从而实现供求平衡。

三 社会资本扩大再生产的实现条件

扩大再生产是资本主义再生产的本质特征，在简单再生产条件的基础上，马克思引进了扩大再生产的内生要求，也就是拿出一部分剩余价值用作资本。追加投资，就要求对全部剩余价值进行必要的分割，一部分（m/x）用于资本家个人消费，另一部分（$m - m/x$）用于资本积累，按照资本有机构成的要求投入再生产过程，即资本积累的资金一部分用于 Δc，一部分用于 Δv。扩大再生产要求在实物形态上，第Ⅰ部类生产的生产资料在满足简单再生产条件的同时还有剩余产品，用于两大部类增加对生产资料的需要；同样，第Ⅱ部类生活资料的生产也必须留有剩余，用来满足两大部类新增劳动力的消费需要。

（1）资本主义扩大再生产实现的基本条件为：Ⅰ$(v + \Delta v + m/x)$ = Ⅱ$(c + \Delta c)$。在简单再生产基本条件的基础上，引入扩大再生产的内生要求，就推导出该关系式。在实物形态上，该公式表达的经济意义就是第Ⅰ部类工人和资本家的消费不能在本部类实现，只有通过与第Ⅱ部类交易才能实现。在价值形态上，第Ⅰ部类用于生活资料全部支出的价值（包括扩大再生产追加的生活资料支出）必须与第Ⅱ部类用于生产资料等不变资本补偿价值的需求（$c + \Delta c$）平衡。第Ⅰ部类用于购买生活资料的支出包括 $v + \Delta v + m/x$，即工人和新增工人的生活消费以及资本家的生活消费；第Ⅱ部类源于购买生产资料的支出，包括原来的不变资本和追加的不变资本。社会资本扩大再生产实现的基本条件，反映了两大部类生产与积累在价值形态与实物形态相互依赖、互为条件、相互制约的辩证关系。

(2) 补充条件1：Ⅰ(c+v+m) = Ⅰ(c+Δc) + Ⅱ(c+Δc)。该公式是在简单再生产第二个条件的基础上，引入扩大再生产条件推导出来的扩大再生产生产资料供求关系式。其经济含义是，在实物形态上，第Ⅰ部类的生产必须满足两大部类对生产资料的需求（原有规模的不变资本补偿与新增不变资本）；在价值形态上，第Ⅰ部类生产的价值与扩大规模的两大部类对不变资本价值的补偿需求保持平衡。它表明第Ⅰ部类生产的生产资料不仅要补偿两大部类已经消耗的生产资料，而且要增加一部分用于满足两大部类追加生产资料的需求。

(3) 补充条件2：Ⅱ(c+v+m) = Ⅰ(v+Δv+m/x) + Ⅱ(v+Δv+m/x)。该关系式是在简单再生产第三个条件的基础上推导出来的，反映了扩大再生产生活资料的供求关系。其经济含义是，在实物形态上，第Ⅱ部类的生产需求与两大部类对生活资料的需求相适应；在价值形态上，第Ⅱ部类生产的全部价值要与两大部类个人消费需求保持平衡。该公式反映了社会资本扩大再生产对生活资料生产的依赖关系，以及两大部类之间的供求平衡关系，表明第Ⅱ部类的全部产品必须满足两大部类资本家与既有工人的消费需求，还必须增加一部分用于满足新增工人的消费需求。

四　扩大再生产的经济规律：生产资料生产的优先增长

社会资本简单再生产以及扩大再生产实现的条件，都是在假定社会资本价值不变的条件下得出的结论。实际上，由于资本主义生产方式建立在不断变革的生产资料基础上，科学及其应用的发展、劳动结合性质的增强、管理的改善都会提高劳动生产率，从而导致生产要素改变乃至社会资本价格的变动，从而改变资本的有机构成。从发展趋势来看，随着结构－功能不断完善，生产资料的价值量有不断提高的趋势，它推动劳动力的效率不断提升，从而不断排斥劳动，也就是资本有机构成具有不断提高的趋势。在该趋势存在的条件下，社会资本再生产需要生产资料生产的优先增长。即在实物形态上表现为生产资料不断更新和规模不断扩大；在价值形态上表现为用于追加投资的资本价值量增长较快。在生活消费方面，由于劳动生产率不断提高，用于生产生活资料的必要劳动时间在长度上有不断缩短的趋势。因此，在社会资本扩大再生产的过程中，不变资本增长速度大于可变资本，必然导致在社会总产品结构中，对生产资料需求的增长快于对生活资料，这是社会资本扩大再生产的一条客观经济规律。

当然生产资料生产的优先增长是有条件的，不是无条件的，它要求两大部类之间保持合理的比例关系。生产资料生产的优先增长是以生活资料生产的适度增长为前提的，两大部类互为条件、相互依赖，共同发展，才能保持适度平衡。其一，生产资料生产部门的扩大再生产，要求生活资料生产部门满足新增工人及其家属的消费需求，也必然要求生活资料生产适度增长。其二，第Ⅰ部类扩大再生产的基本条件说明，生产资料的需求有一部分就来自第Ⅱ部类生产资料的更新与扩张，其生产也必然在一定程度上依赖第Ⅱ部类生产的发展。其三，生活消费需求作为人类的最终需求，其增长速度和规模也最终会制约生产资料生产的发展。

社会资本再生产实现的条件反映了现代社会化大生产的基本要求，两大部类之间以及部类内部各个生产部门以及企业之间在价值量以及实物形态关系上保持适度比例关系，才能保证社会资本再生产顺利实现。但在资本主义生产条件下，企业内部的生产是有组织有计划的，而企业外部则处于无序竞争的混乱状态，社会资本再生产的实现条件经常遭到破坏，从而给社会化大生产带来了无尽困扰。在追求剩余价值动机的驱使下，社会再生产不断扩张，甚至会造成社会资本再生产所需要的平衡条件的严重破坏，从而导致生产大面积过剩，接着就会引发资本主义的经济危机。

第四章　资本主义市场经济条件下剩余价值的分配

　　《资本论》前两卷主要研究剩余价值生产与实现。资本主义生产的实质就是剩余价值生产，因此把剩余价值生产、实现与分配联系起来进行研究就是研究资本主义生产的总过程。研究剩余价值生产，明确了资本主义生产的本质，解开了剩余价值来源之谜；把生产与流通统一起来研究，分析剩余价值实现的过程与条件，深刻揭示了资本主义生产过程中的矛盾与冲突。把资本主义生产、流通与分配统一起来研究资本运动的总过程，就是在前两卷的基础上，进一步研究再生产过程的结果——剩余价值的分配，进一步揭示资本主义生产关系对立冲突的原因与本质。

　　剩余价值分配有关原理主要体现在《资本论》第三卷的有关章节中。其中的利润平均化规律和生产价格理论，从理论上回答了困扰古典政治经济学的第二个难题：按资分配并不是对剩余价值规律的否定，而是剩余价值规律作用的结果。从社会资本的普遍联系中，揭示了剩余价值在不同生产部门和职能资本之间分配的基本机制，进一步解释了资本主义两大阶级整体对立的经济原因，深刻揭示了资本主义生产关系的对抗性质。从资本主义生产的总过程及其中相互依存的联系中，揭示了资本家集团参与剩余价值分割既是生产资料所有权在经济利益上的实现，也是资本积累即生产条件的分配过程，体现了资本代表社会执行职能的社会权力。

在《资本论》第三卷中，马克思研究的就是资本主义市场经济的分配关系。分配对象就是新增的一般社会价值，工资作为劳动力价值或者价格，属于个人收入分配的范围，不属于剩余价值分配的范畴。剩余价值分配的本质就是新增生产资料的分配或者扩大再生产资本积累的分配，是资本再生产条件的分配，剩余价值的分配过程表现为资本主义的积累过程。本章不是对《资本论》第三卷内容的简单重复，而是对剩余价值分配理论的重构，把分散于剩余价值生产、流通及资本运动总过程论述中的有关内容进行整合，按照分配原理⇒分配机制⇒分配结果与影响的逻辑顺序，对资本主义市场经济条件下剩余价值分配的有关内容进行概括和探讨。

第一节 资本主义剩余价值分配的一般原理与基本特征

一 资本主义剩余价值分配的一般原理

生产决定分配，分配反映生产条件与生产关系，反作用于生产条件与生产方式。首先，生产是分配的前提和基础。从物质内容方面来看，分配的内容、数量和范围取决于生产的内容、数量和范围；从社会形式方面来看，生产的社会形式决定着分配关系。在生产的社会形式中，生产资料所有制是分配的基础依据，建立在生产资料基础上的生产关系决定并支配着分配关系。其次，分配也对生产起着重要的反作用。分配首先是生产条件的分配，没有生产条件的分配，再生产就无法进行，原有生产方式就会遭受破坏。分配不仅是再生产的条件，而且是现有生产方式的实现与巩固方式；同时也是生产关系的再生产，通过生活条件的分配和个人消费，再生产出社会的生产关系，从而实现和巩固现有的生产关系。最后，分配关系反映着生产关系的性质与内容，是生产关系的重要实现方式。二者在本质上是统一的，分配关系是生产关系的背面。虽然生产决定着分配,但生产只是分配的条件和基础,并不能反映生产关系的内容本身。只有分配关系才实现着生产的动机和目的,实现着生产过程中人与人之间的社会关系,展示着生产关系的具体内容,反映着生产关系的社会性质。

任何社会的生产方式都是特定历史条件下生产力与生产关系的统一,都具有历史暂时性,分配关系作为生产关系的重要内容与实现形式也具有历史暂时性。"所谓的分配关系,是同生产过程的历史地规定的特殊社会形式,以及人们在他们的人类生活的再生产过程中相互所处的关系相适应的,并且是由这些形式和关系产生的。"[1] "这些分配关系的历史性质就是生产关系的历史性质,分配关系不过表现生产关系的一个方面。"[2]

二 资本主义剩余价值分配的基本特征

从最终用途来看,劳动产品可以划分为两部分:一部分用于满足劳动者、资本家及其家属的个人消费需要,另一部分用于满足一般的社会需要和再生产条件。在资本主义生产方式的条件下,前一部分主要表现为满足劳动力及其家属需要的必要劳动,后一部分表现为被资本家占有的那部分劳动,称之为剩余劳动。这主要是因为资本主义生产本质上表现为现代商品生产,生产者的目的并不是满足自身需要,而是用于交换,满足社会需要,然后才能换回满足自身需要的商品。因此,劳动者的生产就必然突破在自给自足条件下满足自身及家属需要的界限,在满足自身及家属需要的同时,满足一般的社会需要和再生产的需要。而资本主义市场经济采取的是以雇佣劳动为特征的特殊商品生产方式,劳动力成为特殊商品,雇佣劳动者依靠出卖劳动力获取生活资料。满足劳动者及其家属需要的生活资料价值采取劳动力价值或价格的形式,而用于满足社会一般需要和再生产需要的部分则采取剩余价值的形式存在,资

---

[1] 马克思:《资本论》(第3卷),人民出版社,2004,第999~1000页。
[2] 马克思:《资本论》(第3卷),人民出版社,2004,第1000页。

本家凭借生产资料所有权首先占有了该部分。由于生产资料采取了资本的形式，一切生产都表现为资本的生产，生产剩余价值成为资本主义生产的唯一动机，而剩余劳动获得了资本占有的形式，称之为剩余价值。因此，剩余价值的分配除了用于满足非物质生产部门的一般需要外，最根本的目的在于满足再生产的需要，此时的分配不过是剩余价值再生产的手段而已。

（一）商品生产成为占统治地位的生产形式，决定了剩余价值分配的基础与条件

由于资本主义与现代商品经济历史地交融在一起，在工业革命的推动下一起诞生，现代商品经济一经出现就是资本主义性质的商品生产：生产资料与劳动者分离开来，劳动力成为商品，劳动采取雇佣劳动形式，而生产资料采取了资本形式，财富的一般社会形式采取商品价值（包含剩余价值）的社会代表货币的形式。在劳动过程中就形成了资本与劳动的雇佣关系，二者的关系决定了资本主义生产方式的性质，也决定了由此形成的生产关系以及分配关系的性质。商品生产与流通受价值规律调整和引导，价值规律调整与引导商品、货币以及资本运动，"物的依赖关系"似乎主宰着劳动者和生产者的命运。生产要素所有权是商品经济的基础，也是要素所有者平等互利参与市场交换、参与剩余价值分配的依据。因此，资本家获得利润、劳动者获得工资、地主获得地租是生产要素所有权在经济上的权利。而企业作为市场经济的主体在市场中参与剩余价值的分配，不仅要凭借生产要素所有权，而且取决于自身在市场竞争中的情况，"市场实现"分配的具体程度是价值规律发挥作用的结果。剩余价值分配不仅是生产资料所有权在经济上的实现，也是价值规律作用的结果。"在这里，价值规律不过作为内在规律，对单个当事人作为盲目的自然规律起作用，并且是在生产的偶然波动中，实现着生产的社会平衡。"[①]

---

① 马克思：《资本论》（第3卷），人民出版社，2004，第996页。

（二）剩余价值分配是生产资料所有权的实现，具有资本属性

资本主义生产是特殊性质的现代商品生产，生产的一般目的与资本的属性融合为一，形成了剩余价值生产的本质特色。生产资料作为人类生产的主要工具首先表现为资本的属性，只有创造剩余价值的生产才是"生产性劳动"，剩余价值成为生产的唯一动机，而剩余价值的分配本质上是生产条件的分配，是资本积累的过程，是扩大剩余价值生产的内生路径。经济利益的分配是生产要素所有权在经济领域的实现，剩余价值的分配就是生产资料所有权的实现，不仅是资本家的私有权利，也是社会赋予资本的社会权力。生产剩余价值是现代商品社会赋予生产资料所有者的社会职能。在资本主义社会，生产资料与劳动者结合形成的生产力首先表现为资本的生产力，剩余价值分配成为资本的特殊权力，表现为资本无偿占有劳动者生产的剩余价值的权力。

从现代商品经济的视角来看，剩余价值的分配体现着商品生产者与社会、国家之间的利益分配关系，反映了商品经济条件下生产者分工协作共享分工利益的社会关系。所以，剩余价值分配从本质上说并不属于个人消费品分配的范畴，是社会关系再生产和社会资本再生产条件的分配。在资本主义社会，剩余价值分配在形式上表现为资本关系与生产条件的分配。作为资本关系的分配，剩余价值的分配就充分体现"按资分配"的本色，资本所有权成为分配的唯一依据；作为生产条件的分配，剩余价值的分配是资本积累的前提条件，是扩大再生产的内生源泉，剩余价值的分配过程也是资本积累不断壮大的过程。现代市场经济的外部竞争和生产的内部资本属性，都强化了剩余价值分配中的资本积累职能。

由于价值规律的外在压力以及追逐剩余价值的内部动机，把剩余价值作为个人消费对待并不符合剩余价值规律的要求，而且剩余价值作为资本履行其社会职能的物质条件也限制了资本家的个人消费要求，因此"利润并不只是个人消费品的分配范畴"[1]。

---

[1] 马克思：《资本论》（第3卷），人民出版社，2004，第999页。

第二节　剩余价值分配的一般机制

剩余价值分配按照分配逻辑顺序可以划分为生产要素分配、市场主体或者职能资本家分配、企业内部分配几个层次。剩余价值分配的机制就是剩余价值分配的一般条件和基本依据。剩余价值分配按照分配条件以及依据可以划分为：按生产要素所有权分配、按社会分工分配、按市场竞争结果分配和按利润平均化规律分配等几种形式（杨玉华和丁泽勤，2013，第98页）。

一　社会分工

劳动分工（社会分工）以一定的生产率为基础，当生产在满足劳动者及其家属需要外还有剩余时，就为劳动分工提供了可能。农业生产是人类社会的必要劳动，随着农业生产率提高，在手工业、商人从农业中分离出来的同时，物质生产以外的精神文化生产和管理生产也独立出来。现代工业发展是以农业革命为前提的，在手工劳动的基础上，工业革命奠定了机器大生产的物质技术基础，从而开启了不断提高生产率的现代生产方式演进之路，为劳动分工深入广泛的发展打下了生产方式基础。

首先，劳动分工形成的生产力决定着物质生产部门必要劳动与剩余劳动的比例关系，物质生产部门满足自身需要的劳动时间属于"必要劳动时间"，为非物质生产部门提供的自由时间为"剩余劳动时间"，非物质生产部门规模的大小取决于物质生产部门劳动生产率的高低。

其次，社会分工制约着生产与消费的比例与结构关系，这里的消费实际上就是指有消费能力的需求，消费作为"社会需要"成为最终制约资本主义生产的因素。社会需要决定了社会分工的数量关系，而社会分工的具体分布则受企业内部分工形成的资本生产效率以及由不同社会分工决定的生产部门的资本生产效率制约，当然生产关系会对社会需要产生影响。"调节需求原则的东西，本质上是由不同阶级的互相关系和它们各自的经济地位决定的"①。

再次，社会分工制约着剩余价值在社会资本再生产两大部类的宏观分配结构，制约着产业资本循环在不同职能资本之间的分配比例。剩余价值的分配是社会资本再生产的条件和产业资本循环顺利实现的条件，表现为两大部类之间和各个职能资本之间生产条件以及再生产条件的分配，就是社会分工的具体体现。

复次，社会分工制约着生产组织内部分工协作的统一性和协调性。它要求"保持比例数或比例的铁的规律使一定数量的工人从事一定的职能"②。在现代生产方式条件下，以交换媒介形成的社会分工和以资本支配的企业内部分工，相互作用、互为条件，共同促进生产率提高。不同领域和部门的社会分工共同完成同一生产过程，构成总体劳动，在总体劳动中形成脑力劳动与体力劳动等不同的社会分工，与之相适应地形成了剩余价值的分配关系。社会分工规律发挥作用的结果就是强制地保持社会生产与社会需要的平衡，以及各个部门和领域分工的合理比例关系。而分工规律在现代市场经济条件下是通过以价值规律为基础的市场机制贯彻实施的。

最后，社会分工的发展不断深化分工的广度和扩大分工的范围，推动着生产关系的不断调整和生产力结构的不断演进。分工规律主要是指人类生产方式内部的完整统一性，在现代分工协作生产方式的条件下发挥作用的条件和作用所表现出来的趋势（杨玉华和丁泽勤，2013，第98页）。社会分工规律不仅制约着人类生产的物质内容和组织形式，而且制约着人类生产的社会形式与社会关系。因此，在现代生产方式的条件下，社会分工规律应当是起全面调节作用的基本规律，而价值规律则是社会分工规律发生作用的内在机制（罗文花，2008）。

---

① 马克思：《资本论》（第3卷），人民出版社，2004，第202页。
② 马克思：《资本论》（第1卷），人民出版社，2004，第412页。

二 要素所有权

所谓要素所有权就是由国家法律赋予生产要素主体的对生产要素的所有权、占有权、支配权、继承权、索取权、经营权等一系列排他性权利（杨玉华和丁泽勤，2013，第99页）。在简单商品经济条件下，所有权是以自己的劳动为基础占有劳动产品的权利，在劳动者拥有生产资料的条件下，劳动产品归劳动者所有。商品交换是在要素所有权的基础上发展起来的，因此要素所有权是价值规律发挥作用的制度基础，而价值规律则是贯彻要素所有权的条件与机制。要素所有权是在商品生产和交换中形成，在资产阶级革命后被法律所承认并保护的排他性经济权利。在《资本论》中，马克思把商品生产者依法有权利拥有自己的劳动产品的现象概括为所有权规律，所有权规律就是"以商品生产和商品流通为基础的占有规律或私有权规律"[1]。商品经济的所有权规律打开了劳动者凭借辛勤劳动发家致富的大门。在价值规律的作用下，所有权、自由和平等被视为三位一体的权利。在资本主义生产关系中，劳动者被剥夺了生产资料所有权，而资本家和地主成为生产资料和土地的所有者。在资本主义生产方式中，所有权就成为支配他人劳动的权利。

马克思把资本主义社会的所有权结构划分为资本所有权、土地所有权、劳动力所有权三大基本类型。剩余价值分配就是在生产资料所有权和土地所有权之间的分配。在生产资料所有权与经营管理权统一的资本产权中，资本家拥有其财产的全部权利，在生产过程中，所有权派生出对生产过程的指挥权、监督权；在资本所有权被划分为所有权与经营权的条件下，资本家依法获得对生产资料的所有权、支配权、剩余索取权，而职业经理人则取得了对生产资料的日常经营权、使用权以及经营收益权。在农村，土地所有者凭借对土地的所有权获得了地租，而农业资本家则获得了对土地的占有、使用经营权，并在生产经营过程中获得

---

[1] 马克思：《资本论》第1卷，人民出版社，2004，第673页。

了超过地租收入的农业经营利润。在现代商品经济的条件下,生产要素归属于不同的所有者,凡要进行生产,只能承认要素的所有权,以付出一定回报为条件,取得要素所有者的同意,才能使用归他们所有的各种要素进行生产(吴宣恭,2002)。

三 市场机制

市场机制分配规律就是在市场主体和生产要素所有者之间通过市场机制对新增的社会价值进行分配(杨玉华和丁泽勤,2013,第98页)。市场机制,是价值规律的实现形式。在价值规律的作用下,形成价格、供求、竞争等机制相互作用、相辅相成的市场机制,强制地贯彻价值规律的要求和趋势。

价值规律的作用要求商品生产者以商品价值量为基础进行公平交换、平等竞争。在市场交换过程中,由生产该商品的"社会必要劳动时间"决定的一般社会价值就成为决定该商品市场价值和调节该商品供求关系的"价值标准"。

价格机制,就是通过商品价格变动影响商品的供求关系,调节经济资源流向与配置的关系与功能。商品价值决定商品价值的货币表现即价格,商品价值是价格变动的基础,而商品价格是商品价值的货币表现形式,其变动反映着价值变化。价格机制就通过价格围绕价值上下波动反映价值与价格的关系,商品价格在供求、竞争等机制作用下,常常与价值并不一致,但这不是对价值规律的否定,恰恰是价值规律作用的结果。从整体来看,价值与价格是相等的;从过程来看,价格对价值的偏离总是与价值变动的方向、幅度大小一致。

供求机制,就是价值规律在商品供求关系变动的条件下,通过价格机制反作用于商品生产与供求,推动供求趋于平衡的市场功能。在供求大致平衡的条件下,商品价格是由生产该商品的社会必要劳动时间,也就是由多数中等生产条件的劳动时间决定的。在产品供不应求的条件下,商品价格则是由生产该商品的少数劣势生产条件的劳动时间决定的，处于中等和优势生产条件的生产者则通过销售获得超过正常剩余价值的超额剩余价值。如果供过于求，商品价格则是由优势生产条件下生产商品的劳动时间决定的，那么处于中等生产条件的生产者则被迫按低于本企业劳动时间的价格出售商品，无法获得正常剩余价值，甚至预付资本都无法完全收回。此时，劣势生产条件下的生产企业则无法收回预付资本，处于亏本状态。

竞争机制，是价值规律自发地发挥作用的主要方式，生产者为了占据有利生产条件和获取最大剩余价值而展开价格与非价格竞争，从而达到优胜劣汰、优化资源配置的效果。从主体来看，竞争可以分为三类：生产者之间的竞争、消费者之间的竞争以及生产者与消费者之间的竞争。生产者之间的竞争，同一品质的商品竞争低价者胜，也就是具有生产率优势的生产者胜，从而淘汰具有生产率劣势的生产者，获胜者扩大市场销售份额，获得最大剩余价值；消费者之间的竞争，主要发生在供求失衡条件下，产品供不应求，价高者得，有消费能力的消费者能够保证供应，从而引导经济资源流向生产者，缓解供求失衡状态；生产者与消费者之间的竞争，生产者尽量卖高价、卖多些，消费者尽量买低价、消费实惠些，竞争结果是供求趋于平衡、价格趋于价值。竞争关系主要通过价格、供求相互作用来实现，而价格、供求关系变化进一步影响竞争关系变动。价格变化引导经济资源流向，改变供求，从而影响竞争关系，供求变化影响竞争关系的性质与竞争的强弱，引起价格变动；通过价格竞争影响供求关系，进而引起竞争关系变化，竞争关系变动反过来影响供求与价格变动，从而引导经济资源流向具有生产率优势的企业和部门，提高资源配置效率，具备生产率优势的企业得以胜出和不断壮大。

在商品经济一般原理分析中，马克思定义的社会必要劳动时间是对生产过程中价值决定孤立、静止的抽象概括与总结，没有考虑供求变动的影响。在《资本论》第三卷中，马克思引入供求关系，对社会必要劳动时间即一般社会价值决定做了动态、联系的新表述。社会必要劳时间在经济运行中并不是孤立、静止的经济范畴，而是在价格机制、供求机制和竞争机制作用下，动态变化的经济范畴。价值规律揭示了商品的社会价值形成过程：在部门内部，不同商品生产者之间的竞争，促使不同生产者的个别价值平均化为统一的社会价值。在生产部门内部，商品的社会价值决定着生产者价值与剩余价值实现程度的高低，生产者的个别劳动时间与社会必要劳动时间的差异决定着生产者之间剩余价值的分配关系。

四 利润平均化

在价值规律的作用下，生产部门内部商品的个别价值趋于统一，形成了商品的社会价值。马克思的生产价格理论进一步解释了不同生产部门之间的社会价值，在价值规律的作用下，也会逐渐趋于统一的发展趋势，而趋于统一的过程就表现为不同生产部门的利润趋于平均化的趋势。在部门内部，由于生产的物质技术基础大体相同，资本的有机构成基本一致，商品生产的个别价值统一于社会价值，其剩余价值率基本一致。马克思的生产价格理论就是探讨不同生产部门之间剩余价值的分割问题，其分析前提就是剩余价值转为利润。

对于资本家而言，带来剩余价值的不只是可变资本，而是全部预付资本。因此，当剩余价值被看作全部预付资本的产物时，剩余价值就转化为利润。从社会职能来看，资本职能在于生产剩余价值，其存在的条件就是剩余价值再生产的不断实现，而全部预付资本的回收就成为决定剩余价值再生产生死存亡的临界点。如果全部预付资本实现了回收，就能保证原有规模的再生产；如果剩余价值全部实现，就为扩大再生产提供了资本积累；如果剩余价值不能实现，而且全部预付资本也无法实现回收，连简单再生产的条件都无法满足，那么资本职能丧失，资本家破产。因此，从再生产客观的需要来看，也就是从剩余价值再生产的条件来看，剩余价值应进一步视为全部预付资本的产物。

在生产价格理论中，马克思假定不同生产部门的物质技术条件不同，资本有机构成不同，而剩余价值率相同。在生产部门内部由于价值规律的作用，社会价值趋于一致，商品价格相同。而在不同生产部门之间，社会价值不同，市场价格不同，在剩余价值率相同的假定条件下，必然形成不同的利润率。在完全竞争的市场环境中，各生产要素主体具有自由流动的权利和条件，也被赋予同等的社会权力。各市场主体作为拥有相同社会权力的资本，都会依据利益最大化原则进行投资和选择。如果不同生产部门的利润率不同，资本等量的投资就会获取不等量的利润，市场主体就必然展开以利润最大化为目标的以资本投资选择与转移为手段的市场竞争。竞争的最终结果是：市场主体各自获得相同或者相似的利润率，各生产要素主体获得相同或者相近的回报率。这既是所有权规律的具体体现，也是价值规律发挥作用的结果。

在价值规律的作用下，不同生产部门的利润趋于平均化。"一切其他资本，不管它们的构成如何，在竞争的压力下，都力求和中等构成的资本拉平……也就是说，力求实现生产价格。"[1] 在利润平均化的作用下，商品的社会价值转化为生产价格。原来调节生产部门内部生产关系和资源配置的社会价值让位于生产价格。价值规律的作用形式，由原来的价格围绕"价值"转变为价格围绕"生产价格"这个轴心上下波动。生产部门的社会必要劳动时间决定着社会价值，而部门之间的平均利润率调节着剩余价值在不同部门的分割与转移，进而调节经济资源在不同部门的流动与配置，决定着不同生产部门的结构与比例。利润平均化趋势表现为不同生产部门利润率不断趋同的发展趋势，并不是绝对的平均化。马克思的生产价格理论，揭示了资本主义剩余价值分配的基本规律——等量资本获取等量剩余价值，也进一步解释了社会剩余价值分配的水平不仅取决于社会总剩余价值的规模，也取决于剩余价值增长的速度。

---

[1] 马克思:《资本论》(第3卷)，人民出版社，2004，第194页。

第三节 剩余价值分配的结果

一 社会分工规律的分配

剩余价值分配作为生产条件的分配，在社会分工规律的作用下调节生产的规模、结构与空间布局，决定着产业演进与结构调整的方向。

首先，分工规律决定着产业的空间布局和结构比例。社会分工不仅源于生产率提高形成剩余产品，而且源于自然条件差异以及经济条件分布不同所形成的生产要素禀赋差异以及生产的物质技术条件差异，在市场引导与政府推动下形成基于各自生产率优势的产业布局、生产规模和产业结构。在第一次工业革命时期，形成了东方依附于西方的世界经济格局，形成了以西欧先导资本主义国家生产、供应工业品，以亚非拉殖民地半殖民地为原材料和销售市场的产业布局；在二战后，形成了以发达国家为中心、以广大发展中国家为外围的资本主义经济体系；进入21世纪以来，形成以"金砖国家"为代表的新兴工业化国家与传统发达国家分庭抗礼、多极化发展的世界经济格局。现在所形成的世界产业竞争格局就是世界分工的结果：美国、日本等发达国家以资金技术密集型产业为主，中国、印度等新兴经济体以劳动密集型产业以及一般资金－技术型产业为主导，沙特、澳大利亚等以资源密集型产业为主导。随着生产力水平的提高，各国产业布局也会发生不断的变化。一般来说，当生产力水平较低，初级生产要素价格优势突出时，初级生产要素密集型产业优势就突出；在生产力中等水平条件下，具有一定技术和资金条件，则在工业品制造上具有优势；在生产力较高水平条件下，资金雄厚、技术发达，创新能力突出，则具有知识、技术密集型产业优势。

其次，分工规律决定着产业演进与调整的趋势与方向。社会分工通过市场机制贯彻和体现。生产率优势是产业布局的基础，而生产率演进优势则决定了产业动态发展的格局，推动了产业结构不断调整与演进。

在二元经济条件下，高速增长的城市与工业是农村和农业剩余劳动力转移的主要驱动力。劳动力和其他经济资源源源不断向生产率更高的工业和服务业转移。农业生产率的提高使农业劳动力比例不断下降，在后工业时代，由于工业生产率不断提高，工业就业比例也会逐步下降。所以，在世界范围内，产业结构沿着农业→工业→服务业的路径不断演进。

再次，分工规律通过基于生产力的消费需求裁量着生产规模与结构。资本化生产具有无限扩张的历史趋势，而制约和限制生产扩张的根本因素就是有消费能力的需求。在自然禀赋与技术条件差异的基础上形成的国际产业分工的变化过程必然受制于全球消费规模和消费结构。各地生产力发展必然带动全球消费水平的提高，科技进步形成的生产率提高和产品结构调整也必然引导消费结构变化和演进，而社会分配的结构差异导致的消费结构变迁也会影响生产结构的变化。相对公平的分配会整体提升消费水平，两极分化则会导致消费结构性矛盾激化，从而制约需求水平的提升。大规模生产过剩和生产－消费结构严重失衡都会导致严重生产过剩的经济危机。

二战后，随着发展中国家的工业化逐步兴起，发展中国家的初级生产要素价格优势不断释放，世界市场的工业产品生产优势逐步向发展中国家转移，发达国家的产业结构逐步向重工业、高新技术产业和现代服务业转移。国内生产力水平的提高不断抬升初级生产要素价格，发达国家在一般工业制成品领域开始丧失竞争优势，不得不把这些所谓的夕阳产业向新兴的工业化国家转移。20世纪90年代以来，以"金砖国家"为代表的新兴发展中大国工业化快速崛起，资金密集型产业优势不断强化，发达国家重工业和化工产业的生产率优势逐步丧失，重化工业布局开始由发达国家向中国等新兴工业化国家转移。同时，新兴工业化国家大规模崛起，在带动工业品生产和消费的同时，也带动工业品上游初级产品的生产和消费，而占据资源优势的国家充分分享了工业化盛宴形成的大宗商品长期繁荣红利，坐享世界发展形成的巨大利益。

二　所有权规律的分配

资本主义生活方式是以生产资料与劳动者分离为条件的。因此，剩余价值分配既是生产资料所有权的实现，也是再生产条件与生产关系的分配。所有权规律是建立在一定的生产资料所有制基础上并受所有制条件制约的。资本主义市场经济是建立在资本家对生产资料垄断性占有、土地所有者对土地垄断性占有的基础上的。资本家垄断了生产条件，而劳动者丧失生产条件沦落为依靠出卖劳动力的无产者。剩余价值的分配是在资本家和土地所有者之间进行分配，却把创造剩余价值的劳动者排除在外。

（1）在资本主义条件下，生产资料所有权转变为对剩余价值的占有权利。在流通领域，按照价值规律，资本家使用货币资本购买了劳动力的使用权；在生产领域，劳动者在资本家的监督和指挥下与生产条件结合起来，生产出自己的价值与剩余价值。资本家凭借对生产资料的所有权以及对劳动的支配、占有权利，获得了对生产过程的监督、指挥权，获得了对劳动产品的占有权。在资本主义条件下，资本家凭借生产资料所有权获得了对劳动的支配以及对劳动产品的占有权利。剩余价值作为再生产条件，占有越多，越有利于扩大再生产；资本积累越多，剩余价值市场规模越大，越有条件占有更多的剩余价值。

（2）在资本主义条件下，剩余价值分配具有二重性：一方面剩余价值作为再生产条件进行分配，另一方面作为资本家和土地所有者的生活资料进行分配。首先，作为生产条件，剩余价值在职能资本家之间进行分割；其次，作为生活资料，剩余价值在职能资本家和土地所有者之间进行分配。在生产资料两权分离的条件下，剩余价值被视为利润进一步进行分割，作为货币所有者的资本家获得货币资本的利息，职能资本家获得了企业利润。利息在这里主要是用作货币资本家的生活资料，而企业利润则一部分作为职能资本家个人的生活资料，另一部分作为企业扩大生产的积累资本。如果从资本主义生产本质来看，剩余价值分配所具有的消费性质是与资本主义生产目的相违背的，也是与剩余价值规律要求相背离的。因此，马克思在评价资本主义地租收入时说："至于地租，它能够表现为只是分配的形式，因为土地所有权本身在生产过程本身中不执行职能，至少不执行正常的职能。"① 正是因为地租参与剩余价值的分割并不是执行生产剩余价值的资本职能，所以它在资本主义看来也是多余无意义的。货币资本家取得了利息收入，马克思给予否定性评价："它再生产出了一种新的金融贵族，一种新的寄生虫，——发起人、创业人和徒有其名的董事"②。

虽然劳动价值理论是剩余价值理论的基础，强调了人类的一般劳动才是社会财富的一般代表价值的源泉，从价值观导向上具有倡导按劳分配的历史趋势，但在理论与实践上，劳动并不能作为剩余价值分配的依据和标准。劳动价值理论得以形成的社会前提是以生产要素所有权为基础的商品经济。因此，劳动价值理论并不必然与按劳分配相联系，而是与按生产要素所有权分配相联系的，是按生产要素所有权分配的理论基础。

三　市场机制的分配

生产要素所有权是市场机制分配的基础，价值规律是市场机制分配的基本条件，价格机制、供求机制与竞争机制相互作用的结果则是市场机制分配的具体表现形式。首先，生产要素所有权作为市场机制分配的基础，在剩余价值市场机制分配中依然起着决定性作用。市场机制作为贯彻和实现所有权的功能，对于生产资料所有权总体而言，影响并制约着所有权的实现程度；对于具体的生产资料所有权来说，甚至决定着剩余价值再生产的生死存亡。与生产率优势相联系的生产资料所有权实现程度较高，此时甚至能够在一定时间内获得超额剩余价值；与生产率劣势相联系的生产资料所有权，就面临难以回收全部预付资本甚至破产的

---

① 马克思：《资本论》（第3卷），人民出版社，2004，第999页。
② 马克思：《资本论》（第3卷），人民出版社，2004，第497页。

风险。与生产率优势相联系的生产资料所有权一般会随着产业不断发展而不断壮大；与生产率劣势相联系的产业一般会不断萎缩，甚至被无情淘汰出局。因此，生产要素的规模、质量是影响所有权剩余价值分配的主要因素。

其次，市场机制分配具有形式平等而内容不平等的特点。市场机制的基础是价值规律，价值规律要求市场主体按商品的社会价值或者生产价格进行自由、公平交换，但对于具体市场主体而言，即使严格按照商品的社会价值或者生产价格进行交换，由于各自产品的生产劳动时间不同，在同一标准条件下，各自实现的剩余价值也是不一样的。具备生产率优势的市场主体可以获得超过平均水平的超额剩余价值，而处于生产率劣势的市场主体无法获得平均剩余价值，甚至亏本。在引入价格、供求与竞争机制进行分析，则发现"等价物的交换只存在于平均数中，并不是存在于每个个别场合"[1]。供求是否平衡、竞争条件强弱、商品社会价值变化都会严重影响市场主体的剩余价值实现。

再次，市场机制的作用结果包括以下几点。一是优胜劣汰，剩余价值分配两极分化。具备生产率优势的市场主体剩余价值实现程度高，甚至能够获得超额剩余价值，在市场竞争中处于有利地位，而不具备生产率优势的市场主体剩余价值实现程度低，甚至亏本。长期来看，优势企业不断发展壮大，劣势企业被逐步淘汰，生产和销售不断向优势企业集中，甚至形成垄断。二是平等的市场权利收益不平等。市场机制自由、平等、互利的形式下掩盖的是市场主体不平等的剩余价值分配。具备生产率优势的市场主体获得超额剩余价值，处于中等生产条件下的市场主体获得平均剩余价值，而处于劣势生产条件下的市场主体却无法获得正常剩余价值，甚至被淘汰出局。三是优化配置剩余价值再生产条件，促进经济资源向优势产业、优势区域配置和集中。在社会总需求一定的条件下，市场机制通过制约和影响剩余价值实现，调节剩余价值作为生产

---

[1] 《马克思恩格斯全集》（第19卷），人民出版社，1963，第21页。

条件在市场主体之间的优化配置和空间布局，从而推动产业结构调整和优化，促进优势产业、优势企业的发展和崛起。

四 利润平均化的分配

利润平均化是市场机制长期发挥作用的结果，也是各市场主体追逐剩余价值长期竞争的必然产物。利润平均化是在生产要素充分流动、市场充分竞争的条件下，各职能资本利润之间出现的历史趋势。马克思在产业资本循环理论的基础上，进一步分析产业资本循环中不同职能资本独立化形成不同产业之间的利润分配趋势。从逻辑和历史统一的起点来看，产业资本循环所形成的完整实体经济体系是一个有机统一体，生产资本独立化形成制造业、商品资本独立化形成商业、货币资本独立化形成银行业。在市场机制的作用下，独立履行资本职能的资本作为平等社会权力最终获得平均利润率条件下的平均利润。在国内市场，利润平均化首先在一个生产部门内部实现，在生产部门利润平均化的基础上，进一步形成不同部门的利润平均化。

首先，生产部门内部利润平均化导致剩余价值分配向生产率优势企业集中，相对剩余价值生产成为主导的剩余价值生产方式。生产部门内部利润平均化就导致形成产品价格趋同现象。第一，剩余价值分配向优势企业集中。具有生产率优势的企业，因为生产成本较低，按生产价格出售就可以获得超额剩余价值，劣势企业则无法获得平均剩余价值，甚至亏本。如前所述，剩余价值分配向优势企业集中，随着生产条件不断集中，生产也日益集中。第二，有利生产条件和超额剩余价值竞争最终会导致技术不断进步、管理不断创新、生产社会化程度不断提升，从而形成生产率不断提高趋势。因而，具备生产率优势的企业获得超额剩余价值是暂时的现象，超额剩余价值会随着其他企业生产率提升而消失。因此，在生产率不断提高成为常态的条件下，相对剩余价值生产就成为占主导的剩余价值生产方式。

其次，不同部门利润平均化导致剩余价值分配向优势部门倾斜和集

第四章 资本主义市场经济条件下剩余价值的分配

中。不同部门利润平均化导致等量资本获取等量利润的现象。在利润平均化的作用下，形成相等预付资本的生产部门生产价格趋同，具备生产率优势的生产部门按照生产价格销售就获得远高于部门社会价值的超额剩余价值，具备中等生产率的生产部门获得平均剩余价值，具有生产率劣势的部门则无法获得正常剩余价值，甚至亏本。对优势生产条件和超额剩余价值的追求，势必会推动各个生产部门加大技术研发、管理创新和社会化分工协作力度，形成不同生产部门相互竞争态势。由于不同生产部门资本有机构成不同，生产规模不尽相同，一般来说，资本有机构成越高、生产规模越大的部门，越有条件投入研发和创新，越有条件利用新技术，因而在部门竞争中生产率优势就越突出。因此，剩余价值分配就会向资本有机构成高、生产规模大的生产部门倾斜和集中，但由于社会分工规律制约，作为生产条件的剩余价值的分配集中是有限度的，而作为生活资料的剩余价值的分配集中却十分明显。

再次，利润平均化必然导致利润率趋于下降。利润平均化趋势导致剩余价值分配向优势企业和部门集中，加速了优势企业和部门的资本积累过程，提高资本有机构成；部门内部和部门之间的竞争，都会提高整个生产部门的劳动生产率和不同生产部门的劳动生产率，进一步降低商品的社会价值和生产价格，最终导致部门内部和整个社会的利润率不断降低。而在国际上，由于价值规律发挥作用的条件和环境发生重要变化：世界市场上生产要素流动受到国家利益边界、区域经贸协议、关税非关税壁垒等诸多因素影响，市场竞争不充分，利润平均化趋势就会受到很大限制。所以，在国际市场上具备优势的企业可以凭借不完全竞争形成垄断地位，长期获取超额剩余价值。

最后，垄断破坏利润平均化趋势，导致超额剩余价值出现长期化趋势。资本主义市场经过数百年发展，在长期竞争下已经形成高度集中和垄断的生产和销售。恩格斯在其生活时代，就发现了资本主义发展所形成的日益集中和垄断的趋势，"历来受人称赞的竞争自由已经日暮途穷，必然要自行宣告明显的可耻破产"①。并进一步推论道：因此，在有些部门，只要生产发展的程度允许的话，就把该部门的全部生产，集中成为一个大股份公司，实行统一领导。②垄断并不否定价值规律发挥作用的影响，只不过改变了价值规律的作用形式而已。如果利润平均化在不同部门受到人为垄断或者自然垄断的阻碍，最终形成高于商品社会价值或生产价格的垄断价格，但价值规律并没消失："那么，由商品价值规定的界限也不会因此消失。某些商品的垄断价格，不过是把其他商品生产者的一部分利润，转移到具有垄断价格的商品上。"③

---

① 马克思：《资本论》（第3卷），人民出版社，2004，第496页。
② 马克思：《资本论》（第3卷），人民出版社，2004，第496页。
③ 马克思：《资本论》（第3卷），人民出版社，2004，第975页。

第五章　剩余价值理论的几个基本问题

在苏联政治经济学教科书的影响下，在国内学界、教育界对马克思劳动价值理论和剩余价值理论存在形而上学过度简单化、绝对化解读的倾向，在对剩余价值理论的一些内容和结论的认识和理解方面，长期存在分歧和争论，甚至存在严重的误读和误解。本章就对这些存在误读和误解的几个基本理论问题进行分析，溯本清源，以正视听，力求运用马克思的分析方法还原马克思剩余价值理论的本来面貌。

第一节　剩余价值的来源

关于剩余价值来源问题的争论，与对劳动价值理论的理解和认识息息相关。传统教材在坚持劳动价值理论的基础上，认为只有活劳动，尤其是一线工人的劳动才能创造剩余价值，但这种观点已经无法解释后工业社会的产业结构和高科技企业带来丰厚的剩余价值问题。学界出现两种不同的声音：一类坚持劳动价值理论，主张扩大劳动范围；另一类，放弃劳动价值理论，提出剩余价值来源多元化观点。后者的观点就是当年马克思批判过的生产要素创造价值的错误的翻版。我们认为，对于剩余价值来源问题，首先，要坚持劳动价值理论不动摇，否则剩余价值理论就丧失了理论基础，缺乏存在的理论依据；其次，要发展劳动价值理论，对剩余价值来源进行新的探索和诠释，使理论能够不断概括和总结新的实践经验，能够说明和解释不断发展的经济实践，增强理论的解释力和适应性。

一 剩余价值来源理论面临的实践挑战

科学的劳动价值理论是建立剩余价值理论的基础。劳动价值理论回答了人类的一般劳动是以价值形态存在的社会财富的唯一源泉，人类的一般劳动是创造价值的唯一源泉，也是剩余价值的唯一来源。在对剩余价值生产过程的分析中，马克思引入劳动价值理论，得出了工人的劳动是剩余价值的唯一源泉。但该论断遭到越来越多的诘难和挑战。首先，挑战和诘难来自现代生产方式的发展。其一，在生产过程中，一线工人数量在急剧减少，甚至出现了大量的无人值守的工厂或者车间，工人劳动与现代财富的强劲增长出现了严重偏离的现象。其二，在《资本论》中被视为非生产部门的部门，却不断发展壮大。现代产业结构中，服务业已经成为居于主导地位的第一大产业，社会财富增长似乎与第三产业有着密切的关系，生产过程之外的服务业创造不创造剩余价值？这是一个很重要、迫切需要思考的实践问题。

其次，挑战和诘难来自理论自身。其一，劳动价值理论从生产领域得出了价值形式的财富来自物质生产领域的人类一般劳动的结论，而现代社会的富裕阶层却大多来自非物质生产领域，且发达国家的物质生产比例并不比发展中国家的大，甚至小很多。其二，把物质生产领域的一线工人作为剩余价值的唯一创造者，与现实严重不符。其三，资本家（企业家）、科学技术工作者被排除在剩余价值创造之外，也与现代实践严重背离。其四，服务业作为非生产劳动领域，被排除在剩余价值创造领域，与现代产业结构演进趋势和主导产业严重背离。

劳动价值理论在理论上还能不能解释剩余价值的来源问题，人类劳动之外，还有其他来源吗？剩余价值来源问题的挑战与诘难本质上是对劳动价值理论的挑战与诘难，劳动价值理论作为剩余价值理论的理论基石，还能否经受住实践发展的检验，如何在新的实践中不断丰富与发展？首先，在理论上，对劳动价值理论的正确认识除了对有关理论和体系要全面把握外，还要结合马克思运用的方法以及假定的条件进行分析，而不能离开这些方法和条件，把有关结论和论述作为绝对的真理。其次，在实践中，检验、修订、丰富和发展马克思有关经济理论，需要理论联系实际，运用马克思主义世界观和方法论，对现代生产方式发展与演进的实践进行新的总结和概括，推进马克思主义经济学的时代化，而不能故步自封、僵化保守。

二 马克思对剩余价值来源的完整分析及其一般结论

马克思阐述的劳动价值理论是寓于商品经济分析之中的。对于商品经济，马克思做了高度的抽象，把商品经济历史的逻辑起点——简单商品经济的生产条件和生产关系作为理论分析和演绎的基本条件，把简单商品的生产和交换作为孤立、静态的过程进行分析。这样的抽丝剥茧，抛开了现代商品经济复杂的生产关系以及交换关系，只保留必要的孤立、一次性的商品生产过程与交换过程，抛开了生产条件的再生产以及反复的、连续的生产与交换过程。这样可以突出商品价值的真正来源与商品交换的本质内容。做了这样的假定之后，进一步设定生产等同于交换、生产等同于消费、交换价值等同于价格等条件，就得出生产者的私人劳动与社会劳动之间的矛盾是简单商品经济的基本矛盾的结论。

在商品经济条件下，每一个生产者的劳动既是私人劳动也属于社会劳动，商品的生产与交换就是二者对立统一的运动过程。该运动决定着生产商品劳动的二重性及其矛盾，进而决定着商品二因素及其矛盾，成为决定生产者命运和商品生产、交换的全过程的决定因素。在生产商品劳动的二重性理论基础上，马克思阐述了由劳动二重性矛盾运动决定的商品二因素的对立统一，回答了困扰古典经济学家多年的理论难题：既然劳动创造价值，为什么同样的劳动，劳动者的命运却不同，有的生产者发财致富，有的生产者贫穷甚至破产。马克思通过界定和区分商品的使用价值与价值，创造性地提出了决定商品二因素的生产商品劳动的二重性理论，进一步回答了什么样的劳动才能真正创造价值以及创造价值的具体生产过程的性质与特点。这样就彻底从理论上解决了困扰古典经济学的理论障碍，建立起比较完备的劳动价值理论。

马克思的抽象法帮助我们透过现象看到事物最本质的规定及其内部联系，但要进一步将之运用到实践中，还必须回到多样性统一的思维具体，经过很多中间环节，才能完成完整的认识过程。但如果将从马克思抽象方法演绎中得出的脱离语境和假设条件的结论作为绝对真理性认识，并以此为基础，进行应用，则会得出错误的结论。抽象法帮助我们解决了价值的本源问题，即人类的抽象劳动是创造价值的唯一源泉，但要进一步解决相关实践问题，还必须回到成熟的商品经济生产与交换关系中，对动态、连续不断的生产过程做进一步分析。在学术界或者流行的教材中，不少学者把马克思在孤立、静止的抽象分析中得出的结论作为普遍的真理加以固守，就会造成理论与实践的严重脱节、背离，甚至得出荒谬的结论。比如，从马克思的抽象分析中推导出：其一，只有物质生产领域的劳动才能创造价值；其二，只有工人的劳动才能创造价值；其三，只有一线工人的劳动才能创造价值。真理再多走一步就成为谬误。在实践中，甚至错误地把"劳动"理解为简单的体力劳动，而把很多复杂的脑力劳动排除在劳动之外。我们可以把这些结论称作粗陋的劳动价值理论，与当年李嘉图学派对劳动价值理论的粗陋理解如出一辙。由于不理解劳动二重性，李嘉图学派无法解释众多劳动现象背后的原因，为了掩盖理论的缺陷和不足，甚至把动物的本能活动都视为劳动，认为它们也创造价值，最终破坏了劳动价值理论本身的科学性和基础，导致自身的解体。

在剩余价值生产过程分析中，马克思同样采用抽象法，把对资本主义生产过程分析的逻辑的与历史的起点，定位于简单商品经济内部的传统手工业生产过程，一定数量的独立劳动的手工业者被一个资本家所雇用，开始了初步具备资本主义性质的简单协作劳动。马克思把分析对象设定为发轫初期的资本主义生产方式，是为了高度简化生产过程和生产关系，突出事物本质及其内部联系。在这样孤立、抽象的生产过程中，针对两个利益对立阶级的代表——拥有生产资料不参加劳动的资本家和丧失了生产资料的雇佣工人，运用劳动二重性原理进行分析，很容易得出这样的结论：雇佣工人的劳动是剩余价值的唯一源泉，资本主义生产的实质就是剩余价值生产，资本主义生产关系的本质就是雇佣剥削关系。

三 对剩余价值来源误读的原因及其正确解读

如果我们从马克思运用抽象方法对劳动价值理论和资本主义生产本质规定及其内在关系的分析中，得出剩余价值的源泉是雇佣工人的劳动，总体结论是正确的，在方向上也符合马克思劳动价值理论的总体要求，但这和实践有很大偏差。如果我们从中进一步得出一线雇佣工人的劳动是剩余价值的唯一源泉就有很大的问题，这与事实严重不符。为什么会出现这样的问题，因为抽象法为了把复杂的事物尽量简化，采用的是对事物胚芽时期的样本进行分析，虽然它包含成熟事物最基本的要素和最本质的关系，但毕竟与成熟事物的多样性、具体和历史的特征差异甚大。

我们来看（劳动价值理论中）简单商品经济的假设，自给自足的商品生产者在历史上是难以单独存在的，因为没有剩余产品进行交换，就无法真正成为交换剩余产品的商品生产者，而只能是处于自然经济条件下孤立、分散的小生产者。要作为自给自足的小商品生产者就只能作为自然经济的附属生产者。通过交换来自自然经济体的小规模剩余产品，满足自身与家属的生活需要。同样，对资本主义生产的抽象分析，是将以手工劳动为基础的简单协作劳动作为假设条件的。这里的生产主要满足生产内部的消费需要，雇佣工人的劳动都是独立进行的全面劳动，工人不仅要依靠自己的劳动养活自己与家属，而且要用剩余的劳动时间养活资本家。所以，独立劳动的工作日就被显著区分为必要劳动时间与剩余劳动时间。实际上，成熟的资本主义生产方式是建立在机器大工业基础之上的，工人的劳动都是基于生产过程分工的社会化生产，是属于总体劳动的片面劳动，工人的个人劳动已经转变为均一的平均劳动，工人的个人消费也是社会化的，生产者都是为满足他人需要而劳动，通过满足社会需要交换回满足自己需要的商品。因此，工人的消费已经不限于自己生产的产品，工人生产的目的也不是满足生产内部的消费需要，而是满足社会的消费需要。因而，工作日不可能再区分为工人为了自己的劳动和为了资本家的劳动，但是根据劳动力生产和再生产生活资料的费用，依然可以把工作日区分为用于补偿劳动力价值的劳动时间和剩余劳动时间，这作为理论分析的工具还是十分必要的，但其内涵和外延已经有了很大的不同，而且性质不同。

在马克思的抽象分析中，剩余价值表示资本家对劳动力的剥削性占有，而在现代商品经济的生产关系中，剩余价值则是用于满足社会需要（包括资本家的需要）以及再生产条件的那部分价值，是生产单位对商品社会物质财富的贡献，反映了生产单位与社会、国家的利益分配关系。在资本主义制度条件下，剩余价值的占有首先表现为资本家占有，在满足资本家需要之后才是满足其他社会需要的部分，满足资本家需要的那部分剩余价值反映了资本主义的剥削关系，这和孤立、抽象的分析结论一致，虽然不影响对资本主义的定性研究，但内涵差异还是比较大的，会严重影响对资本主义的定量分析。

与此相对应，我们把剩余价值来源简单归于一线雇佣工人的劳动，虽然按照劳动价值理论的原理，方向没问题，但范围与程度差异十分巨大。因此，资本主义生产方式创造出资本主义特殊的劳动分工，也就是现在所谓的企业内分工，原来属于独立劳动者的智慧、技巧和经验被转移到生产资料和对社会化生产的管理方面，被牢牢掌握在资本手里，而一线工人则成为简单重复的劳动者。这种情况下，我们还把剩余价值的源泉归之于一线劳动，很显然会出现严重的认识偏差。实际上，在企业内部已经产生了专业化劳动分工，除一线工人外，还有居于不同分工层级的二线劳动者：技术工程劳动者、不同部门的管理者，甚至包括科研开发劳动者。代表社会执行资本职能的资本家，在生产过程中身兼二职：一方面作为资本所有者，对工人的劳动进行监督和控制，另一方面作为社会化生产的管理者，对生产进行指挥、调节和组织。前者资本家执行对雇佣劳动的剥削职能，后者资本家则是执行社会化生产过程的必要的管理劳动职能。这些论断，都是马克思在进一步分析资本主义生产方式发展历程中不断展开的理论观点。因此："随着劳动过程的协作性质本身的发展，生产劳动和它的承担者即生产工人的概念也就必然扩大。为了从事生产劳动，现在不一定要亲自动手；只要成为总体工人的一个器官，完成他所属的某一种职能就够了。"[1]

仅从直接的物质生产过程来看，参与剩余价值生产的劳动者不仅有一线工人、二线的技术工程人员、中间部门的管理人员、科技劳动者，还包括作为企业管理者的资本家本人。虽然，基于从马克思对资本主义生产的孤立、抽象分析中得出的对资本主义生产的本质认识，如果进一步得出一线雇佣工人是剩余价值的唯一源泉的结论，从定性来说并不会发生错误，但从定量角度来看，则谬之千里。直接的雇佣工人的劳动对于现代生产方式来说，范围太小，而且直接雇佣工人在生产剩余价值的过程中，无论是数量还是质量都存在不断下降的趋势，但生产过程中科技劳动和管理劳动的重要性和地位都在不断增强和攀升。

四　剩余价值来源问题涉及的生产劳动的范围及其界定

对剩余价值源泉的认识不仅是创造价值的劳动的认识问题，其实还涉及对生产劳动的定义问题。基于劳动价值理论，一切生产劳动都是剩余价值的源泉，但在不同的生产关系中，对生产劳动的定义又是不同的。在对简单商品生产孤立、抽象的分析中，生产劳动就是劳动者满足自身与家属需要而进行的孤立、分散的手工劳动。在对初期资本主义生产的孤立、抽象分析中，生产劳动就是劳动者满足自己与家人生存需要

---

[1] 马克思：《资本论》（第1卷），人民出版社，2004，第582页。

和资本家需要的雇佣劳动,而在成熟的资本主义生产方式中,生产劳动则是与资本进行交换的劳动,也就是被资本家雇用为资本家生产剩余价值的劳动,否则就是属于不符合资本主义生产本质要求的"非生产劳动"。

马克思认为一切"生产劳动的概念是受社会制约的"[1],也就是说对生产劳动范畴的认识是与生产的社会性质息息相关的。马克思认为"生产劳动不过是对劳动能力出现在资本主义生产过程中所具有的整个关系和方式的简称"[2]。在资本主义社会,一切生产要素和生产过程都资本化了,一切生产过程都是为了生产剩余价值。一切生产力都首先表现为资本的生产力,生产只有在满足劳动者自身需要之外还存在一定的剩余价值,才符合资本主义生产的本质要求,才能满足资本欲望。对于资本家来说,雇佣劳动只满足劳动者及其家属需要,没有任何意义;只有生产出一定规模的剩余价值才能满足社会需要,才能满足再生产条件,才能巩固和发展资本主义生产方式,才能再生产出资本家及资本主义生产关系。资本主义生产关系本质上是资本雇用劳动的关系,资本主义生产的本质内容就是剩余价值生产,只有符合这两个要求的生产活动才能被定义为"生产劳动"。在资本主义条件下,生产劳动不仅包括生产过程中的直接生产劳动,还包括与生产剩余价值相关联的所有雇佣劳动,而不存在雇佣关系的小生产者和自由职业者则不属于生产劳动的范围,因为他们不生产剩余价值。当然,从资本主义的立场来看,剩余价值的源泉也应该进一步扩大范围。

在非物质生产领域,如果从资本的视角来定义生产劳动,马克思也给出了进一步的建议。如果超出物质生产领域但与物质生产有关系,可以从参与物质生产分工的社会总劳动视角进行定义,劳动者"每一个人对资本的关系是雇佣劳动者的关系,是在这个特定意义上的生产工人的

---

[1] 《马克思恩格斯全集》(第48卷),人民出版社,1985,第Ⅲ页。
[2] 《马克思恩格斯全集》(第48卷),人民出版社,1985,第47页。

关系"①，他们拥有"共同劳动"的"物质产品"，这些劳动或者服务都属于生产劳动的范畴②。如果活动范围完全超出物质生产领域，完全是在非物质生产领域，可以从全社会分工的视角加以定义，在参与社会分工的所有活动中，只要存在雇佣关系，参与者完成属于自己的分工职能，参与了剩余价值的生产分工，那么，"全部人的活动迄今都是劳动"③。

当然，如果撇开资本的视角，在物质生产领域，无论是否满足生产剩余价值的标准，只要生产的产品能够满足社会需要，成为社会总产品的一部分，参与劳动的一线工人、二线技术工程师、产品研发和设计人员、管理人员以及销售产品的营销人员的劳动都属于生产劳动的范围。虽然小生产者、个体户的劳动只是为了满足自身与家属的生活需要，只要他们的产品符合社会需要，他们的劳动都属于生产劳动的范围。在与物质生产相关联的非物质生产领域，只要劳动或者服务是直接服务于物质生产的，无论服务对象是社会化大生产还是孤立分散的小生产者，它们都属于生产劳动的范围。这里劳动或服务与雇佣劳动和生产剩余价值可以相关，也可以无关。如果在纯粹的非物质生产领域，劳动或者服务只要能够满足社会需要，成为社会总劳动的一部分，它们均属于生产劳动的范畴。

第二节　剩余价值与剥削

我国学界长期以来都把剩余价值看作资本主义的特殊范畴，并把占有剩余价值等同于剥削。该观点源于我国1959年出版的苏联科学院编著的教科书《政治经济学》，它在国内影响广泛。改革开放以来，随着社会主义市场经济实践的深入，该观点的统治地位已经动摇，但至今仍有十分广泛的群众基础。目前，我国学界仍有部分学者坚持该观点，并

---

① 《马克思恩格斯全集》（第48卷），人民出版社，1985，第63页。
② 《马克思恩格斯全集》（第48卷），人民出版社，1985，第63页。
③ 《马克思恩格斯全集》（第42卷），人民出版社，1979，第127页。

把该观点视为马克思主义经济学的经典之一。实际上，长期以来，我们对"剩余价值"这个核心范畴存在片面的误读，把剩余价值范畴的核心要义与剥削的基本内容等同起来，这对社会主义市场经济建设实践造成了持久的负面影响。

一　剩余价值定义溯源与苏联范式形成误读的历史原因

在《〈政治经济学批判〉（1857~1858年手稿）》中，马克思在提出劳动价值理论的基本要点的基础上，初步揭示了剩余价值的性质和来源。《资本论》第一卷的出版标志着剩余价值理论的成熟。在《资本论》中，马克思在以劳动二重性为核心的劳动价值理论的基础上，运用劳动力商品的两重性质从理论上深刻诠释了资本流通总公式的矛盾运动及其特征，运用劳动二重性理论考察了资本主义生产过程的二重性——它不仅是一般价值形成过程，而且是"超过一定点"的价值增殖过程——完美地揭示了价值增殖的秘密，科学地阐述了剩余价值的来源和性质。

在劳动价值理论的基础上，把剩余价值定义为"雇佣工人在生产过程中创造而被资本家无偿占有的超出劳动力价值的价值，体现了资本家对工人的剥削关系"（吴易风，2003）并无不妥。这也是典型的苏联范式的定义。因此，剩余价值概念就是对资本主义剥削现象的理论概括，剩余价值与剥削在内涵上具有内在的一致性。而且这个定义对于处于革命与战争时期的马克思主义者来说意义十分重大，它简洁易懂，与"剩余价值率"一起十分清晰地分别从质与量两个方面深刻地揭示了资本主义两大阶级尖锐对立的经济根源，是宣传、组织、发动工人阶级投身无产阶级革命斗争的最有力的理论武器；同样，该定义对于刚刚建立的社会主义计划经济体制，提供了从反面进行辩护和论证的理论基础。但是如果我们注意到马克思分析该问题所运用的科学抽象法以及辩证思维的逻辑进程，再来反思这个定义，就会发现，我们对该定义的理解显得片面、静止、绝对化，而且具有十分显著的功利主义色彩。这个定义与马克思1857~1858年的《资本论》手稿很吻合，但在马克思1867年以来正式出版的《资本论》及其后续修订版中并没有出现同样的定义。

显然，马克思并没考虑沿用该手稿中给剩余价值所下的含义，因为随着研究的深入，剩余价值的历史的逻辑进程进一步展开，这样的定义已经不再适用。而且迄今为止《资本论》仍然是马克思原六册写作计划中"资本"的理论基础部分，其他部分的写作内容未能最终完成，而剩余价值理论的逻辑进程仍在进行。马克思预言的人类"世界历史"的进程在经济全球化的当代已经开始清晰地展现出来，商品经济发展已经从最初的西欧诸国推及世界每一个角落。在马克思首次出版《资本论》后的近三十年间，资本主义生产、经营管理的社会化进程已经开始加速，自由资本主义已经迈开了进军垄断时代的步伐，原来被私人垄断的生产力已经越来越看作满足社会需要而进行生产的社会生产力，剩余价值的占有已经成为推动社会生产力发展的前提条件，剩余价值作为新增财富的一般社会形式已经开始在对立的生产关系中成为全社会共同分享的物质财富。在19世纪末期，由于资本主义经济领域出现了垄断、股份公司等很多新的现象，需要加以研究。直到溘然长逝前，马克思还在对其理论进行研究，对其著作进行修改。从这个意义上说，《资本论》仍然是一部尚待进一步研究和完善的著作，剩余价值理论、剩余价值内涵仍然需要深入研究，这也可能是当时马克思没有在正式出版的《资本论》中给出统一、明确的剩余价值定义的主要缘由。

二 剩余价值与剥削内涵一致性的一般条件

在《资本论》中，剩余价值与剥削具有一致性内涵，需要一定的条件。如果离开了这些假定条件，二者并不一致。马克思运用科学抽象法在劳动价值理论基础上，分析剩余价值生产过程。按照逻辑与历史统一的方法，在不影响理论逻辑进程的条件下，对剩余价值生产所涉及的生产要素进行必要的取舍。而剩余价值在特定条件下与剥削在内涵上具有统一性。

（1）在没有分工或者分工不够发达的社会条件下，剩余价值的含义与剥削具有统一性。在这样的假设条件下，劳动者主动或者被强制地与生产资料结合在一起，共同成为生产剩余价值或者剩余产品的条件。这里的生产即消费，生产的目的主要是满足生产者内部的消费需要。这样，劳动者在每个工作日内的劳动时间可以显著地区分为两个部分：一部分是满足自身和家属生存需要的生产时间也就是必要劳动时间，另一部分则是满足非劳动者阶级需要的劳动时间即剩余劳动时间，劳动者在剩余劳动时间生产的劳动产品或者价值就是剩余产品或者剩余价值。所谓的剥削就是指非劳动者阶级利用阶级统治权或者凭借生产资料垄断权占有使用生产资料进行生产劳动的劳动者生产的剩余价值或剩余产品，剩余价值（剩余产品）就是由使用生产资料的劳动者生产的超过其劳动力价值的价值（或超过自身与家属生存需要的剩余产品）。在农耕文明时代，生产单位内部形成了自给自足的自然经济。在奴隶社会，社会分裂为两大对立阶级，即奴隶主与奴隶；在封建社会，社会分裂为地主和农民或者佃农；在资本主义早期即工场手工业时期，社会分裂为工场主与雇佣手工业者。在这些对立的生产关系中占有剩余产品或者剩余价值的统治集团就是剥削阶级，而生产剩余产品或者剩余价值的劳动者就是被剥削阶级。

（2）在现代社会分工条件，假定社会分裂为两大对立阶级即占有生产资料、不参与生产劳动的资本家与不占有生产资料、依靠出卖劳动力生活的雇佣劳动者工人，在满足一定条件的情况下，剩余价值才与剥削的内涵在宏观层次上具有一致性。进一步假定，在供需平衡的条件下，所有生产者所生产的使用价值均完全转变为价值，此时所有商品的价值与销售价格相同。在生产者内部，由于社会分工已经高度发达，每一个生产者均为社会一般需要进行生产，劳动者的劳动均取得社会平均的性质。因此，在生产者内部每一个工作日已经很难区分为满足自己需要的必要劳动时间和满足社会需要的剩余劳动时间。但是如果从全社会生产的总体来看，所有工人的每一个工作日的集合仍然可以大致区分为必要劳动时间集合和剩余劳动时间集合，工人们在必要劳动时间内生产的产品满足工人阶级及其家属的生活需要，在剩余劳动时间内生产的产品满足资本家阶级及其家属需要。

在这种情况下，剩余价值就是由雇佣工人创造的超过其自身价值的价值，资本家对剩余价值的占有就是剥削。马克思对此评价说："在资本主义生产中，只有'有利润地'才是'生产地'，这正是资本主义生产同绝对生产的区别，以及资本主义生产的界限。为了'生产地'进行生产，必须这样生产，即把大批生产者排除在对产品的一部分需求之外；必须在同这样一个阶级对抗中进行生产，这个阶级的消费决不能同它的生产相比，——因为资本的利润正是由这个阶级的生产超过它的消费的余额构成的。另一方面，必须为那些只消费不生产的阶级生产。必须不仅仅使剩余产品具有成为这些阶级的需求对象的形式。"[①]

如果生产仅仅满足劳动者阶级和剥削阶级自身的消费需要，就必然会造成社会生产力只能在原有生产规模上进行简单再生产。在实践上，这样的资本主义生产从来就没有存在过，将来也不会出现。这里只是为了分析方便，马克思对生产关系进行了高度简化和合理舍弃，突出了剩余价值生产的性质和剩余价值的真正来源，高度概括了资本主义生产的根本动机，彻底解开了资本家发财致富的秘密。而那些被"舍象"的因素在进一步展开的具体分析中，又被马克思巧妙地还原回来，在逻辑思维中具体地、立体展示出来。这样既保证了理论分析的高度抽象性、科学性，又兼顾了分析对象的具体性、历史性。

三　剩余价值在现代市场经济条件下的一般定义

剩余价值属于商品经济的一般范畴，是劳动者在商品生产过程中创造的超过其自身价值的余额。只要存在普遍商品交换关系或者在现代市场经济条件下，无论是资本主义还是社会主义都存在剩余价值。在存在

[①] 《马克思恩格斯全集》（第26卷·第3册），人民出版社，1974，第128页。

发达的社会分工的条件下，在市场面前，市场主体成为互相对立、竞争而又相互依赖、互相补充的生产者，他们的生产劳动都成为社会分工基础上的结合劳动。现在我们按照马克思的分析方法和思路，探讨剩余价值的内涵究竟是什么，它与剥削是否存在直接的统一性。

首先，对前面马克思的假设进行修订，假定社会上存在两大对立而又进行分工协作的阶级：工人进行简单的直接生产劳动；资本家则对生产过程进行监督、指挥、组织和管理。资本家身兼两职：不参加劳动的生产资料所有者与担任指挥、组织和生产经营职责的职业经理人，对生产过程的指挥、组织和管理劳动属于复杂的脑力劳动，相当于倍加或自乘的工人劳动。在机器大生产的条件下，由于工人在工场手工业生产中所运用的智力、技巧和力量被机器所取代，工人的直接劳动成为简单劳动。在以机器为基础的大工业中，生产过程完成了智力劳动同体力劳动的分离。劳动者分化为复杂的脑力劳动者与一般劳动者，生产资料集中掌握在少数生产经营者手中，他们成为脑力劳动者；而工人成为依靠出卖劳动力而生活的一般劳动者。随着这种生产关系的再生产，社会就分化为资产阶级与工人阶级。资本家的工作日依然可以划分为必要劳动时间和剩余劳动时间两个部分，资本家在必要劳动时间生产自身的"工资"，在剩余劳动时间为社会生产剩余价值。那么，全部剩余价值就等于工人和资本家生产的全部商品的新增价值减去工人和资本家的自身价值的余额。这样，生产过程一方面生产出他们的自身价值和剩余价值，另一方面再生产出资本家和工人，也就是再生产出资本主义生产关系。

随着信用制度和银行体制的确立，原来由资本家执行的货币资本职能逐步由专门经营货币的银行所取代，而生产组织形式由原来融所有权和经营管理为一体的独资企业逐步过渡到资本来源社会化的股份公司，拥有生产资料的资本家开始从生产领域消失，取而代之的是专门从事生产经营管理的企业家。剩余价值进一步被分割为利息或股息和企业利润。如果考虑到企业占有生产用地问题，地租就成为剩余价值的另一个必要扣除。此时的剩余价值就是由工人和企业家共同劳动创造的超过他们自身价值的价值，它反映了工人与企业家共同创造新增一般社会财富的社会关系。如果剩余价值被资本家无偿占有并消费，则剩余价值反映着资本家利用对生产资料的占有特权占有劳动者创造的剩余价值的剥削关系。

其次，按照马克思剩余价值理论的逻辑进程，进一步把马克思在前面分析中"舍象"掉的其他劳动因素还原回来。在商品社会，只有为社会劳动，才能为自己劳动。社会分工把每一个生产者分离为独立的个体，而又通过市场交换把每一个人都联结为有机统一的整体。因此，每一个劳动者进行的生产劳动都是社会总劳动的一部分，从社会的视角来看，他们的劳动都不是孤立的个人劳动，而是分工协作的结合劳动。"随着劳动过程本身的协作性质的发展，生产劳动和它的承担者即生产工人的概念也就必然扩大。"① 劳动者已经不限于生产过程的直接劳动者，进行指挥、组织和协调的管理者，而且包括在劳动力再生产环节对劳动者进行教育和培训的教育工作者，提供医疗、保健服务的医务工作者，为满足人们精神文化需要提供精神文化产品的文艺、文化、文学工作者，为运用科学提供科学技术成果的科研人员，对宏观生产过程进行指挥、调控的管理者，等等。马克思认为："宗教、家庭、国家、法、道德、科学、艺术等等，都不过是生产的一些特殊的方式，并且受生产的普遍规律的支配。"②在参与社会分工的所有活动中，只有参与者完成属于自己的分工职能，那么，"全部人的活动迄今都是劳动"③。

同样，在所有参与社会分工的生产劳动过程中，满足个人需要的必要劳动绝不限于劳动者所参与生产部门的劳动，"也包括生产其他一切必然进入工人平均消费的产品的劳动"。从社会分工的观点来看，由于存在社会分工，"一些人只从事必要劳动""另一些人只从事剩余劳动"④；

---

① 马克思：《资本论》（第1卷），人民出版社，2004，第582页。
② 《马克思恩格斯全集》（第42卷），人民出版社，1979，第121页。
③ 《马克思恩格斯全集》（第42卷），人民出版社，1979，第127页。
④ 马克思：《资本论》（第3卷），人民出版社，2004，第713页。

从孤立、分散小生产者的角度来看，劳动就是为了满足个人及其家属需要，满足个人及其家属生活需要的劳动时间就是必要劳动时间，超出这个范围进行的生产劳动都是剩余劳动。从以分工为基础的现代商品经济社会来看，每一个劳动者的生产既要满足自己与家属的生活消费需要，也要满足全社会的一般需要与发展需要，所谓的"剩余劳动"都不多余，都是社会总劳动的一部分，都是满足社会需要的必要劳动。由"剩余劳动"创造的剩余价值都是社会赖以存在和发展的必不可少的一般社会财富形式。因此，剩余价值就是由全部总体工人创造的用来满足社会一般需要的超过自身价值的那部分价值。它代表着社会发展所必需的新增一般社会财富。

在现代市场经济条件下，剩余价值的生产、实现与分配日益曲折、迂回，剩余价值的占有和分配关系日益复杂多样、多变。占有剩余价值究竟是否构成剥削？要具体问题具体分析，不能简单、武断地把占有剩余价值等同于剥削。对剩余价值的含义不能孤立、静止、片面的理解，不能脱离马克思主义的理论体系，也不能背离马克思运用的科学抽象法所代表的历史的逻辑进程。在理解中，不能把物质生产与非物质生产、直接劳动与结合劳动分隔、对立起来，要发展地、全面地、辩证地看待剩余价值的历史作用与地位，要把资本所执行的历史的社会职能与资本现实的、特有的剥削现象区别开来。科学地认识和把握剩余价值与剥削的区别和联系，积极、肯定地认识剩余价值占有、生产的历史的社会职能，对于大力发展多种所有制经济和推进国有企业混合所有制改革具有十分重大的现实意义，更是发展社会主义市场经济、建设中国特色社会主义经济的重大理论问题。

第三节　剩余价值与资本

在传统的政治经济学教材中，对资本和剩余价值的定义，几乎都是单线性定义，几乎可以相互引证，都反映了资本主义的生产关系。资本是能够带来剩余价值的价值，资本的定义几乎等同于剩余价值。实际上无论是剩余价值还是资本都是含义多元的经济范畴，作为经济范畴都具有客观性和历史性，过于单线性定义就会损害经济范畴的科学性和完整性。

资本与剩余价值在资本主义生产关系内部是相辅相成、互为表里的一对经济范畴，都是马克思主义经济学的核心范畴。在叙述安排和逻辑关系上，马克思把剩余价值理论置于资本理论之中，在资本理论的叙述和展开的历史逻辑的进程中形成了剩余价值理论，一部《资本论》是资本主义资本理论产生、发展的历史，也是资本主义剩余价值生产的成长史，很难把二者截然分开，但二者毕竟是两个不同的经济范畴。从前文叙述中，我们分析二者的区别与联系。剩余价值几种不同定义的内涵与外延都与资本的经济职能息息相关，剩余价值是资本经济职能产生的结果，也是资本职能的本质内涵，在资本主义生产关系范围内二者具有内在一致性。如果从经济职能来说，资本的职能就是生产剩余价值，资本就是能够带来剩余价值的价值。在这一层意义上，占有剩余价值就是资本的本质的具体体现，反映了资本主义生产关系的本质，二者具有内涵上的一致性。但是资本是具有多重内涵的经济范畴，它又表现出与剩余价值的区别与差异。

一　资本的诞生与资本的二重性

所谓资本就是资本主义制度赋予的生产资料所有者通过雇佣关系支配劳动并占有全部劳动产品的社会权力，它是生产资料所有权在资本主义生产方式中的特殊反映，是资本主义生产关系的基础。下面从资本诞生的两个不同领域，解读资本范畴的二重性。

作为凭借社会赋予的生产资料所有权对劳动的支配以及对劳动产品的占有权利[1]，资本最初是在自然经济的母体中诞生和发展起来的。在

---

[1] 《马克思恩格斯全集》（第42卷），人民出版社，1979，第62页。

资本主义早期的生产过程中，资本执行社会职能的权力最初是在简单商品生产和独立手工劳动基础上得到初步发展的。在初步具有资本主义性质的工场手工业内部，丧失了生产资料的手工业者被拥有生产资料的所有者雇用，在各自独立劳动的基础上进行简单协作劳动，在工作日内，一方面生产出满足自身与家属生存需要的等价物，另一方面生产出满足生产资料所有者及其家属生活需要的等价物。在生产中，生产资料所有权转变为对剩余劳动产品的占有权，所有者变成资本家，劳动者成为依靠出卖劳动力生存的雇佣工人。

"资本起初是在历史上既有的技术条件下使劳动服从自己的"[1]，在简单协作劳动过程中形成了具有资本主义性质的劳动分工，劳动者逐渐成为各司其职、不同生产部门或生产环节的片面劳动者，而不同的劳动者共同构成完成结合劳动的总体工人，劳动开始具有社会劳动的性质。由于在劳动分工基础上的社会劳动需要进行统一协调、组织和指挥，资本家对生产资料的所有权就转化为对工人劳动的监督、控制权和对生产过程的管理权。"在生产过程中，资本发展成为对劳动，即对发挥作用的劳动力或工人本身的指挥权。"[2] 资本家生产剩余价值的社会职能和权力在这里得到确认，并在建立在机器大工业基础上的现代资本主义生产方式中进一步得到巩固和制度化。由于机器生产取代手工劳动，独立劳动者的结合劳动被劳动资料与劳动者的结合劳动所取代，劳动者独立的劳动能力被依附于机器大生产的片面劳动所取代，工人劳动开始隶属于以机器为中心的生产资料体系，生产方式实现了完全的革命，资本主义生产关系完全确立起来。生产资料的社会性质和技术要求成为社会化劳动的决定因素，资本家成为掌握生产资料和生产管理过程的总体劳动的权威和代表，成为执行资本职能，生产并占有剩余价值的社会权力的总代表。

资本是商品经济内部矛盾运动的结果，是简单商品经济发展的必然

---

[1] 马克思：《资本论》（第1卷），人民出版社，2004，第359页。
[2] 马克思：《资本论》（第1卷），人民出版社，2004，第359页。

产物。独立、分散的小商品生产者，在价值规律的作用下，不断两极分化：具有先进生产管理技术的生产者凭借较高劳动生产率和较好产品质量不断淘汰其他同类产品生产者，最终成为拥有生产资料的资本家，而被淘汰出局的生产者则成为被迫出卖劳动力的雇佣工人。简单商品经济内部劳动私人性质与社会性质之间的矛盾，通过市场竞争不断强制性解决，小生产者不断被消灭，孤立、分散的小生产者生产逐步被联合起来的局部劳动者社会化生产所取代，原来的小生产者中的极小部分通过市场机制成长为拥有较大规模生产资料的资本家，而大多数小生产者成为丧失了生产资料的雇佣工人。原来作为自给自足生产条件的生产资料所有权异化为占有别人劳动的权利和不能占有劳动产品的无奈。因此，简单商品经济孕育着资本主义市场经济的基本矛盾，原来代表私人劳动、具体劳动、使用价值的商品与代表社会劳动、抽象劳动、价值的货币的对立转化为代表社会权力的资本与代表个人消费能力的劳动的对立，简单商品经济社会的基本矛盾私人劳动与社会劳动之间的对立转为资本主义的基本矛盾：生产资料私有制与生产社会化之间的对立。

从资本的发展历史来看，资本既是资本主义的核心范畴，也是现代商品经济的中心概念，既反映了资本主义的生产过程与生产关系，也代表着现代商品经济的生产过程与社会关系。同样，剩余价值既是资本主义的本质规定，也是现代商品经济的根本特征。二者同属现代生产方式的范畴，都是以劳动价值理论作为基础，都是以现代生产方式作为载体，都表现为现代生产方式的运动趋势和运动规律，都是以市场机制作为运行条件：二者具有高度一致性，也具有突出的二重性。在学术界和流行的教科书中，在谈到资本或者剩余价值时都十分强调隐藏在资本或者剩余价值背后的生产关系，其实这是现代商品经济的普遍现象。因为普遍的商品交换必然形成物的依赖关系掩盖下的人与人之间的社会关系，但物的依赖关系并不等同于资本与雇佣劳动之间的社会关系，而是现代商品经济特有的社会关系的表现形式。

运用矛盾分析方法研究经济范畴是马克思经济学的突出特色，经济范畴具有二重性不仅是主观方法的划分，也是客观世界运动规律和内部关系的真实写照。马克思把资本主义生产方式作为研究对象，而生产方式本身就具备显著的二重性即生产力属性与生产关系属性，或者说生产方式就是生产力与生产关系的统一。研究对象的二重性决定了与此相关的经济范畴也具有二重性。在《1857~1858年经济学手稿》中，马克思谈到"资本一般"与"资本特殊形式"的二重性现象[1]，进一步提出了作为资本一般存在的规律"资本二重性存在"现象[2]，并对二重性存在的普遍性做了进一步解释："因此，一般的东西，一方面只是观念中的特征，同时也是一种同特殊事物和个别事物的形式并存的、特殊的现实形式。"[3]

著名学者杨志教授沿着马克思的提示，对资本的二重性进行研究，认为从生产方式来看有以下几点。其一，资本是以雇佣劳动为基础的生产关系，也是以市场交换为中介的生产关系。其二，资本是生产剩余价值的生产力，也是提高劳动生产率的自然生产力。其三，资本增殖既需要制度基础的不断变革，也需要技术基础的不断变革。其四，资本既是一般人类的劳动过程，也是价值增殖过程（马克思的概括）。其五，从生产与流通统一的角度来看，资本是价值增殖的生产过程，也是价值增殖的实现过程；资本是实物形态的实现过程，也是价值形态的实现过程。在不同领域，基于不同的视角，资本都可以从一般形式到特殊形式进行区分和联结，从而构成不同领域和视角的二重性（杨志，2014）。

二　多维度的资本范畴

资本在经济生活中常常具体表现为不同的实物形式，一定数量的货币、生产资料、生产的产品和待售的商品，但这些实物本身并不是资本。只有在这些实物归属于资本家所有并被置于资本掌握之中，雇用劳

---

[1] 《马克思恩格斯全集》（第46卷·上册），人民出版社，1979，第444~445页。
[2] 《马克思恩格斯全集》（第46卷·上册），人民出版社，1979，第445页。
[3] 《马克思恩格斯全集》（第46卷·上册），人民出版社，1979，第445页。

动力生产剩余价值或实现剩余价值的时候它们才是资本,因此资本不是物,资本是反映资本主义生产关系本质特征的特定经济范畴。下面我们按照资本范畴的基本定义,对资本进行多维度解释。

(一) 资本创造了执行资本职能的现代生产方式与劳动组织,标志着生产新时代的开始

"资本一出现,就标志着社会生产过程的一个新时代"[①],马克思把资本主义时代的生产方式称为资本主义特殊的生产方式,之所以特殊那就是资本肩负着生产剩余价值的历史使命。在机器大工业的物质基础上,形成以机器体系为生产资料的特殊方式,资本把科学并入生产,驱使科学为己服务。在科学进步的推动下,生产资料具有不断变革的动力,而生产资料的社会性质和技术要求决定了建立在生产资料之上的企业内部分工与劳动的社会性质。在生产资料变革的推动下,生产过程、社会化劳动及其技术组织具有不断演进的历史趋势,成为扩大剩余价值生产和提高劳动生产率的资本主义的特有形式。机器大工业对手工劳动物质基础的彻底改造最终征服了雇佣劳动者,资本家完全掌握生产资料和生产过程,建立起与资本主义剩余价值生产相适应的,执行资本职能的生产方式,也就是生产的资本化。"由于资本的无止境的致富欲望及其唯一能实现这种欲望的条件不断地驱使劳动生产力向前发展……人不再从事那种可以让物来替人从事的劳动,——一旦到了那样的时候,资本的历史使命就完成了。"[②]

(二) 资本创造了发展生产力与生产关系的一切手段,产生了"资本的伟大文明作用"

虽然资本雇用、剥削劳动,有其"丑恶"的一面,但穷尽一切手段发展生产剩余价值的手段和方法,推动生产力的全面发展和社会的全面进步,则是其"文明"的一面。资本赋予科学无限发展的不竭动力,科学的发展成为科学在生产中广泛深入应用的物质技术条件,推动了科

---

① 马克思:《资本论》(第1卷),人民出版社,2004,198页。
② 《马克思恩格斯全集》(第46卷·上册),人民出版社,1979,第287页。

学及其应用不断繁荣和日益发达，而且商品生产和交换创造出普遍的社会需要和全面的社会关系。"因此，要把自然科学发展到它的顶点；同样要发现、创造和满足由社会本身产生的新的需要"①，去创造物的依赖关系条件下"人类的独立之的个性"，为过渡到人类的自由全面发展社会创造物质基础和社会条件。在资本的驱使下，自然科学高速发展，改造自然，驱使自然服从于人类需要、满足于生产剩余价值需要，把一切社会资源和生产要素都纳入资本驱使的范围，让所有的资源和生产要素都为资本增殖服务。所以，人类创造了"资本的伟大的文明作用"②。

（三）资本创造了执行并实施资本职能的资本家群体，后者成为决定剩余价值生产的灵魂

资本家作为资本主义生产最核心的要素，在马克思的著作中被抽象掉所有色彩和血肉，成为执行资本职能的经济范畴。"这里涉及的人，只是经济范畴的人格化，是一定的阶级关系和利益的承担者"③。在对资本主义生产过程的分析中，资本职能被完全抽象掉，直到在"相对的剩余价值生产"分析中，谈到社会化生产中管理劳动问题时，才悄悄地还原回来。马克思对资本主义生产关系的分析，无意中遮蔽掉了资本背后执行资本职能的资本家及企业家才能。在《资本论》中资本的人格化就是人格化的资本，履行资本职能本身就是企业家的职责。"资本的概念中包含着资本家……资本，实质上就是资本家"④，我们把三卷本《资本论》中碎片化叙述的资本职能的内容整合起来，就可以看到马克思用学术语言给我们描绘了一个兢兢业业、恪尽职守、千方百计生产剩余价值的资本家群体：在资本主义早期，企业家努力延长剩余劳动时间生产绝对剩余价值，推动生产内部分工，创立兵营式的工厂制度，运用分工协作占有"集体生产力"；在工业革命以后，把科学创造和发明变成个

---

① 《马克思恩格斯全集》（第46卷·上册），人民出版社，1979，第392页。
② 《马克思恩格斯全集》（第46卷·上册），人民出版社，1979，第393页。
③ 马克思：《资本论》（第1卷），人民出版社，2004，第10页。
④ 《马克思恩格斯全集》（第46卷·上册），人民出版社，1979，第517~518页。

人发财致富的工具，把科学并入生产过程，占有"自然生产力"，不断推动生产方式变革和管理创新，努力提高生产率，极力缩短必要劳动时间，扩大相对剩余价值生产，把自然界和社会的一切因素统统改造为服从于人的需要，服从于生产剩余价值的需要（杨玉华，2019）。

其实，资本家的作用不仅限于生产剩余价值，还包括实现剩余价值和分配剩余价值。由于现代资本主义生产方式是建立在不断变革的生产资料基础上，因此生产中的技术、工艺、流程和管理都在不断发展与进步之中，这些变化都对执行资本职能提出越来越高的要求。随着企业内部管理的社会化，原来的资本家就从生产领域消失了，取而代之的则是企业家（职业经理人）。创新理论的创始人熊彼特高度评价了企业家才能，把企业等同于企业家，要适应不断变革的生产技术、管理模式，就要善于打破生产管理旧套，就要善于创造"新的组合"——引入新的产品和新的生产技术、开拓新的市场、提供新的原材料、实行新的组织，而企业家就是执行新的组合特殊职能的职业，"是一类人的特权"[1]，然而这种具备执行新组合能力的企业家很稀少。

（四）资本创造不断动态演进的生产率优势，具有无限发展生产力的趋势

"资产阶级如果不使生产工具经常发生变革，从而不使生产关系，亦即不使全部社会关系经常发生变革，就不能生存下去。"[2] 资本主义形成的生产的资本化，为生产资料的变革、生产的社会化演进、科学的发现及广泛应用、生产要素的市场化、生产的国际化提供了强大驱动力，形成了生产率不断演进的动态优势。"资本破坏这一切并使之不断革命化，摧毁一切阻碍发展生产力、扩大需要、使生产多样化、利用和交换自然力量和精神力量的限制。"[3] 生产率的不断提高，成为扩大剩余价值生产和资本积累的最直接动力。因此，资本创造为积累而积累的

---

[1] 引自约瑟夫·熊彼特（2018，第48和第59页）。
[2] 《马克思恩格斯全集》（第4卷），人民出版社，1958，第469页。
[3] 《马克思恩格斯全集》（第46卷·下册），人民出版社，1979，第393页。

生产模式，创造了生产力无限发展的历史趋势。"这种增长又成为一种扩大的生产规模以及随之出现的提高劳动生产力和加速剩余价值生产的方法的基础。"①

（五）资本创造了资本化的劳动生产力，打开了财富创造的源泉

"一切社会生产能力都是资本的生产力"②，资本凭借生产资料所有权获得了对劳动力的支配及对劳动产品的占有权利，通过雇用科技劳动者，驱使科学为己服务，为科学大规模实践和应用提供了物质技术平台和广阔空间。通过建立在机器大生产基础上的企业内分工，剥夺了劳动者独立劳动的智慧和技巧，让雇佣工人彻底沦为隶属于资本的驯服的劳动工具；通过对生产过程的监督、管理占有和支配由局部劳动结合成的社会劳动的力量。总之，资本通过生产资料所有权掌握了劳动资料、劳动过程，让人类的生产劳动转变为服务于资本增殖的资本生产力。剩余价值就成为资本主义生产的唯一目的和动力。"资本的伟大的历史方面就是创造这种剩余劳动"③，彻底打开了人类财富创造的一切源泉。资本作为孜孜不倦地追求财富的一般形式的欲望，驱使劳动力超过自己自然需要的界限，来为发展丰富的个性创造出物质要素，这种个性在生产上和消费上都是全面的。④ 因此，资本创造了无限发展的生产力和不断发展的多样化需求，所以资本也是生产力。资本把人类的一切资源和生产要素转变为资本的要素，把人类的一切生产劳动转变为剩余价值生产活动，驱使自然、科学和劳动服务于资本增殖。⑤

（六）资本创造了劳动的社会化生产力，成为凌驾于个人之上的强大社会力量

"资本本身表现为一切社会生产能力的主体。"⑥ 资本通过组织一切

---

① 马克思：《资本论》（第1卷），人民出版社，2004，第720页。
② 《马克思恩格斯全集》（第46卷·下册），人民出版社，1980，第83页。
③ 《马克思恩格斯全集》（第46卷·上册），人民出版社，1979，第287页。
④ 《马克思恩格斯全集》（第46卷·上册），人民出版社，1979，第287页。
⑤ 《马克思恩格斯全集》（第46卷·上册），人民出版社，1979，第306页。
⑥ 《马克思恩格斯全集》（第46卷·下册），人民出版社，1980，第83页。

经济资源，并入科学、结合劳动分工，支配生产过程从而创造了大规模社会化生产力，成为凌驾于劳动者个人之上的强大社会力量，左右着劳动者的命运。资本作为对劳动及其产品的支配权，通过劳动条件所有权，占有以机器大生产为基础的生产资料体系，创造出最适应生产剩余价值的现代资本主义生产方式，把以手工劳动为基础的工场手工业改造成具有生产率演进优势的社会化大生产。"资本不是一种个人的力量，而是一种社会的力量。"① 资本不仅为科学的发展和大规模应用创造了物质技术条件，而且在企业内部分工的基础上创造出由生产资料变革推动的不断发展壮大的社会生产力。资本驱使科学，并把科学并入生产过程，通过对生产过程的指挥、监督、协调和管理，成为社会劳动力量的化身，通过生产资料所有权占有社会化生产力。资本通过生产资料所有权，支配生产过程及产品，通过工厂制度把生产资料与劳动者组织运营起来，创造了大规模的社会化生产力。"资本不是同单个的劳动，而是同结合的劳动打交道，正如资本本身已经是一种社会的、结合的力量一样……资本在其真正的发展中使大规模的劳动同技能结合起来……存在于把人和机器科学地结合起来作为一个整体来发生作用的工厂里。"② 在生产资料的基础上，通过资本家的指挥和协调，局部工人联合成为总体工人，局部劳动成为大规模的总体劳动。"现在资本不仅表现为工人的集体力量，他们的社会力量，而且表现为把工人连结起来，因而把这种力量创造出来的统一体。"③ 工人的结合劳动形成社会力量，与分工协作、科学应用形成社会力量一样，"作为社会劳动的性质"的"劳动的集体力量""是资本的集体力量"。④

在继承历史积累生产力的基础上，在工业革命的推动下，资本确立了与自身历史使命相适应的资本主义生产方式，逐步抛弃了早期依靠延

---

① 《马克思恩格斯全集》（第4卷），人民出版社，1958，第481页。
② 《马克思恩格斯全集》（第46卷·下册），人民出版社，1980，第21页。
③ 《马克思恩格斯全集》（第46卷·下册），人民出版社，1980，第85页。
④ 《马克思恩格斯全集》（第46卷·下册），人民出版社，1980，第83页。

长劳动时间、提高劳动强度，残酷剥削雇佣工人的落后生产方法，创造了基于科技革命和生产率优势的"劳动力的结合""科学力量的应用"占统治地位的先进生产方式①——当然，如果没有形成以技术进步和生产率提高为特征的新的生产方式的内生机制，绝对剩余价值生产方法依然会成为企业获取剩余价值的主要选择。相对剩余价值生产虽然没有改变资本主义生产的性质，但成为生产剩余价值的最强大、最有效的手段。因此，建立在现代生产方式基础上的资本主义，依靠剥夺、压榨工人获取剩余价值的时代已经过去（当然这只是一般趋势方面的判断，并不等于消除绝对剩余价值这一剥削方式），而依靠占有社会分工、科学应用和社会大生产形成的社会生产力生产剩余价值已经成为划时代的历史进步。因此，资本与剩余价值在资本主义私有制基础上不仅是手段与目的、过程与结果、本质与现象的统一，从资本二重性角度进行判断，二者也是反映资本主义生产关系性质的特有经济范畴，那就是在资本主义生产资料私有制基础上的生产关系中是统一的。但统一是有特定的条件的，离开了这些特定的历史条件，二者并不完全相同。资本作为生产剩余价值、发展生产力和推动社会全面进步的强大工具，具有现代商品经济的内在规定性，具有超越资本主义的性质。

三 资本执行的历史的社会职能

从人类发展的历史维度来看，资本为人类打破了自然经济满足自身生理需要的狭隘界限，提供了发展科学的条件与应用科学的广泛需求，形成了普遍交往关系和多样化全面的需求，发展了商品经济条件下人的独立自主的能力和个性，创造了生产率不断提升、生产力无限发展的历史趋势。从社会发展的横向维度来看，资本代表社会创造规模庞大的剩余价值，并不仅仅是满足个人所需——因为剩余价值的规模已经远超资

---

① 《马克思恩格斯全集》（第46卷·下册），人民出版社，1980，第83页。

本家及其家属需求的范围——更是满足社会需要，"执行一定的历史的社会的职能"。资本家追逐剩余价值、生产并占有剩余价值，是现代市场经济条件下生产的特殊规律。在市场经济条件下，只有把不断增加社会的一般财富作为根本动机，才能彻底打开不断解放和发展生产力的源泉；只有最大限度地生产并占有剩余价值，才能为社会进步和发展提供更加坚实的物质基础和最大的自由空间，才能为个人自由而全面发展提供更加丰富的物质条件、更多的时间和更加广泛的空间。在现代市场经济条件下，资本代表社会履行发展社会生产力的历史职能。不仅剩余价值来源、实现多元化，而且剩余价值的分配和用途明显地发生了变化：资本家获得的剩余价值除了用于个人消费和扩大再生产外，还应包括上缴的税收（用于政府开支），也应包括各种捐款。

第一，剩余价值和剩余产品必须补偿固定资本磨损形成的固定资本更新所需要的价值与物质费用，这只是对于简单再生产而言。

第二，剩余价值和剩余产品必须满足扩大再生产所需要的资本积累所需费用，而扩大再生产所形成的剩余价值和剩余产品又是社会经济进一步发展的价值和物质基础。

第三，随着人口生产和再生产的社会化程度不断提升，剩余价值和剩余产品就成为通过国家间接地承担原来在自然经济条件下由家庭承担的社会保障所需的价值和物质费用。

第四，随着人类进入后工业社会，经济社会发展所形成的资源环境成本也必然由剩余价值和剩余产品进行补偿。

第五，作为阶级统治和经济社会发展的工具，国家的政治统治、经济社会管理费用，也必然由剩余价值所代表的一般社会财富进行补偿，主要是以各种税费形式。

在资本主义生产关系中，资本不仅反映着资本剥削雇佣工人的生产关系，也反映着资本代表社会履行发展生产力，发展个人社会需要、独立个性与全面能力，推动社会全面进步的历史的社会职能。

第四节 剩余价值与劳动分工、阶级

长期以来，我们把是否占有剩余价值作为评判剥削与否和区分阶级的主要标准，而占有剩余价值的阶级就成为剥削阶级。在阶级斗争占据主流的时代，政治经济学就自然承担起论证阶级斗争的理论依据的社会责任，论证"两个必然"的结论就成为政治经济学的政治使命。实际上这是对马克思主义经济学的严重误解，虽然马克思和恩格斯在《共产党宣言》中指出，迄今为止阶级社会的历史都是阶级斗争的历史，并且把消灭私有制作为无产阶级政党的人生信仰，但阶级斗争并不是马克思主义经济学研究的主题，马克思主义经济学的研究目的在于揭示现代社会的经济运行规律，研究对象是"资本主义生产方式以及和它相适应的生产关系和交换关系"[①]。马克思主义经济学以唯物史观作为哲学基础，唯物史观把人类发展视为自然历史过程，"一个社会即使探索到了本身运动的自然规律""它还是既不能跳过也不能用法令取消自然的发展阶段"[②]。

阶级斗争作为推动社会发展的火车头，是有条件的。阶级斗争并不能取代社会的发展过程，也不能跨越生产力的发展阶段。阶级斗争是阶级社会解决社会矛盾的最终手段。在社会矛盾严重阻碍生产力发展的时候，阶级斗争就成为推翻旧的生产关系和上层建筑的暴力革命的手段，消灭阻碍生产力发展的反动势力，解放生产力。但阶级斗争并不能替代生产力作为推动一般社会进步的根本动力，更不能取代生产力发展。中外革命斗争的实践证明，超越解放生产力的客观需要，人为地夸大阶级斗争的作用，滥用阶级斗争工具，用阶级斗争代替生产力的发展，甚至严重破坏生产力正常运动的过程，就会给经济社会带来严重的破坏，甚至造成灾难性的后果。阶级斗争本身并不能取消或取代阶级社会的经济

[①] 马克思：《资本论》（第1卷），人民出版社，2004，第8页。
[②] 马克思：《资本论》（第1卷），人民出版社，2004，第9~10页。

运动规律，阶级斗争既不是政治经济学研究的对象，也不是政治经济学研究的主题，马克思和恩格斯只是希望后人在他们对资本主义经济运动规律的研究中发现新社会。如果对马克思主义政治经济学做过度的政治化理解，就会违背马克思的本意，严重破坏马克思主义经济学的科学性、客观性，削弱它的解释力、生命力。其实，剩余价值与阶级关系之间，最重要的中介或者中间环节就是社会分工，厘清了剩余价值、社会分工与阶级关系三者的理论关系，就能够溯本清源、澄清误解。

一 社会分工：剩余价值产生的条件

自然条件的差异所形成的产品多样性是形成社会分工的前提条件。由于各地不同的地理位置和气候条件形成了自然物种的多样性，在劳动过程中就自然形成了产品的不同使用价值，而不同产品所具有的不同使用价值就形成了社会分工的自然基础。马克思说：社会分工的自然基础就是"它的差异性和它的自然产品的多样性"[1]，在一定劳动生产率的基础上，剩余产品的出现是形成社会分工的现实条件。农业是人类生存与发展的最初的必要劳动，农业生产力的提高，是产生其他产业的现实条件。"农业劳动（这里包括单纯采集、狩猎、捕鱼、畜牧等劳动）的这种自然生产率，是一切剩余劳动的基础；而一切劳动首先并且最初是以占有和生产食物为目的的。"[2] 只有农业劳动生产率提高到一定程度，农业生产的产品超过农业生产部门自身生产和再生产的需要，农业才能为其他生产部门提供"剩余劳动"。在非农业部门出现的社会分工的道理也是如此，只有劳动生产率提高到在满足本部门生产和再生产需要之后，还有剩余产品才能为新的劳动部门的产生和发展提供必要的剩余劳动。因此，劳动生产率的提高所形成的剩余劳动或者剩余产品的出现就成为推动社会分工发展的必要条件（杨玉华和丁泽勤，2013，第18页）。

"一般来说，劳动生产率的一定发展甚至是绝对剩余价值存在的前

---

[1] 马克思：《资本论》（第1卷），人民出版社，2004，第587页。
[2] 马克思：《资本论》（第3卷），人民出版社，2004，第713页。

提，也就是剩余劳动本身存在的前提，因而是资本主义生产存在的前提，也是以前所有那些生产方式的前提，在那些生产方式下，社会的一部分不仅为自己劳动，而且为社会的其他部分劳动。"① 剩余产品或者剩余劳动的出现不仅是绝对剩余价值生产的条件，也是相对剩余价值生产的基础，也就是说剩余价值与社会分工都建立在剩余产品或者剩余劳动的基础上。

二 社会分工是生产剩余价值的重要推动力

所谓社会分工就是劳动在社会不同生产部门之间的分离和独立化或者劳动者不同职业的分化和专业化。马克思在《资本论》中根据宏观、中观和微观不同层次把社会分工依次划分为三种：第一种社会分工称为"一般的分工"，它是按照生产劳动的不同类别，将生产者分为农民、制造业者和商人，相当于现在的产业间分工；第二种社会分工称为"特殊的分工"，它是每个劳动部门内部不同类别劳动的进一步划分，现在称之为产业内分工；第三种社会分工称为"工场内部的分工"，马克思认为这种社会分工是资本主义特有的分工，现在称之为企业内分工。在现代市场经济条件下，根据形成社会分工的媒介和运行规则的不同，我们可以把前两类分工归为一起，因为它们的媒介和运行机制都是市场，所以，我们称为市场分工；企业内分工的媒介是生产资料，运行规则是有组织、有计划、专断的分工，所以，也可称为计划分工。

在现代生产方式的条件下，市场分工首先表现为以市场交换或者商品流通为媒介的个别劳动的独立化，同时又表现为通过商品交换而联结为社会总体劳动的现代社会化劳动，是个别劳动的社会关系总和。计划分工以生产资料和劳动力已经形成分离与对立为前提，是生产过程的社会结合劳动分化而形成的独立完成某一生产环节的独立化现象，也就是局部劳动的职业化、专业化（杨玉华和丁泽勤，2013，第13～14页）。

---

① 《马克思恩格斯全集》（第47卷），人民出版社，1979，第287页。

计划分工是以市场分工为基础形成并发展起来的,并推动市场分工进一步发展。如果计划分工进一步分化并独立为市场化运行的市场主体,则会转变为市场分工,如果不同但又密切关联的多个独立运行市场主体通过内部化形成一个较大市场主体,那么原来几个不同企业间的市场分工就会转化为计划分工。无论是市场分工还是计划分工都是推动生产力发展的有效手段。市场分工,主要通过价值规律和市场竞争促进微观主体生产率提高和管理进步,促进经济资源向优势企业集中,从而提高宏观资源配置效率。从这个意义上说,市场分工就是剩余价值生产的外部条件。

计划分工,被马克思称为具有资本主义特征的"资本主义分工"。其一,计划分工是以劳动条件与劳动者分离为前提条件的。生产资料集中掌握在少数生产经营者手中,而一般劳动者成为依靠出卖劳动力而生活的工人,随着这种生产关系的再生产,社会就分化为资产阶级与工人阶级。实际上,这是以生产资料的占有为基础而形成的社会分工。这里社会分工通过生产资料所有权这个媒介,首先形成了资本主义劳动技术组织形式,形成了反映人与自然关系的生产力;其次在生产过程中,形成了资本对劳动的雇佣关系,这就是生产关系。

其二,以计划分工为基础的生产过程从属于资本增殖的需要,成为充分反映资本主义生产本质的生产方式。"一方面,它(计划分工——引者注)表现为社会的经济形成过程中的历史进步和必要的发展因素,另一方面,它表现为文明的和精巧的剥削手段。"[1] 在生产过程中,资本通过生产资料所有权,掌握了社会赋予的资本增殖的社会权力:一方面,资本对生产过程进行监督、指挥、协调和控制,成为控制生产过程的最高权威;另一方面,资本所有权转变为对劳动产品的占有权。劳动者无论是在劳动过程的形式上还是在使用劳动的内容上都隶属于资本家,服务于资本增殖的需要。

---

[1] 马克思:《资本论》(第1卷),人民出版社,2004,第422页。

其三，在现代生产方式的条件下，计划分工表现为智力转化为资本对劳动的支配与雇佣关系。在现代机器大生产的条件下，生产过程完成了智力的分化与对立，劳动者分化为复杂的脑力劳动者与简单劳动者，过去"在独立劳动中小规模地得到应用的智力和独立发展，现在在整个工厂中得到了大规模的应用，并且为厂主所垄断，由此产生的结果是工人的智力和独立发展被剥夺"，资本家成为智力劳动的化身与代表，而工人则成为被剥夺了智力、依靠出卖劳动力谋生的简单劳动者（杨玉华和丁泽勤，2013，第15页）。

首先，"一个民族的生产力发展的水平，最明显地表现在该民族分工的发展程度上"①。因为生产力的任何发展都会进一步推动分工的发展，而分工的发展不仅会增加生产力规模和数量，而且会影响生产力发展的性质与水平。在民族内部，生产力发展首先引起工商业与农业的分离，其次引起城乡的分离和对立。随着工商业内部生产力进一步发展，又会进一步引起工业与商业分离，而随着工业、商业内部生产力进一步发展，又会进一步引发工业内部和商业内部的分工。每一次社会分工都推动了社会生产方式的不同变革、交往方式的变化与交往范围的扩大。

其次，市场分工是推动生产方式内部矛盾运动的重要因素，是推动生产力发展的重要力量。在《德意志意识形态》对唯物史观的初步阐释中，马克思把社会分工视为联结生产力与生产关系的中介因素，在《资本论》及其手稿的进一步论述中，则把生产资料作为联结生产力与生产关系的中间因素。根据社会分工的不同阶段，马克思把人类历史划分为四个阶段。第一种所有制形式是部落所有制，也就是原始社会，没有私有观念，共同劳动共同生活，生产力低下，分工主要限于基于生理条件的自然分工。"第二种所有制形式是古代公社所有制和国家所有制"②，对应于奴隶社会时期，奴隶制与古代公有制（国家所有制）并存。西方主要表现为大量存在的奴隶制，东方主要是公社集体所有制

---

① 《马克思恩格斯全集》（第3卷），人民出版社，1960，第24页。
② 《马克思恩格斯全集》（第3卷），人民出版社，1960，第25页。

（国家所有制），该阶段社会分工较为发达，已经产生城乡以及国家之间的对立，生产力有了一定发展，所有制、阶级和国家已经出现。"第三种形式是封建的或等级的所有制"[1]，也就是封建社会时期，该时期城乡对立严重，社会等级森严。农村广泛存在以封建土地所有制为基础的自然经济；城市中，传统手工业和商业比较繁荣和发达，手工业部门的社会分工比较发达，而手工业内部几乎没有分工。[2] 第四种所有制形式显然就是马克思毕生研究的资本主义所有制。此时，社会分化成两大对立阶级——资产阶级和无产阶级，以生产资料私有制为基础形成了机器化社会大生产，社会分工，特别是企业内分工十分发达，社会财富的源泉被广泛释放，生产力较发达，而且具有无限发展的历史趋势。该阶段，市场分工十分发达，由自然经济内部的简单商品经济发展而来的现代商品经济已经成为覆盖全社会的经济形式，价值规律、剩余价值规律成为规范、引导和制约生产者强大的客观物质力量，市场机制成为推动生产力发展的强大动力。该阶段，在机器大生产的物质技术基础上，形成了生产过程资本化、社会化、科学化和国际化的发展趋势：资本化，驱使社会和自然的一切资源为剩余价值生产服务；科学化，把科学并入生产过程，推动科学与生产广泛深入结合，通过科学发现和技术应用不断推动生产资料和生产过程革命化；社会化，通过市场竞争和企业内部变革，推动生产社会化范围不断扩大和深度不断发展；国际化，通过资本的不断积累和扩张，使资本主义生产不断突破地域、民族的界限，把世界上所有的资源和民族都纳入资本主义生产领域。

再次，计划分工主要通过劳动技术组织内部推动生产力的发展。马克思从资本主义生产方式发展演进的历程中，展示了计划分工在形成资本主义生产方式中的特殊地位和作用。在资本主义早期，在传统手工业的基础上，资本家把不同手工业者集中在自己的工场内部，形成了以劳动者独立劳动为基础的简单协作劳动，开始具有资本主义性质的生产劳

---

[1] 《马克思恩格斯全集》（第3卷），人民出版社，1960，第27页。
[2] 《马克思恩格斯全集》（第3卷），人民出版社，1960，第25~27页。

动。此时，资本家还无法完全掌握生产资料和控制生产过程，劳动只是在形式上隶属于资本。随着计划分工的形成，原来独立劳动的雇佣工人转变成专门从事某一生产环节的局部劳动者，由工人的局部劳动共同构成同一产品的社会化结合劳动，工人劳动由原来孤立、分散的个体劳动转变成为密切分工－协作的社会化结合劳动。劳动的社会性质发生了根本变化。劳动的局部专业化为机器取代手工劳动提供了劳动条件，社会化生产也为科学与生产结合提供了生产条件和实践需求。随着计划分工的出现，劳动对资本的隶属关系由形式转向实质，但资本对劳动的统治还缺乏相应的物质技术基础。建立在手工劳动基础上的社会化生产还无法满足资本追逐剩余价值生产的需要。在工业革命的推动下，机器大工业最终取代了手工劳动，生产资料取得了机器这种高度科学化的物质存在形式，这为生产方式不断变革提供了源源不断的强大动力。在共同使用生产资料基础上形成的局部工人的结合劳动，随着社会化劳动建立在机器大生产的物质技术基础之上，而劳动的社会化成为生产资料社会性质和技术提出的必然要求。至此，建立在机器大工业基础上的计划分工成为推动剩余价值生产不断扩大的重要手段。

最后，现代计划分工以机器大生产为基础，形成了以机器运转过程为中心的分工协作体系。在科学应用的推动下，现代机器体系的结构体系不断完善、功能日益强大、生产效率日趋提升。生产资料的社会性质和技术要求决定着劳动者的计划分工程度，不断完善、复杂和强大的生产资料体系对劳动分工提出越来越多的要求，而且机器体系的不断更新和变革也要求与之相适应的劳动分工同步进行变革和发展。"在机器体系中，大工业具有完全客观的生产有机体，这个有机体作为现成的物质生产条件出现在工人面前。"[1] 而机器体系"只有通过直接社会化的或共同的劳动才发生作用"[2]。劳动者在生产过程中被异化为被动的、从属的劳动客体，生产资料的不断变革推动劳动者不断

---

[1] 马克思：《资本论》（第1卷），人民出版社，2004，第443页。
[2] 马克思：《资本论》（第1卷），人民出版社，2004，第443页。

学习和变换。

市场分工与计划分工相互促进、不断发展，共同推动生产力的不断发展。因此，社会分工是生产剩余价值的有力杠杆和有效工具。

三 社会分工与阶级关系

社会分工从历史与逻辑起点来看，包含劳动条件、劳动工具和材料的分配，也包括资本在不同所有者之间的分割，"从而也包含着资本和劳动之间的分裂以及所有制本身的各种不同的形式"①。因此，马克思把阶级、国家诞生作为真正意义上社会分工的开端。"分工只是从物质劳动和精神劳动分离的时候起才开始成为真实的分工。"② 进入阶级社会，社会由分工分裂为两大对立的阶级集团：占有生产资料进行经济剥削并进行阶级统治的统治阶级；不占有或不完全占有生产资料，经济上被剥削、政治上被压迫的劳动者阶级。在这个意义上，社会分工等同于阶级分化与对立。"因此，分工的规律就是阶级划分的基础。"③ 而资本主义的确立也是社会由于分工分裂为两大对立的阶级：占有生产资料并雇用劳动力生产剩余价值的资产阶级和丧失了生产资料依靠出卖劳动力生活的无产阶级。伴随着资本主义生产方式的确立，在机器大生产的物质技术基础上，劳动完全隶属于资本。在物质生产领域，最终完成了精神劳动与物质劳动的二次分工：智力劳动与体力劳动的社会分工。社会分工最终成为生产资料所有权对劳动的支配与占有权。马克思把社会分工等同于生产资料私有制，也就是从这个意义上说的。

社会分工是"以家庭中自然产生的分工和社会分裂为单独的、互相对立的家庭这一点为基础的"④，马克思认为，社会分工以家庭内部自然分工和私有财产的产生为基础。从生产资料所有权是对他人劳动的支

---

① 《马克思恩格斯全集》（第3卷），人民出版社，1960，第75页。
② 《马克思恩格斯全集》（第3卷），人民出版社，1960，第35页。
③ 《马克思恩格斯全集》（第19卷），人民出版社，1963，第243页。
④ 《马克思恩格斯全集》（第3卷），人民出版社，1960，第36页。

配权来看，社会分工等同于所有制，社会分工也是对他人劳动的支配权。"分工和私有制是两个同义语，讲的是同一件事情，一个是就活动而言，另一个是就活动的产品而言。"① 马克思把社会分工看作生产条件的分配，社会分工等同于所有制，社会分工过程也就是阶级产生的过程，社会分工等同于以所有制为标准进行的阶级划分。"这些阶级既然已经由于分工而分离开来，就在每一个这样的人群中分离开来，其中一个阶级统治着其他一切阶级。"② "阶级决定他们的生活状况，同时也决定他们的个人命运，使他们受它支配。"③ 如果不从历史起点，也就是不从生产资料所有制诞生的历史来看，社会分工与阶级等同只有在特定范围和条件下才能成立。只有在那些与生产资料密不可分的社会分工中，二者才是统一的，如农民、小生产者、自由职业者等；除此之外，在生产资料两权分离的现代生产组织中，社会分工与生产资料所有权、阶级并没有必然联系。社会分工只是基于先天禀赋和后天教育培养、历练所形成的适应特定领域的专业化劳动与职业。现代大工业生产不仅要求劳动者能够适应不断变革的生产资料、社会化生产和管理的需要，而且要适应现代生产方式周期性扩张与收缩的需要，还要适应社会分工变化与职业的流动。

四 社会分工与社会异化

在《德意志意识形态》中，马克思和恩格斯运用社会分工这个主要经济学范畴代替抽象概念"异化"，摆脱了《1844年经济学哲学手稿》中循环论证的弊端，并较为成功地引入社会分工对人类社会矛盾运动进行了初步概括和论述，初步建立了唯物史观的基本内容。马克思和恩格斯把社会分工视为引起生产力与生产关系矛盾、生产力与生活状况和意识矛盾，引发物质活动与精神活动对立、享受与劳动对立、生产和

---

① 《马克思恩格斯全集》（第3卷），人民出版社，1960，第37页。
② 《马克思恩格斯全集》（第3卷），人民出版社，1960，第38页。
③ 《马克思恩格斯全集》（第3卷），人民出版社，1960，第61页。

消费对立、私人利益与公共利益冲突的社会根源，提出要消灭这些矛盾就要消灭社会分工的思想。[①] 认为社会分工是出现劳动异化现象的根源，提出"只有通过消灭私有制和消灭劳动本身"，才能消除"个人屈从于分工"的同类现象。[②]

马克思和恩格斯在《德意志意识形态》中，很具体地描述了社会分工所形成的对人类自身种种的异化现象。[③] 社会分工作为"凌驾于个人之上的力量"，形成最大规模的城乡分化与对立。"这种对立鲜明地反映出个人屈从于分工、屈从于他被迫从事的某种活动，这种屈从现象把一部分人变为受局限的城市动物，把另一部分人变为受局限的乡村动物，并且每天都不断地产生他们利益之间的对立。"[④]

无论是从当时的历史条件，还是从今天的观点来看，马克思和恩格斯的这些论断都是在特殊语境下做出的结论，尤其是消灭社会分工的论断有其特殊的历史背景和特殊的语境。社会分工是生产力发展的结果，发达的社会分工是生产力高度发展的产物，也是进一步推动生产力发展的重要条件。社会分工与人类劳动的异化并没有必然的内在联系，只有社会分工与私有制相联系，也就是在存在个人利益与公共利益的对立与冲突条件下，社会分工才与劳动异化存在必然联系。如果消灭了社会分工结果会怎么样？"如果没有这种发展，那就只会有贫穷的普遍化；而在极端贫困的情况下，就必须重新开始争取必需品的斗争，也就是说，全部陈腐的东西又要死灰复燃。"[⑤] 相反，"只有随着生产力的这种普遍发展，人们之间的普遍交往才能建立起来"[⑥]，才能形成世界普遍交往，消灭民族、地域分工所形成的狭隘和保守，才能发展个人的独立自主能力，形成多样化的需求和丰富的个性，才能借助商品经济发展和形成独

---

① 《马克思恩格斯全集》（第3卷），人民出版社，1960，第36页。
② 《马克思恩格斯全集》（第3卷），人民出版社，1960，第61页。
③ 《马克思恩格斯全集》（第3卷），人民出版社，1960，第38~39页。
④ 《马克思恩格斯全集》（第3卷），人民出版社，1960，第57页。
⑤ 《马克思恩格斯全集》（第3卷），人民出版社，1960，第39页。
⑥ 《马克思恩格斯全集》（第3卷），人民出版社，1960，第39页。

立自主个性、丰富关系和人的全面性。

因此，马克思描述的社会分工所形成的异化实际就是商品经济所形成的物的依赖关系所导致的商品拜物教：人与人之间的社会关系被物的关系所掩盖，人类创造的发展生产力的手段社会分工（社会化生产）、科学的应用、市场机制、商品、货币和资本都成为左右和支配个人的社会力量，而商品经济的充分发展是人类迈向全面、自由发展的未来社会的必经之路和必要准备，这也是人类发展必须付出的代价。人类利用科学解决生产实践问题就必须遵循科学规律，掌握自然力，也必须承受自然力给劳动带来的诸多反作用和规制；同样，人类在利用社会化大生产发展生产力的同时必须接受社会分工在私有制条件下所形成的私人劳动与社会劳动的矛盾与冲突，接受企业内部分工带给个人劳动的孤立、片面化，监督、剥夺、雇佣、剥削等否定性关系。

马克思在《资本论》及其手稿中，不再把一般社会分工作为劳动异化的根源，而是把资本主义特有的社会分工即计划分工作为劳动异化的根源。这里马克思彻底摒弃了抽象的异化概念，而采用经济学范畴雇佣、剥削、奴役等表示劳动者非人的社会处境与待遇。"在一个工业部门中，社会劳动生产力和结合的劳动过程的技术基础越不发达，这种节约就越暴露出它的对抗性的和杀人的一面。"[1]

在机器大生产的物质技术基础上，计划分工是形成劳动隶属于资本的重要手段，资本完成了对生产资料和生产过程的掌控，成为社会履行资本职能的全权代表。至此，在生产过程中，劳动分工彻底转变为智力劳动与体力劳动的分工，生产资料所有权成为支配劳动、占有劳动成果的合法依据，劳动者与生产资料所有者一样彻底成为资本增殖的驯服的工具，劳动者参与的计划分工成为由生产资料的社会性质和技术决定的必然要求。劳动者在生产过程中丧失了劳动主体地位、价值和尊严，成为以生产资料为轴心的结合劳动体系的一个组成部分，从属于生产资料

---

[1] 马克思：《资本论》（第1卷），人民出版社，2004，第532页。

体系。而资本家不仅掌握了生产资料（科学应用），而且掌握着机器体系带动的社会化生产过程，成为生产过程的最高权威，成为事实上的掌控者和指挥官。劳动者与生产资料之间形成的异化关系，实际上是商品经济特有的物化关系的反映，也是资本主义生产关系的反映。因此，马克思十分清醒地指出："同机器的资本主义应用不可分离的矛盾和对抗是不存在的，因为这些矛盾和对抗不是从机器本身产生的，而是从机器的资本主义应用产生的！"[①]

社会分工作为生产力发展的标志，也是在现代生产方式中推动生产力发展的最有效的工具之一，不仅是商品经济发展生产力的有力手段，也是发展剩余价值生产的重要杠杆。社会分工与劳动者非人的处境和待遇并没有必然的内在联系，只有在私有制的条件下，社会分工的广泛发展才意味着普遍的商品关系。在物的依赖条件下，首先，商品拜物教就必然出现：手段与目的就会发生错位甚至颠倒，对商品、货币的追求就可能淹没个人的真实需求，社会关系就可能取得物的关系形式从而主导人与人的关系。其次，资本主义生产的本质就是生产剩余价值，在生产过程中，不仅是劳动者，甚至也包括资本家本人都成为生产剩余价值的工具，资本家成为资本职能的执行者，劳动者就成为提供无酬劳动的雇佣工人。生产资本化造就资本雇用、剥削劳动的特有现象，要消除物的依赖所形成的商品拜物教就必须消灭商品经济存在的社会条件和土壤，要消灭资本主义生产关系所固有的雇佣剥削关系，就必须消灭其生产资料基础以及生产方式，而这是个相当漫长的自然历史过程。

第五节　剩余价值与现代生产方式和生产率

学术界和传统的政治经济学教材对剩余价值理论的诠释和分析偏重于探讨其中揭示的生产关系，特别强调它反映的资本对劳动的雇佣剥削

[①] 马克思：《资本论》（第1卷），人民出版社，2004，第508页。

关系。在《资本论》中，马克思在剩余价值生产理论的展开论述中，把关注点放在资本主义生产方式发展史论结合的叙述中，生产资料、劳动组织形式、劳动过程以及社会关系面面俱到。可见，马克思在《资本论》第一卷序言中所说"我要在本书研究的，是资本主义生产方式以及和它相适应的生产关系和交换关系"[①]所言不虚。这里首先研究的对象生产方式既包括生产的物质内容，也包括生产的社会形式，还包括把二者结合起来的劳动技术组织。其次才是生产关系和交换关系，马克思在研究目的的交代中明确地告诉我们，研究现代社会经济的运行规律，只研究生产过程中人与人的社会关系即狭义的生产关系是远远不够的，至少应该包括广义的生产关系。因此，这里选择剩余价值与生产率（生产力）为题进行探讨，以弥补学界和教材关注点的缺失。

一 资本主义打破了均衡市场状态，形成不断演进的动态优势

在蒸汽机发明与广泛应用的影响下，资本主义确立了与自身相适应的物质基础以及以此为基础的生产方式，也就是体现资本主义生产本质的生产方式。这一生产方式并入自然力、形成社会化生产力，同时科学广泛应用到生产过程，并成为生产过程的主导因素：生产资料是科学应用的物质形态的劳动客体因素，管理、工艺等是科学应用的非物质形态的劳动主体因素。以生产资料为基础的劳动分工以及社会化总体劳动，形成了全方位提高生产率的综合因素，在生产资料不断变革的推动下，资本主义生产方式具有不断提高生产率的动力和趋势。正是依靠先进生产力武装起来的廉价商品，资产阶级在国内彻底战胜小生产者，占领国内市场，并进而征服世界市场。先进生产力或者生产率优势使资本主义在建立不到一百年的时间里创造出远大于历史上所有时代总和的生产力。资本主义生产方式是人类选择的迄今为止最富效率的生产剩余价值的"生产工具"。

[①] 马克思：《资本论》（第1卷），人民出版社，2004，第8页。

资本主义生产方式打破了传统社会相对均衡的生产状态，造成了不断变革的动态演进的市场环境。按照价值规律的要求，单位商品的价值是由部门平均劳动生产率（部门社会必要劳动时间）决定的，所以，随着部门劳动生产率的提高，单位商品价值量会不断下降，从而导致单位商品的剩余价值下降。这是均衡市场条件下的结论，放在动态的不断变化的市场中，就未必正确。在现代资本主义生产条件下，以生产率提高和技术进步为前提的相对剩余价值生产处于绝对主导地位，依靠延长劳动时间、提高劳动强度扩大剩余价值的做法已经相对落后，而生产剩余价值主要依靠技术进步、管理改善，来提高效率。个别企业率先提高生产率就获得超过市场平均水平的超额剩余价值，如果整个部门提高了生产率，就会通过部门利润平均化的"滞后效应"，获得部门超额剩余价值。如果个别企业不断动态提高生产率，就会阻滞部门生产率趋同的趋势，打破利润平均化的趋势，从而形成高于平均利润率的常态化形势。生产率动态居于高位就是生产率绝对优势，可以称为生产率演进优势。在动态不平衡的生产条件下，企业获得的剩余价值是与生产率成正比的，这种现象不是对价值规律的偏离，恰恰是价值规律发挥作用的结果。

二 资本主义形成具有生产率演进优势的机制和组织

生产率优势就是指生产率不断动态提升以及由此推动的生产力持续发展所形成的竞争优势，包括宏观上生产力持续发展的优势、市场优胜劣汰形成的生产率优势和企业生产率动态提升优势三个层面。马克思从生产力发展的高度、生产率优势的微观层面阐述了人类社会、资本主义发展的动力和演变机制：宏观生产力的不断发展、中观产业链的不断优化和微观企业生产率的不断提高是推动一国生产力发展的根本原因，而产业链生产率优势和企业生产率优势则是形成国家竞争优势的基本内容。生产力发展的本质就在于生产率不断提高，企业发展的本质就在于具备动态生产率优势，生产率优势不断动态演进和提高推动了经济增长和经济结构的变迁。正是源于生产要素、产品、企业、行业的生产率优势，推动了生产力发展；正是生产率优势动态的不断演进，推动了国家竞争优势不断从低级向高级提升。马克思的生产率优势演进理论概括了现代生产方式的运动规律和趋势，揭示了生产力发展、产业演进和企业竞争的本质，具有强大的解释力和适应性。在国际市场竞争中并不存在所谓的微观的"比较优势"，生产率优势才是企业获得竞争优势的根本途径，只有建立在生产率优势基础上的经济增长才是生产力发展的本质（杨玉华，2019）。

人类在机器大革命时期创造了不断变革的生产资料的物质技术基础，进而创造了推动生产过程及其社会化管理不断变革的组织制度和动力条件，这是人类积极作为的结果，也是历史选择的必然。在马克思看来，资产阶级之所以能在不到一百年的阶级统治中创造出比过去一切时代创造的全部生产力还要多、还要大的生产力，原因就在于它创造了在资本主义制度条件下不断解放和发展生产力的现代生产方式及其运行机制。资本主义最先在西欧取得成功的发展"是由阶级制度、产权制度、剩余榨取制度决定的，在这种制度下，剩余榨取者为了增加剩余而被迫采用的方法，在前所未有的程度上——尽管并不完美——与发展生产力的需要相适应"（Brenner，1977）。

在宏观领域，现代生产方式的形成和确立是推动生产率优势不断演进的制度基础，而生产的市场化、社会化、资本化、国际化构成了生产力发展的不竭源泉，在完全竞争的市场条件下，现代生产方式具有无限发展生产力的趋势。生产的市场化彻底打破了自然经济的自然生理界限，把剩余价值作为唯一的生产目的，推动生产的无限扩张。市场机制把"经济人"逐利的动机转化为宏观资源配置的效率和微观生产率优势的竞争，把外部竞争与企业营利动机结合起来，追求无限竞争和扩张，推升生产率。生产的社会化是市场竞争的产物，也是进一步强化竞争的手段。社会化大生产以科技进步与应用为根本动力，以生产工具结构-功能的提升为主要手段，不断提升企业内部和经济体的分工协作水平和效率，全方位发展"集体生产力"。生产的资本化就是把人类的全部生产转变成为资本逐利的工具，把一切生产过程都转变为资本增殖的运动。把生产资料和劳动者改造为服务于资本利益、不断提高生产率的工具，驱使科学服从于资本利益，推动科学与生产深入、广泛融合，把科学发现和科学应用变成资本逐利的工具。生产的国际化则是在世界范围内，利用资本主义生产方式的生产率优势，征服和改造落后生产方式，推动世界生产的市场化、社会化和资本化，促使生产率优势竞争的普遍化、全球化。

在中观领域，市场竞争形成的具有生产率优势的企业构成了产业发展的主体，由优势企业主导并带动形成的相互分工协作的众多企业，就形成了具备产业链生产率优势的产业，而产业链的生产率优势推动了产业的发展和崛起。在经济规律的矛盾运动中，马克思揭示了生产率优势动态演进的内在必然性。价值规律的作用客观上优化资源配置，提高生产率的趋势是绝对的，但在国际市场上由于存在国家边界和不完全竞争，发达国家凭借较强生产率优势长期获得超额国际价值，阻碍生产率提高。竞争规律在完全竞争条件下会形成相对剩余价值，依靠生产率优势获得超额剩余价值只是暂时现象，而竞争必然导致垄断，领先企业就可以凭借垄断地位，长期获得高额利润，从而不利于生产率的提高。相对剩余价值规律揭示：如果领先企业不断保持生产率优势的条件，竞争就并不能消灭超额剩余价值；利润平均化最终会形成商品价格趋同的历史趋势，但不完全竞争和垄断已经打破这一趋势，一般来说，资金、技术门槛高，垄断性强的行业利润要高于竞争充分的行业。同样，在同一部门内部，由于对核心技术等掌控能力的差别，也存在利润率差别。适应规律的需要，要求企业具备生产率优势，打破长期趋势也需要生产率优势，生产率优势才是行业、企业积累资金，不断发展壮大的必由之路。在现代生产方式的条件下，以科技进步为基础的相对剩余价值生产已经成为主导的发展生产力的形式，剩余价值的增长与生产力的进步实现了内在的统一："在这里，马克思不仅完成了对资本主义市场经济的历史合理性的论证,而且对市场经济一般所具有的解放生产力、发展生产力的动态效率提出了系统化的说明"(孟捷,2018)。

在微观领域,以专利制度、所有权为基础形成的现代企业组织制度,为科学技术的创新与应用提供了保证,为企业提高生产率的努力创造了条件。18世纪兴起的工业革命,奠定了现代生产方式的物质技术基础,建立起以机器设备为中心的现代生产资料体系——现代企业组织,确立了"特殊的资本主义生产方式":"相对剩余价值的生产使劳动的技术过程和社会组织发生彻底的革命。"[1] 由生产方式变革确立的现代企业制度和企业组织,不仅为现代科学的发展提供了现实的实验条件,也为科学大规模的应用提供了组织平台和制度保障,确立了以科学应用为内生动力、以市场充分竞争为外部条件,以变革生产方式、提高生产率为特点的相对剩余价值生产的主导地位。现代生产方式不仅为现代科学的发展和应用提供了实践条件,而且驱使科学为资本服务,从而推动科学与生产的结合发展。在现代专利制度的保护下,科学发现成为个人发财致富的手段,科技进步"成为生产财富的手段,成为致富的手段"[2]。"只有资本主义生产方式才第一次使自然科学为直接的生产过程服务""生产过程成了科学的应用,而科学反过来成了生产过程的因素即所谓职能。每一项发现都成了新的发明或生产方法的新的改进的基础"[3]。科学技术创新在生产中的应用推动了生产工具等物质技术条件的不断变革,推动了生产方式的不断变革,为劳动生产率的提高注入了源源不断的物质力量。"资本把财富本身的生产,从而也把生产力的全面的发展,把自己的现有前提的不断变革,当作它自己再生产的前提。"[4] 在追逐剩余价值的动机和市场竞争的压力下,企业具有无限提

---

[1] 马克思:《资本论》(第1卷),人民出版社,2004,第583页。
[2] 《马克思恩格斯全集》(第47卷),人民出版社,1979,第570页。
[3] 《马克思恩格斯全集》(第47卷),人民出版社,1979,第570页。
[4] 《马克思恩格斯全集》(第46卷·下册),人民出版社,1980,第35页。

升生产率的趋势。这就是绝对意义上的生产率演进优势。马克思的相对剩余价值理论进一步揭示了生产率优势的基本内涵。以科技进步、劳动生产率提升为条件的相对剩余价值生产是现代物质生产的主导形式，马克思从理论上揭示了打破个别企业获得超额利润的条件是无条件的市场竞争，而只要企业长期保持动态生产率优势，就能改变完全竞争获得相对剩余价值的趋势，从而不断地获得超额剩余价值。因此，生产率优势也可称为动态生产率优势。

物质资料的生产是人类赖以生存和发展的物质基础，而生产劳动过程离不开特定历史条件下劳动主体和劳动客体（劳动资料和劳动对象）相结合相互作用的特定劳动方式。人类最初组织协调劳动方式的物质手段只有自身的器官，人手的形成、人脑的形成、语言的产生，使人类获得了从自然界分化出来的社会物质手段，从而形成人类社会的生产劳动方式。这不仅大大改善了人类的物质生产条件，而且极大地推进了人类的社会化发展。从这个意义上说，劳动创造了人和人类社会。生产劳动工具的出现和改进，不仅改变了人对自然直接作用的劳动方式，而且大大加强和改善了人类组织协调劳动方式的物质手段。当生产工具还处于手工加工的简单机械水平时，它不过是劳动主体自身器官的延伸和放大，既没有改变生产工具隶属于劳动主体的性质，也没有形成足以改变劳动主体从属、适应自然的被动地位的生产水平。只有机器大工业的出现，改变了劳动主体与生产工具的关系属性，改变人相对自然的被动地位，"人—生产工具—自然"劳动方式系统才具有现代的性质和特征。

（1）机器大工业的出现，彻底改变了生产工具只是劳动主体自身器官延伸和放大的从属地位，使之成为具有相对独立性的"自动"劳动的自组织系统。人则从属于这个自组织系统并且构成其中的一个环节。而这个自组织系统的界限则构成了企业的组织技术边界的基础。

（2）机器大工业的出现，彻底改变了以往人类被动适应自然的劳动方式。机器大工业形成的庞大劳动组织系统具有巨大的生产力，开启了人类对自然界大规模利用和改造的工业文明时代。

（3）机器大工业形成了劳动主体被以机器为中心的生产力系统限制和支配的客体化现象：劳动的主体分化为直接和间接与劳动条件结合的两种相互隶属的对立形式。由于机器大工业历史地构成了资本主义生产方式的物质技术基础，机器大生产系统在与资本主义所有制的结合中形成了劳动客体主体化的假象。在生产劳动过程中形成了主客体倒置，即生产资料支配雇佣劳动力的现象，这被马克思称作"劳动异化"。

（4）资本主义生产方式的实质和目的构成人类自身发展的独特个性，人类劳动方式的现代形式企业，则变成追逐最大剩余劳动产品和剩余价值的机器。

（5）资本主义生产方式，不仅推动科学与生产实践结合，而且为科学技术的发展创造了新的条件，并且不断提出新的需求。科学技术由外生的劳动方式变量发展为内生的变量；劳动方式也发展成"人—科学、技术—生产工具—科学、技术—自然"的复杂系统，生产力发展从主要由生产工具推动让位于主要由科学技术推动，科学技术成为第一生产力。科学改变了人与自然之间的物质变换关系，也改变了生产主体的结构和组织方式。直接劳动者在工业社会成为总体工人后，生产过程就具有社会化劳动的性质，而优化和改善结合劳动的知识即管理也生长起来成为提高生产率的非实体因素。管理与科学技术不同，不仅是生产的物质内容，也是生产的社会实现形式，体现着生产关系的特殊规定性。

如前所述，资本主义生产方式，创造了与剩余价值生产相适应的特殊生产方式，把科学广泛应用到生产过程，并驱使科学致力于提高生产率，生产市场化、生产社会化都成为提高生产率的有力工具。资本主义生产方式打破了市场均衡，创造了不断演进的生产率优势，是资本主义征服世界，最终推动资本主义全球化的根本动力。

三 以机器大工业为物质技术条件的资本主义生产方式的基本特征

（一）机器生产机器确立了现代工业的物质技术基础，扩大了劳动的范围

机器生产机器确立了现代工业的物质技术基础，打破了劳动的诸多限制，扩大了劳动的范围。当人类的生产劳动还处于手工业工场阶段时，最初是依靠工场手工业的局部工人的力量和技巧来制造机器，也就是，"机器生产是在与它不相适应的物质基础上自然兴起的"①。此时，大工业难以充分地发展，因为机器的每一步发展都要受到人身自然条件的限制。因此，大工业只有建立在机器生产机器的基础上，才能突破手工劳动的限制，才能获得自由的发展。② 一方面，机器作为资本的承担者，在它直接占领的工业中，成了把工作日延长到超过一切自然界限的最有力的手段。机器生产创造了突破人生理所能承受的时间限制的新条件，使资本能够任意发展自己；同时，它创造了突破原有生产的最大限度的技术物质手段，助长追逐利润的新动机，使资本增强了对劳动的贪欲。所以，在近代工业史上，机器的运用和不断改进不断"消灭了工作日的一切道德界限和自然界限"③。另一方面，机器生产打破了原来劳动者队伍的分化和等级，完成了劳动者智力和体力劳动的两极分化与对立，生产过程所需要的智力、技巧和经验被转移到机器和管理所代表的资本一方，而原来需要技巧、体力和经验的劳动者则转变为简单的体力劳动者。因此，机器在工业的广泛应用，使大批原来不能进入劳动领域的妇女和儿童加入劳动者队伍，马克思说："由此产生了经济学上的悖论，即缩短劳动时间的最有力的手段，竟变为把工人及其家属的全部生活时间转化为受资本支配的增殖资本价值的劳动时间的

---

① 马克思：《资本论》（第1卷），人民出版社，2004，第439页。
② 马克思：《资本论》（第1卷），人民出版社，2004，第439页。
③ 马克思：《资本论》（第1卷），人民出版社，2004，第469页。

最可靠的手段。"①

（二）建立了以机器为中心的新的分工协作体系，工人劳动的性质发生了改变

机器的使用，彻底改变了原来以熟练手工劳动为中心的分工格局，取而代之的是以机器为中心的分工协作体系。对于在简单协作基础上的分工，工人还掌握着生产某一产品的整套技术和工艺。在手工协作生产阶段，劳动者的专业分工已经使劳动者变成只掌握整个生产的某一环节或过程的局部工人，丧失了独立生产整个产品的技能和工艺，对生产的管理职能已经同劳动者分离开来，成为专门的从属于资本的管理职能。而在广泛使用机器生产的工厂内部，工人的手工技术和劳动经验已经被应用于机器生产的科学技术所取代，复杂的劳动已被机器这个复杂的体系所取代，工人已经变为单纯从事简易、单调工作的体力劳动者。在工人中，只有伺服机器的工人和机器助手的区别，而整个机器体系的指挥和管理则为资本家和工程师、机械师等技术人员所控制，这使得生产过程中的劳动者由于智力和体力被机器体系分隔为两个互相对立又相互衔接的劳动群体：一边是终身伺候机器的体力劳动者，一边是研发、制造、指挥机器的智力劳动者。体力劳动和智力劳动通过机器而对立和分隔起来，智力通过机器体系转变成资本支配劳动的权力，成为资本统治劳动的客观物质力量，并通过机器的复杂化和系统化不断得到实现和强化。

其一，现代工业和资本的结合，使科学技术在工业生产上获得了自觉的运用和发展。一方面，机器生产把巨大的自然力和科学并入生产过程，极大地提高了劳动生产率，使人类第一次学会利用自然能力。② 另一方面，在资本逐利动机的推动下，科学技术获得超过任何时代的发展动力，因为"现代工业从来不把某一生产过程的现存形式看成和当作最

---

① 马克思：《资本论》（第1卷），人民出版社，2004，第469页。
② 马克思：《资本论》（第1卷），人民出版社，2004，第445页。

后的形式"①。

其二，现代工业降低了劳动的协作程度和复杂程度。由于现代工业机器的广泛运用，人类对生产工具的使用技巧转移到生产工具本身的改进和发展上，从而打破了原来在工场手工业中形成的专业工人的等级分工制度。原来在工场手工业中形成的局部工人之间的分工协作，也转变为机器助手与机器之间的简单、重复的单调协作关系。

其三，生产协作过程中形成的劳动组织由主观"局部工人"的结合变为"客观的生产机体"。"在工厂中，死机构独立于工人而存在，工人被当作活的附属物并入死机构。"②

其四，虽然机器从技术上推翻了旧的分工制度，但分工制度在更令人厌恶的形式上得到了系统的恢复和巩固。在手工业工场的劳动过程中，局部工人是终身专门使用一种局部工具，现在是终身专门服侍一台局部机器。③

其五，劳动资料不仅处于整个现代劳动的中心支配地位，而且成为决定劳动过程协作性质的关键因素。劳动资料取得机器这种物质存在方式，要求以自然力来代替人力，以自觉应用自然科学来代替从经验中得出的成规。机器在生产过程中，不仅决定着劳动者的数量、结构和分布，而且决定着劳动者之间和与机器本身的"劳动协作"关系。

（三）现代工业形成了兵营式的工厂制度

现代工业是建立在机器大生产基础之上的，机器大工业彻底改变了原有的劳动资料的性质，劳动资料成为可以独立自动运行的复杂机器体系，而劳动者则成为构成这个复杂体系的局部机器的附属品，这就把协作劳动具备的多面性、持续性和规范性要求推向了极致。首先，机器生产对工人提出了更加严格的要求。它不仅要求劳动者对机器运行节奏和规律的绝对服从，而且对劳动者在劳动过程中的自由和多余活动进行了

---

① 马克思：《资本论》（第1卷），人民出版社，2004，第560页。
② 马克思：《资本论》（第1卷），人民出版社，2004，第486页。
③ 马克思：《资本论》（第1卷），人民出版社，2004，第487页。

最大限度的限制。这种机器对工人的强制和压迫需要严格的工厂制度和纪律进行规范和保障，才能保证机器体系的正常运行和最大限度地利用机器"永动机"的特点。其次，现代工业形成了以资本增殖为目的的生产劳动性质，使劳动过程具有对抗性质，所有者获得的剩余价值越多，劳动者遭受的劳动压迫越大，对抗的程度就越高，对劳动过程的管理和监督的难度就越大。所以，劳动过程的对抗性质也迫切需要加强对劳动者在劳动过程中行为的规制和约束。再次，现代机器大生产把劳动过程中的智力劳动与体力劳动分隔开来，造成智力劳动与体力劳动的分化和对立，也提高了对劳动过程的专制性管理要求，而且大量的没有接受严格分工协作劳动训练的普通劳动力被吸纳到劳动过程中来，也需要严格的规范化的制度来保证生产劳动的正常进行。因此，现代工业在它形成的历史发展过程中，在现代工业技术基础的条件下，逐步形成了现代具有强制纪律性的工厂制度。马克思特别强调机器大工业对工厂制度形成的基础作用："工人在技术上服从劳动资料的划一运动以及由各种年龄的男女个体组成的劳动体的特殊构成，创造了一种兵营式的纪律。"[①]

（四）总体工人的范围逐步扩大

工场手工业的分工协作把全面的劳动者变成了只能完成某一生产环节和过程的局部工人，而这些在生产劳动过程中进行分工协作的工人总和就构成了总体工人。正是劳动的协作性质产生了劳动者之间的分工，使劳动者的队伍日益分化为从事不同分工的劳动者。首先，在劳动过程内部产生了管理者、监督者与直接劳动者的分工，而他们共同形成了劳动过程中分工协作劳动的共同体。其次，从产业资本循环的角度来看，不仅处于生产阶段的劳动过程的分工协作劳动者是构成总体劳动者的一部分，而且处于"销售阶段"和"准备阶段"的分工协作劳动也是构成总体劳动的一部分。再次，机器大生产和现代科技在生产过程中的大

---

① 马克思：《资本论》（第1卷），人民出版社，2004，第488页。

量运用，使大量的复杂劳动远离直接劳动的组织与过程，但它们又是劳动过程中不可或缺的一部分，特别是对于现代知识社会来说，科技已经成为推动劳动资料变革的第一要素。新产品的研发和设计已经成为企业推陈出新、不断满足市场需要的主要推动力量，从事研发和设计的劳动者也当然是构成总体劳动者的一部分。最后，现代的生产劳动随着劳动资料的不断革新，对劳动者的科技知识和劳动素养提出了越来越高的要求，劳动者的生产和再生产日益成为提高劳动者素质和推动企业科技创新的主要决定因素。因此，从整个社会再生产的角度来看，劳动者生产和再生产的劳动同样也是构成人类社会总体劳动的不可缺少的组成部分。所以，马克思说："随着劳动过程的协作性质本身的发展，生产劳动和它的承担者即生产工人的概念也就必然扩大。"①

（五）企业内部分工协作的发展，对管理提出了越来越高的要求

马克思说过："人数较多的工人在同一时间、同一空间（或者说同一劳动场所），为了生产同种商品，在同一资本家的指挥下工作，这在历史上和概念上都是资本主义生产的起点。"② 这种在大规模生产条件下需要统一的指挥管理是社会化大生产的必要条件。起初管理劳动只是从经验出发，在一部分人或少数人中进行组织分工。随着生产的发展，企业内部的分工越来越细致，越来越需要科学的组织与管理。特别是现代科技的高度发展对管理提出了更高的要求，管理劳动已经不是一般的脑力、体力劳动，而是更高级的脑力劳动。现代企业的管理者不仅要具有相关的专业知识，还要掌握信息工具，具备收集整理信息以及掌握和利用现代信息手段的能力；要具备市场经济知识，具备了解市场、把握市场动向、决断企业经营战略和策略的能力；要有较高的政治思想水平和政策认知水平，懂得领导艺术，能够团结全体人员，调动广大劳动者的积极性。更要善于实现科技创新、体制创新和理论创新，通过创新把企业推向前进。

---

① 马克思：《资本论》（第1卷），人民出版社，2004，第582页。
② 马克思：《资本论》（第1卷），人民出版社，2004，第374页。

正是由于现代生产方式具有无限提高生产率、无限发展生产力的特点，人类发展到今天，现代市场经济已经一统世界，现代生产方式已经被中外不同社会制度国家的发展实践证明是世界上最成功的发展生产力的工具。人类当代创造的物质财富，远超以往。正是我们创造了越来越丰富的物质财富，物质生产的社会化水平越来越高，且生产率提高已经远远超出物质消费增长的需要，才使物质生产部门不断萎缩。从世界平均水平来看，直接物质生产部门的增加值占国内生产总值的比重已经下降到不到1/4，直接从事物质生产劳动的人口比重也已经下降到1/4左右，发达国家的已经不足20%，发展中国家大多已经降到40%以下（杨玉华，2007）。这些变化都说明，我们创造的剩余价值已经让越来越多的劳动者获得了从事非物质生产劳动的"自由"。

第六章　社会主义市场经济存在的历史必然性

人类社会的发展是一个自然历史过程，社会主义制度在资本主义尚不发达，甚至还是自然经济半自然经济占据主体地位的落后的农业国家，在帝国主义统治的薄弱环节，在资本主义矛盾汇聚、社会矛盾最尖锐的地区率先取得成功，推翻了旧社会一切反动势力的统治，摧毁了严重阻碍生产力发展的陈腐、落后、反动的上层建筑和生产关系，为生产力的发展开辟了广阔道路和描绘了美好前景。但革命的成功并不能替代生产力发展本身，更不可能消灭生产力发展的客观进程。在两次世界大战的特殊历史条件下，中国人民经过艰苦卓绝的革命斗争，推翻了帝国主义、封建主义、官僚资本主义在中国的反动统治，经过社会主义改造，建立了社会主义的基本制度，开辟了中国经济社会发展的新纪元，跨越了资本主义发展的历史阶段。但这并不意味着，我们就可以借助革命手段跨越生产力发展的自然阶段，或者利用革命的工具取消或者替代生产力发展。在这个问题上，我们曾经走过弯路，在理论认识上出现了严重失误，在实践上急于求成，以至于我们的社会主义建设遇到了严重的挫折，教训深刻。

第一节　现代商品经济的消亡是一个自然历史过程

马克思在《政治经济学批判》的序言中，强调了人类社会的基本发展规律：人类社会发展的根本动力来源于社会基本矛盾。在基本矛盾中，生产力与生产关系的对立统一是居于第一位的矛盾：生产力的发展是社会发展的最终决定力量，生产关系一定要适应生产力发展的状况。社会革命源于生产力与生产关系的矛盾，在一定社会形态内，生产力与生产关系总体是相适应的，当现存生产关系与不断发展的生产力不再适应时，二者必然产生摩擦与矛盾。当现存生产关系决定的社会制度严重阻碍生产力发展的时候，就必然发生社会革命，旧社会被推翻，生产关系发生变革，以适应生产力的发展，从而推动人类社会由旧社会形态向更先进的新社会形态不断演进。马克思揭示了人类社会发展的客观必然性，称之为"自然历史过程"。唯物史观的发现使人类对社会发展趋势的认识彻底走出了过去愚昧黑暗的历史时期，能够像研究自然规律那样，用自然科学的精确性指明"生产的"经济条件方面所发生的物质的变革。即使人们发现这些客观规律，也无法改变这些规律，人类社会发展有其内在的客观规律。"无论哪一个社会形态，在它们所能容纳的全部生产力发挥出来以前，是决不会灭亡的；而新的更高的生产关系，在它存在的物质条件在旧社会的胎胞里成熟以前，是决不会出现的。"[①] 与剩余价值生产相适应的生产方式，既是资本主义的生产方式，也是现代商品经济的生产方式，作为发展生产力、推动生产关系变革和社会进步的最有效工具，在没有完成它所肩负的历史使命之前是不会退出历史舞台的。

一　商品经济肩负着培养个体人独立自主个性的历史任务

马克思的人类社会三阶段理论告诉我们，商品经济作为人类社会"第二大形态"，肩负着打破第一阶段传统社会对共同体的依赖关系、培养商品经济关系中人的独立个性的历史任务。在该阶段，发展人的独立个性、独立自主能力，全面的交往关系和丰富需求，培养个人能力的全面性——"第二个阶段为第三个阶段创造条件"[②]，即为过渡到物质

[①] 《马克思恩格斯全集》（第13卷），人民出版社，1962，第9页。
[②] 《马克思恩格斯全集》（第46卷·上册），人民出版社，1979，第104页。

生产高度发达，消灭阶级剥削和阶级统治，在共同占有财富的基础上达到人的自由全面发展的社会形态创造社会历史条件。

二 现代商品经济生产方式成为履行资本职能最有效、最有力的工具

现代商品经济生产方式把生产过程和生产关系改造为履行资本职能最有效、最有力的工具，驱使一切社会资源和自然资源服从于资本增殖的需要，把科学、社会分工、社会化劳动和机器体系都变成生产剩余价值的武器。资本肩负打开一切财富创造源泉，不断创造剩余价值、无限发展生产力，无限发展劳动能力，无限发展社会需要和社会关系，促进人类尽可能全面发展的历史使命。当生产力发展到劳动者已经成为劳动过程的旁观者，科学应用和社会化生产成为发展生产力的决定动因，人的劳动已经被科学所取代或者已经降到微不足道的地位时，资本的历史使命就完成了。资本主义生产关系成为人类社会最后的对抗形式，随着生产力高度发达和新社会生产关系不断成熟，阶级对抗和阶级统治最终走向消亡。

第二节 马克思和恩格斯设想的未来社会

在批判资本主义以及以往的阶级剥削压迫旧社会的基础上，马克思提出了未来理想社会的总体目标。在《共产党宣言》中将之描述为："将是这样一个联合体，在那里，每个人的自由发展是一切人的自由发展的条件。"[①] 在《1857～1858年经济学手稿》，把未来社会描述为"个人全面发展"的社会[②]，把被剥削压迫人民的解放与个人的自由全面发展作为未来社会的最终目标，这是对人类发展目标的高度抽象和概括，具有超越历史的特点。在《资本论》中，根据资本主义生产方式

[①] 《马克思恩格斯选集》（第1卷），人民出版社，1995，第294页。
[②] 《马克思恩格斯全集》（第46卷·上册），人民出版社，1979，第104页。

的发展趋势和规律,将未来社会的生产方式描述为在共同占有生产资料和共同协作劳动的基础上,"重新建立个人所有制"①。把未来社会生产关系的基本特征定义为生产力高度发展、生产资料社会所有、生活资料劳动者个人所有。这是基于经济规律做出的总体判断,也是资本主义生产方式历史的逻辑的演进的必然结果。

由于唯物史观的发现,马克思和恩格斯把有关原理应用于对资本主义生产方式运动的分析,揭示了资本主义的基本矛盾与发展趋势,使社会主义从空想变为科学。恩格斯在《社会主义从空想到科学的发展》中,根据人类社会的发展规律和趋势对未来社会的总体特征进行了归纳和论述。

一 生产资料全体人民共同占有,彻底消除生产方式的资本属性

无产阶级通过革命,推翻了资本主义阶级统治,消灭资本所有权,把高度社会化的生产资料变为劳动者共同占有的生产资料。用生产资料社会所有制消灭资本主义生产关系的经济基础,废除了剥削阶级凭借生产资料所有权支配劳动、占有劳动产品的特权,彻底消除了资本主义所固有的基本矛盾的制度基础。在资本主义社会,生产资料及生产过程社会化与生产资料所有制之间的矛盾是引发资本主义生产关系矛盾的总根源。私有制导致的生产资料的利益边界和狭隘的生产目的造成个人利益与公共利益的对立与冲突、生产与交换(消费)的矛盾,导致社会生产力资本化,颠倒生产过程中劳动者与生产机器的主客体关系,剥夺和限制了劳动者智慧和能力的应用和发展,严重制约了生产社会化和生产力的进一步发展,成为生产进一步发展的桎梏。

二 个人消费品分配采取按劳分配的原则,保留了"资产阶级法权"

劳动者实现共同占有生产资料,消除生产条件占有不平等,也排除

---

① 马克思:《资本论》(第1卷),人民出版社,2004,第874页。

了凭借生产资料所有权对分配的影响。在生产资料共同占有的基础上，个人的劳动力所有权就成为分配个人消费品的唯一依据。共产主义初级阶段，"是刚刚从资本主义社会中产生出来的，因此它在各方面，在经济、道德和精神方面都还带着它脱胎出来的那个旧社会的痕迹"[①]。"每一个生产者，在作了各项扣除之后，从社会方面正好领回他所给予社会的一切。他所给予社会的，就是他个人的劳动量。"[②] 由于该阶段生产力发展还无法消灭社会分工以及分工导致的差异，劳动还是个人谋生的工具，依然承认劳动者的劳动力所有权利，劳动力个人所有权就成为劳动者获取生活资料的唯一依据。该阶段虽然已经消灭了商品和货币，但价值规律依然对劳动起着分配与调节作用，调节着生活资料在各个生产者中间的分配。个人唯一的私有财产就是属于个人的生活资料，劳动者的私人权利与个人提供的劳动量成正比，这里劳动不仅成为衡量个人权利的唯一尺度，也是衡量社会公平的唯一尺度，这就是所谓的"资产阶级的法权"[③]。这样分配的原则充分体现了劳动面前人人平等的理念，却会导致劳动者之间不平等的生活与发展权利，也会造成家庭人均消费的不平等权利。

要消灭这些问题，只有到了生产力高度发达的共产主义高级阶段，在高度发达的科学技术推动下，形成高度发达的生产力，社会财富的源泉充分涌现，劳动时间已经彻底失去了衡量个人劳动贡献的条件，成为个人发展的唯一尺度。只有"迫使人们奴隶般地服从分工的情形已经消失"，个人消费品分配才能真正实现"各尽所能，按需分配"[④]，做到需求面前人人平等。此时的劳动已经不再是个人谋生的手段，而是个人谋求发展的主要工具，已经成为生活的第一需要。

三　掌握了社会化生产力的发展规律，进行有计划的自主生产

科学的不断进步和大规模应用，推动生产过程的社会化程度不断提

[①] 《马克思恩格斯全集》（第19卷），人民出版社，1963，第21页。
[②] 《马克思恩格斯全集》（第19卷），人民出版社，1963，第21页。
[③] 《马克思恩格斯全集》（第19卷），人民出版社，1963，第21页。
[④] 《马克思恩格斯全集》（第19卷），人民出版社，1963，第22~23页。

高，造成社会化大生产有计划按比例生产的客观规律不断强化。资本主义基本矛盾不仅造成生产与交换、消费之间的冲突，而且日益尖锐地表现为企业内部生产的组织性与整个社会生产的无政府混乱状态的对立与冲突。在市场竞争和信用杠杆的推动下，生产日益集中，生产资料以及生产的社会化程度不断提高，无限扩张的生产力与有限的消费能力和市场空间之间的对立越来越尖锐，必然导致以生产相对过剩为特征的经济危机不断周期性地出现。经济危机的反复出现和日益严重，说明私人资本已经越来越难以驾驭日益扩张的生产力，生产力发展已经遭遇到资本主义生产关系越来越严重的束缚和阻碍，"要求摆脱它作为资本的那种属性，要求在事实上承认它作为社会生产力的那种性质"[1]。

首先，由于市场竞争和信用杠杆的作用，生产和销售日益集中到少数企业手中，形成了垄断。这样就在一定程度上消除了市场竞争带来的无政府状态，企业内部有组织的计划生产在一定程度上替代了市场的无序竞争。但垄断并不可能消灭竞争，反而加剧了竞争的残酷性和破坏性，规模巨大的垄断企业之间的竞争已经远远超出一般企业家所能掌控的能力，作为资本主义社会的正式代表的国家，最终不得不承担起生产的领导责任。[2] 国家之手的介入，在一定程度上缓解了资本主义矛盾，但随着时间推移，矛盾会更大规模、更大范围地爆发出来。"但是它包含着解决冲突的形式上的手段，解决冲突的线索。"[3]

其次，推动社会革命，由社会公开直接占有高度社会化的生产资料与生产力。规模巨大的社会化生产资料越来越迫切地要求把自己作为全社会的共同财产进行管理，而且私人资本与国家政权的结合，也为后人提供了解决问题的思路和线索。"随着社会对生产力的占有，这种社会性就将为生产者完全自觉地运用，并且从造成混乱和周期性崩溃的原因

---

[1] 《马克思恩格斯全集》（第19卷），人民出版社，1963，第238页。
[2] 《马克思恩格斯全集》（第19卷），人民出版社，1963，第240页。
[3] 《马克思恩格斯全集》（第19卷），人民出版社，1963，第240页。

变为生产本身的最有力的杠杆。"①

再次，只有真正成为社会生产力的主人，才能进行有计划的自主生产。只有人类充分认识到社会化大生产的规律和趋势，完全掌握了社会化生产力，才能成为社会的主人。人类只有充分掌握现代生产方式的运行规律和趋势，才能够顺应社会化大生产的发展要求，彻底消除阻碍生产力发展的矛盾和问题，推动生产力向更高水平发展，掌握社会生产力的布局、流通与分配，"按照全社会和每个成员的需要对生产进行的社会的有计划的调节"②。该阶段，随着生产的无政府状态结束和有计划自主生产的开始，"只是从这时起，人们才完全自觉地自己创造自己的历史"③。

四 生产力高度发展，阶级统治消亡，个人获得自由全面的发展

生产资料的社会占有，消除了资本主义生产方式的资本属性，从而把生产过程完全置于社会化结合的劳动者共同控制之下，消灭了产生私人利益与公共利益之间对立的经济基础，消除了阻碍生产力社会化发展的制度障碍，消灭了商品经济产生的社会条件，为生产力的充分发展创造了条件。其一，消灭生产的资本属性、废除生产的所有权利益边界，让生产真正回归到服务所有人消费的本性，就可以最大限度地发挥生产服务社会的职能，消除资本化生产造成的对自然资源的浪费和对生产力的破坏。其二，让生产资料所有制回归发展生产力、服务人类物质生产与个性发展的本性，彻底消除生产资本化给劳动者和所有者带来的控制和奴役。其三，在共同占有生产资料的基础上，对生产进行有计划的自主组织和安排，彻底消除产生商品经济的社会条件，消灭商品拜物教现象，把市场经济颠倒的世界还原回来，让生产力发展与劳动者发展协调

---

① 《马克思恩格斯全集》（第19卷），人民出版社，1963，第241页。
② 《马克思恩格斯全集》（第19卷），人民出版社，1963，第241页。
③ 《马克思恩格斯全集》（第19卷），人民出版社，1963，第245页。

起来,让劳动真正成为人类个性发展的第一需要。

人类社会充分认识和掌握了社会化生产力的规律与发展趋势,成为社会结合劳动和自然界的真正主人。在这种条件下,"生产资料从这种桎梏下解放出来,是生产力不断地加速发展的唯一先决条件,因而也是生产本身实际上无限增长的唯一先决条件"①。社会分工、社会结合劳动、科学的发展与应用都成为发展生产力的真正手段,一切创造社会财富的源泉都充分涌现,一切劳动都得到充分尊重和崇尚,劳动成为个人发展的第一需要,财富创造的泉流与个人的自由全面发展的泉流汇聚、统一起来。此时,不合理的社会分工消灭了,阶级差别消失了,国家消亡了。

阶级的划分与差别是与生产力有了一定发展但相对不发达联系在一起的。随着生产力的高度发展,把人们划分为不同阶级的社会条件消失了。生产力高度发展,让所有权丧失了获取经济利益的特权,使所有权垄断成为多余的东西,对政治统治、教育和精神领导的垄断占有"不仅成为多余的,而且成为经济、政治和精神发展的障碍"②。

在共产主义社会,作为阶级统治工具的国家就自动消亡了,强加在劳动者身上的经济剥削、政治压迫、阶级统治和物的依赖关系都消除了,劳动者成为社会力量和自然力量的真正主人。劳动不仅是社会财富的源泉也是个人发展的根本手段,生产力的发展成为个人发展的条件,而个人的发展本身就是生产力的发展;同样,个人的发展是生产力发展的条件,生产力的发展本身也是个人的发展。可见,共产主义在生产关系上对私有制进行了自我否定,在生产力发展以及社会文明进步的基础上进行继承并发展。也就是说,否定了剩余价值占有的生产关系,继承和发展了剩余价值生产方式的自我革新与演进趋势,是对资本主义生产方式的扬弃,而并非全盘否定。

---

① 《马克思恩格斯全集》(第19卷),人民出版社,1963,第244页。
② 《马克思恩格斯全集》(第19卷),人民出版社,1963,第244页。

第三节　传统社会主义模式的理论与实践

一　社会主义革命"共同胜利"理论

在《恩格斯致保尔·拉法格》的信中,恩格斯根据唯物史观的基本原理提出了"无产阶级革命同时胜利"的论断,否定了法国人单独进行无产阶级革命的可能性,认为"无产阶级的解放只能是国际的事业"①。在《共产主义原理》中,恩格斯再次肯定了无产阶级革命不能单独在一国发生的结论,强调:"它是世界性的革命"。由于资产阶级建立了世界市场,把一切文明国家都卷入世界市场,从而把各国人民紧密联系起来,各国人民的革命相互影响;大工业把资本主义生产方式推向世界各地,使所有文明国家社会发展的阶段大致相同,在这些国家,人们日益分裂为两大对立阶级——无产阶级与资产阶级,他们之间的斗争成为这些国家的主要斗争。并提出了一个国家革命能否发生的判断标准——工业化程度、生产力水平,认为工业化程度越高、生产力越发达越有条件爆发革命。②

二　社会主义革命"一国胜利"理论

在资本主义国家进入帝国主义阶段以后,列宁根据资本主义新的发展形式及其特征做出新的判断,提出了"一国胜利论"。马克思和恩格斯在号召"全世界无产阶级联合起来"共同推动世界革命时,并没有否认各国革命行动的特殊性。列宁在《论欧洲联邦口号》中提出了社会主义可以单独在一个国家首先取得胜利的论断与条件。在《无产阶级革命的军事纲领》中否定了世界各国同时进行社会主义革命的可能性,进一步明确了"一国胜利论"。由于帝国主义政治经济发展极不平衡,

---

① 《马克思恩格斯文集》(第10卷),人民出版社,2009,第656页。
② 《马克思恩格斯选集》(第1卷),人民出版社,1995,第241页。

新崛起的帝国主义大国就必然寻找与自身地位相匹配的利益分配，而此时的世界殖民地已被瓜分完毕，这就必然要求打破已有帝国主义的世界殖民地体系，势必会加剧新旧帝国主义国家的冲突与对立。特别是在本国遭遇经济危机的特殊时期，国内两大阶级的斗争尖锐化，为了转移国内矛盾，帝国主义大国会争夺世界市场和殖民地的利益，这就容易引发帝国主义战争。列宁的理论科学预言了第二次世界大战的爆发。在战争期间，殖民地半殖民地以及落后的东方大国就成为帝国主义统治的最薄弱环节——被卷入帝国主义之间的战争：这加剧了帝国主义与帝国主义之间的矛盾、帝国主义与殖民地半殖民地之间的矛盾、本国统治阶级与人民大众之间的矛盾，这些矛盾就容易汇聚在帝国主义统治的薄弱环节，从而造成革命的形势。在无产阶级政党的坚强正确的领导下，就可能取得无产阶级革命的成功。

在俄国被卷入帝国主义战争旋涡的特殊条件下，俄国国内的统治阶级和被统治阶级都被战争拖垮，从而造成了革命的形势，引发了"二月革命"，由此推翻了沙皇的统治，建立了资产阶级专政的国家政权。但由于资产阶级的软弱性，既无法结束战争，解决和平问题；也无法解决国内尖锐的土地问题，从而导致新的革命形势，最终引发了无产阶级领导的十月革命，在世界上建立了第二个无产阶级专政的政权。1918～1920年，苏维埃俄国实行了"战时共产主义"，全国实行国有化，强化中央集权，彻底废除私有制和商品、货币关系。在战时物资供应十分匮乏的情况下，生活资料采取政府统一配给方式，这保障了战争的物资供应。1921年，列宁及时总结经验，认为不能过早地消灭商品、货币和市场，决定终止战时共产主义，提出发展商品、市场，实行"新经济政策"。列宁逝世后，出于对战争迫近的考虑，苏联提前中断了新经济政策，强力推行社会主义改造。到1936年，苏联宣布建成社会主义，形成"斯大林模式"。

中国也走了相似的革命道路。在两次世界大战期间，作为半殖民地半封建社会的中国成了帝国主义矛盾的交汇点，造成革命的形势，在苏联的帮助下，国共两党成功联手推翻了北洋军阀在中国的统治，但国民党在革命即将取得成功的时候背叛了革命，对外投靠了帝国主义、对内成为官僚资本主义和封建主义利益的代理人。共产党及其领导的农民、小资产阶级、民族资产阶级等革命阶级，经过艰苦卓绝的革命斗争不仅赢得了反法西斯战争的胜利，而且推翻了国民党的统治，建立了无产阶级领导的以工农联盟为基础的新民主主义的新中国。经过社会主义改造，新中国建立了无产阶级专政的国家政权，形成传统社会主义模式，确立了社会主义的基本制度，为当代中国的一切发展和社会进步奠定了制度基础。

三　传统社会主义模式的实践

马克思和恩格斯发现并提出了"无产阶级世界革命"的普遍规律，列宁和毛泽东同志根据本国的具体国情发现了无产阶级革命的特殊规律，这体现了矛盾普遍性与特殊性之间的辩证关系，是具体问题具体分析的典型榜样。苏联社会主义革命和中国社会主义革命的实践证明了"一国胜利论"的真理性，也验证了恩格斯"世界革命"趋势判断的科学性。

（1）形成了单一生产资料公有制。生产资料公有制包括国有经济和集体经济两种。在苏联，在城市形成了国有国营经济，在农村形成了集体农庄所有制经济；在中国，则形成城市国有国营经济与城乡集体经济，其中农村是三级所有、队为基础的农村集体经济，城市是街道、城镇集体经济。

（2）个人消费品采取了货币化按劳分配方式。苏联承认个人消费品的商品性质，但否认生产资料的商品性质。所以，个人消费品实行了按劳分配，要求按照价值规律等价交换个人消费品。

（3）形成了高度集中的计划管理体制。不仅对经济资源进行集中统一计划管理，而且把政治、文化和社会职能都集中起来进行计划管理，形成了集党、政、军，政、经、文、社于一体的高度集中的管理体制。

（4）形成优先发展重工业的赶超发展战略。这是把立足点放在自力更生基础上的工业化道路。在1929~1933年的资本主义世界经济危机中，苏联充分利用危机造成的有利时机，争取发达国家，尤其是美国和德国的先进机器装备、资金和技术的大规模支持，奠定了工业化的物质技术基础。到1940年，建成了仅次于美国的全球第二大工业化国家，创造了反法西斯战争胜利的物质技术条件。据统计，在工业化期间，苏联购买的机器设备和先进技术70%来自最发达的资本主义国家美国和德国。1931年，苏联从国外购买的机器设备约占世界市场的1/3，1932年上升到1/2。同时，苏联还高薪聘请大批外国专家和技工，1932年人数达到约2万人，还派遣200多人出国考察、实习和留学（周尚文等，1993，第230页）。而新中国成立初期，苏联援助我国156个大型项目，并派大批专家技术人员来华帮助建设。通过"一五"计划的413个大中型工业项目和"二五"计划的1013个大中型工业项目建设，初步建成了独立自主的工业经济基础。[①]

斯大林模式与经典作家设想的未来社会的基本特征有一定差距，苏联和中国政府根据各自国情和实践条件做了调整，但总体上实现了马克思和恩格斯的基本设想，方向与性质完全一致。在生产力水平不高的条件下，在全社会消灭私有制，建立起生产资料公有制的经济基础。农业，集体经济；工业，国有经济：消灭了阶级和剥削存在的物质基础。在个人消费品分配上，实现了按劳分配，消灭资本对劳动的支配和对劳动产品的占有，实现了劳动面前人人平等。在流通领域，努力缩小商品交换的范围，只是在个人消费品流域保留了有限市场和商品交换关系，清除了商品拜物教滋生的土壤。在建立社会主义制度以后，都把大力发展生产力、赶超发达资本主义国家作为目标，努力在生产力方面缩小与发达国家的差距。

[①] 引用的数据来自国家社科基金项目"毛泽东关于发展生产力的理论与实践"（05BDJ014）中笔者所撰写的部分。

斯大林模式有效地抵御了1929~1933年全球性经济危机的冲击与影响，使苏联成为经济危机汪洋中唯一的陆地；在战争期间与在战后大规模经济重建和高速工业化的过程中，该模式发挥了其他经济模式难以发挥的独特优势，把集中力量办大事，高效、统一、协调集中决策的机制优势充分发挥出来。扣除战争时期，苏联创造了前八个"五年计划"工业产值年增长8.4%~19.2%的高速增长奇迹（见表6-1），远高于发达国家年均3%左右的增长率。社会主义革命胜利后，生产力的高速发展，不仅为社会主义制度的确立奠定了更为坚实的经济基础，为社会主义生产关系的改造提供了物质技术准备，也为彻底挫败国内外敌对势力的武装颠覆提供了物质上的保证。

表6-1 苏联社会主义各个五年计划时期的工业增长率情况（1929~1990年）

单位：%

时期	年均增长率	时期	年均增长率
"一五"时期（1929~1932年）	19.2	"七五"时期（1961~1965年）	8.6
"二五"时期（1933~1937年）	17.1	"八五"时期（1966~1970年）	8.4
"三五"时期（1938~1940年）	13.2	"九五"时期（1971~1975年）	7.4
战时与"四五"恢复时期（1941~1950年）	5.6	"十五"时期（1976~1980年）	4.4
"五五"时期（1951~1955年）	13.1	"十一五"时期（1981~1985年）	3.6
"六五"时期（1956~1960年）	10.4	"十二五"时期（1986~1990年）	2.5

资料来源：《苏联国民经济统计年鉴》（俄文1989年版，第33页；俄文1990年版，第6页）。

1952年，斯大林在《苏联社会主义经济问题》中更加明确地指出社会主义经济的本质特征就是计划经济，虽然社会主义建立后仍然要保留商品生产，但认为商品生产和商品流通只限于生活资料，否认生产资料是商品，认为它只是保持着商品的"外壳"，并严厉批评了价值规律也调节社会主义生产的观点。

基于上述理论与实践的原因，几乎所有社会主义国家都接受了斯大林模式并将之付诸实践。苏联模式开辟了落后国家高速工业化的崭新道路，苏联计划经济的成功实践为刚获得独立解放的发展中国家提供了强大的示范效应。特别是二战后，苏联向发展中国家提供大量广泛的经济技术援助，也增强了苏联模式的影响和吸引力。新中国成立后，我国在苏联的帮助下，在社会主义改造完成以后建立起社会主义计划经济体制，这种体制在一定程度上满足了落后国家发展工业的需要。在苏联的大力支援下，能够较快地把有限的物力集中起来使用，快速启动工业化进程。这种高度集中的管理体制特别适应战时环境和战后大规模的经济重建。高度集中管理可以把有限资源集中使用、高效配置、高效利用。但随着经济规模的扩大和经济关系的日益复杂，这种自上而下的管理体制，就会严重束缚生产单位的主动性、积极性和创造力，使之缺乏适应性和灵活性。特别是难以适应瞬息万变的国际市场，难以适应科技革命带来的日新月异的变革与冲击，由此该体制就日益成为生产力发展的束缚与阻力。

实际上，马克思和恩格斯等人对未来社会的设想是其理论应用的一般演绎和推测，总的设想只是一些原则性概括和总结，他们只是希望后来者从他们对旧社会的批判中发现新社会，而不是奢望给予未来社会建设者以全面发展的蓝图。这既不可能也没有必要，因为成熟的理论只能建立在成熟的实践基础上。未来建设之路需要后来者在实践中不断发现和总结。而斯大林模式也是当时特定历史条件下的产物。虽然斯大林尽可能地贯彻了科学社会主义的基本原则，但在实践中不得不根据苏联的实际做出重大的调整和改变。

马克思主义不是教条，而是为我们提供了分析问题、解决问题的思路、方法和基本立场。马克思主义活的灵魂在于具体问题具体分析，而不是机械地照搬照抄马克思和恩格斯著作中的现成结论和教条。所以要把马克思主义的精髓贯彻于具体实践之中，把理论与具体实际结合起来，创造性地发展切合本地实际和符合时代要求的具有民族特色的马克思主义，如此才能真正地指导现实社会主义的实践。

第四节　社会主义市场经济建设的理论与实践

一　跨越资本主义制度的"卡夫丁峡谷"

社会主义革命与建设既是由生产力发展推动生产方式与生产关系演进的自然历史过程，也是无产阶级及其政党抓住历史机遇和革命形势发挥主观能动性，积极作为、努力奋斗的结果；既是人类社会发展进程的一般历史趋势，也是在特定历史条件下人民追逐自身利益有目的的主观选择与行动。社会主义诞生于落后的俄国与中国，有其历史发展的客观必然性，也是两国人民抓住历史机遇、主动选择与奋斗的结果。

马克思在《给"祖国纪事"杂志编辑部的信》中，十分明确地反对形而上学地看待《资本论》中关于西欧资本主义发展道路的结论，认为如果把西欧国家的发展道路看作其他各国都要沿袭的路径，"会给我过多的荣誉，同时也会给我过多的侮辱"[1]。他谆谆告诫后人：不能把所有来自历史经验总结的理论都看作历史哲学原理，"这种历史哲学理论的最大长处就在于它是超历史的"[2]，但历史不可能重演，同样的事件在不同的历史环境和条件下就会有不同的发展结果，更不能把一种正确的理论看作"万能钥匙"，企图解决一切问题，要一把钥匙开一把锁，"把这些发展过程中的每一个都分别加以研究，然后再把它们加以比较，我们就会很容易地找到理解这种现象的钥匙"[3]。

在《给维·伊·查苏利奇的复信草稿》中，马克思提出了社会阶段跨越发展的命题。提出了落后国家可以直接步入社会主义的可能性，即跨越资本主义制度的"卡夫丁峡谷"思想。但跨越是有条件的，取决于"它的历史环境"。其一，与发达的资本主义国家同时代，只有与

---

[1]　《马克思恩格斯全集》（第19卷），人民出版社，1963，第130页。
[2]　《马克思恩格斯全集》（第19卷），人民出版社，1963，第131页。
[3]　《马克思恩格斯全集》（第19卷），人民出版社，1963，第131页。

先进国家共处于同一个时空,才能通过交往,从中学习、吸收和借鉴先进文明的发展成果为我所用。只有在与资本主义生产方式打交道的过程中,落后国家才能学习"实现大规模组织起来的合作劳动的现成物质条件"[①]。其二,通过对外经济交往,在交往中,学习借鉴资本主义发展的一切文明成果。第三,无产阶级革命适时发生并取得成功,才能阻止和切断落后国家通向资本主义的发展道路,充分利用落后国家"农村公社"生产资料集体所有的积极因素,引进资本主义生产方式所形成的先进文明成果,创造出非资本主义的社会化生产力发展道路。[②] 虽然马克思评述的对象是俄国的"农村公社",这些村社可以利用资本主义文明成果,在生产资料公有制的基础上,跨越资本主义发展阶段步入社会主义,但他的分析对我国在半封建半殖民地条件下建设社会主义具有重大的启示和借鉴意义。

(1) 第一层启示和借鉴意义。我国在殖民地半殖民地的历史条件下爆发了以社会主义为发展方向的新民主主义革命。在初步建立公有制经济的条件下,新中国积极发展对外经贸合作,特别是通过加强与发达资本主义国家的交流和合作,充分利用和借鉴资本主义发展的文明成果;通过与迅速发展的社会主义国家进行交流和合作,在社会主义国家的帮助下大力发展社会主义物质基础、社会主义制度和文化,跨越资本主义制度,直接过渡到社会主义。这一步,已经初步得到实践的验证,通过社会主义改造,建立了社会主义制度。在一定意义上就是对资本主义制度的跨越,但如何进一步发展社会主义,仍须探索。

(2) 第二层启示和借鉴意义。我国在生产水平不高,自然经济半自然经济占主导、商品经济不发达的条件下建立了社会主义基本制度,进一步发展社会主义,无疑就是在社会主义生产关系条件下跨越资本主义制度的发展之路。所以,跨越思想仍然具有很强的现实意义。

我们在特殊历史条件下,在苏联等社会主义国家的帮助下,跨越了

---

① 《马克思恩格斯全集》(第19卷),人民出版社,1963,第451页。
② 《马克思恩格斯全集》(第19卷),人民出版社,1963,第441页。

资本主义制度，实现了生产关系的跨越式革命，但生产关系的跨越并不意味着生产力发展的自然进程的跨越或者取消。唯物史观告诉我们，生产力的发展才是推动生产方式发展和社会进步的最终决定力量，而生产力的发展具有历史继承性、积累性和连续性。历史形成的现实生产力状况，我们无法拒绝和选择，生产力的自然演进历程我们无法跳跃和飞越，这也是"卡夫丁峡谷"的不可跨越性。但是如果我们顺应生产力的发展趋势，掌握了生产力的发展规律，就可以积极主动地充分借鉴和利用资本主义生产方式积累的一切积极成果，发展生产力，缩短追赶先进生产力的时间，减少新生产力诞生的痛苦，更好地发展先进生产力。

二　社会主义市场经济是社会主义初级阶段的实践选择

借鉴斯大林模式，我国建立了比较完备的国民经济体系，初步奠定了工业化的基础，但工业化还处在初级阶段，远未完成；发展生产力虽然取得巨大成就，但生产力发展水平依然较低，而且层次多，同与共产主义相适应的发达的生产力相去甚远。在计划经济条件下，避免了商品拜物教的影响，但又形成个人对单位、集体的严重依赖，个人独立自主个性、能力严重不足，个人生产和生活被限制在狭隘有限的范围内，个人需求的多样性和交往的多样性严重不足；我们对社会力量的认识程度和掌握程度还十分有限，社会管理体系很不完善，经济计划无法适应复杂多变的经济关系，阶级矛盾和阶级斗争还在一定范围内存在，甚至在特定条件下还十分尖锐；国际上还受到发达资本主义经济、政治、社会、文化、科技以及个人发展诸多优势的挑战。社会主义的经济基础仍然十分脆弱，生产关系还不够协调和和谐，上层建筑还不够完善，社会主义生存还面临发达资本主义的严重威胁，社会主义制度的发展与完善任务还十分艰巨和繁重，社会主义制度的优越性还需要不断发掘和发展。也就是说，剩余价值"生产方式"作为发展生产力的最有效工具，推动生产关系发展、推进个人与社会进步作用的空间很大，作为资本主义发展的积极成果，还应该为我所用、充分发展。

商品经济产生于生产力有了一定发展，产生了剩余产品，在满足生产者自身需要以外还有剩余，也就是出现了产品交换、分工和私有制的前提条件。商品经济的存在源于生产力发展还不足以消灭建立在私有制和分工基础上的私人利益与公共利益的矛盾和冲突。因此，商品经济仍将长期存在，它赖以存在的两个基本条件在相当长的历史时期内还无法回避和消除。

第一，社会分工的存在。这是商品经济存在的必要前提。如果不存在分工，要么大家生产具有相同使用价值的产品，没必要进行交换；要么生产单位或者家庭内部什么都自己生产，也不需要交换。在共同体内部进行分工生产，然后按照一定标准或者秩序进行统一的有计划的消费品分配，也不需要交换。所以，社会分工只是提供了商品交换的前提条件，但并不能保证必然采取商品交换形式进行产品分配。

第二，生产资料私有制的存在或者生产者（劳动者）之间存在利益对立或者冲突。在阶级社会，生产资料分属于不同所有制，每一个生产资料所有制经济都有其自己的利益，在排除暴力剥夺的特殊情况下，合法取得别人的劳动产品的唯一和平方法就是按照价值规律进行等价交换。对私有产权的承认和依法保护是商品交换的制度保障。因此，在社会分工存在的条件下，只要私有产权存在，要取得别人的劳动产品就必须进行等价交换。在社会主义制度的条件下，从理论上可以完全消灭生产资料私有制，之所以存在商品经济，在实践中，就因为社会主义还无法实现生产资料的全社会统一共同占有。现实中，社会主义采取两种不同公有制：国有经济，是国家作为社会代表占有生产资料，但实际上与生产资料结合的只是小部分劳动者，与生产资料结合的劳动者与被代表的全体劳动者的利益并不完全一致，而是存在较大的差异和区别；在集体所有制经济内部，生产资料所有权与实际占有使用权也不完全一致。由于不同所有制经济的效率不同，不同所有制生产单位的人均劳动生产率差异明显，其利益存在差别，人均经济利益差别更大。正是由于不同生产单位存在不同的经济利益，不同生产资料所有制经济利益存在的差

第六章 社会主义市场经济存在的历史必然性

别更大。一般来说，国有经济效益好于集体经济，城市好于乡村，资金技术密集型产业好于劳动密集型产业，经济发达地区好于落后地区。不同层次的国有经济，经济利益也存在差别。一般来说，国家层次国有经济效益好于省级国有经济，地市级国有经济好于县级国有经济，级别越高，生产资料规模越大、质量越高，效益也就越好；集体经济也不同，特别是农村集体经济，由于农业比较利益水平最低，加上我国农业劳动力人均耕地较少，效益低下。在公有制经济内部由于存在个人利益与共同利益的对立与冲突，个人利益之间存在较大的差异和区别。所以，在不同生产单位，劳动产品不能无条件划拨和分配，否则违背按劳分配的原则，既不公平也严重损害效率。

社会主义不仅存在社会分工，而且随着生产力的发展和经济的现代化，社会分工日益广泛，分工层次不断深化，因此存在商品交换的前提条件。另外，由于存在数量众多的公有制经济单位以及不同性质、不同层次的公有制经济和不同行业的公有制经济，公有制经济之间的劳动效率差距大而且层次多，这就必然导致不同公有制经济之间经济利益差距较大，劳动者之间的利益千差万别。只有在不同公有制经济之间进行等价交换，生产单位和劳动者的积极性、主动性和创造力才能得到保护，按劳分配原则才能得到贯彻和体现。

第三，落后国家在孤立环境中无法跨越资本主义发展阶段。与发达资本主义国家并存的国际环境，为落后国家学习、借鉴这些国家的先进经验和文明成果提供了可能。要把可能变成现实，需要落后国家采取积极开放的对外经贸政策，根据本国生产力条件和生产要素禀赋特点，选择适合本国的发展生产力发展战略和正确的对外交往政策，以适应发达国家资本全球扩张的需求和本国发展的需要；采取务实的多样化经济、文化合作交流方式，在交流合作中，学习、吸收和借鉴资本主义生产方式发展的一切积极成果。而资本主义国家普遍采取市场经济的体制，与市场经济国家的交往，必然反作用于国内的经济体制，会不断侵蚀和破坏自然经济和计划经济运行的环境和发挥作用的条件，促进市场经济因

205

素的产生与发展。这客观上也要求落后国家发展市场经济。

第四，实践证明，市场经济与计划经济相比，能够更好地发展生产力，促进社会与人的全面进步。市场经济在市场机制作用下实现宏观资源和劳动的优化配置，从而提高资源和劳动的使用效率。在中观领域，通过市场竞争和信用杠杆，推动生产和销售的集中，推动优势企业做大做强，从而提高产业集中度和增强规模效应，提高整个产业的效率。在微观领域，外在竞争压力和内部趋利动力，推动企业不断改进技术、工艺，提高管理水平和促进创新，不断提高劳动生产率，不断改进产品结构与功能，提高产品质量与性能。在人们无法充分认识和掌握社会化大生产这个社会力量的实践中，市场机制就作为引导市场主体顺应生产力发展趋势，代表社会化大生产强制性为自己开辟道路的外在客观力量发挥作用，不断推动社会分工、协作；社会化劳动与科学的应用，成为发展生产力、发展劳动者能力、发展多样化需求及劳动者交往关系，推动社会全面进步和个人全面发展的外部客观力量。而计划经济如果无法充分占有和掌握社会生产力，就会阻碍甚至破坏社会生产力的发展，在这方面，我们有着沉痛的教训。

三 社会主义市场经济的实践历程

社会主义市场经济体制不仅是中国经济的改革目标，也是被实践证明了的优化资源配置的有效手段。社会主义市场经济体制改革目标的确立，是中国经济体制改革实践的必然结论，是一个从自发走向自觉的历史进程。中国社会主义市场经济体制确立的理论与实践是与中国经济体制改革的进程密切相关的。纵观中国经济体制改革的历程，是围绕着经济主体多元化即多种所有制形式并存及其实现形式多样化的实践和理论展开的，是以解放和发展生产力为己任的社会主义经济制度的自我发展和自我完善，是生产力自然发展和经济关系自觉调整、改革相统一的历史进程，是实践发展的必然结论，也是理论认识深化发展的必然结果。

社会主义改造完成后，计划经济在社会主义建设中发挥了积极作用。中国在几乎一穷二白的基础上，在苏联的帮助下，经过两个"五年计划"初步建立起比较完备的国民经济体系，奠定了工业化的初步基础。正是有了这个经济基础，在资本主义国家的长期封锁包围中，红色中国屹立不倒；经过改革开放，这个基础成为我国充分发挥劳动力资源廉价、富裕等优势的物质技术条件，成就了我国40年的经济高速增长，造就了社会主义市场经济的伟大奇迹。在转型升级、高质量发展的新时期，经过改革开放、脱胎换骨的中国工业体系和中国制造，成为中国崛起的脊梁，在国际强国的恶意打压和肆意围堵中，成为中国经济抗击打压、化解风险、逆流而上的坚强柱石。

但计划经济体制在长期实践中也存在严重的问题。宏观上，权力过于集中，忽视市场作用，生产单位缺少必要的自主权，造成体制、机制僵化，难以适应市场变化、国际竞争和科技变化的要求；实践中，计划难以有效执行，常常计划赶不上变化。微观上，生产单位缺乏自主权和独立的经济利益，在生产和重大问题的决策上没有独立性，缺乏积极性、主动性和创造力，事实上成为高度集中管理部门的执行生产的车间；实践中，就造成平均主义大锅饭，缺乏活力。在放开市场、搞活经济的改革初期，国有经济作为经营管理主体，就遭受了来自乡镇企业和三资企业的严重冲击，充分暴露了计划经济管理体制在微观领域的诸多弊端：机制不活，管理僵化；经济核算不严，缺乏约束机制；激励机制不足，企业发展与管理经营者关联度低；国有资本所有者严重缺位，劳动、管理侵蚀资本问题突出。

（一）第一代中共中央领导集体的反思和探索

计划经济体制在长期运行中出现了诸多问题，政治、经济、社会、文化等权力高度集中，甚至曾出现政治运动代替计划管理的荒唐事情，经济管理部门的权威受到严重削弱，甚至丧失了应有的独立性。生产单位政企不分，政府办企业、企业办社会，企业常常成为政府的附属部门，成为社会的一个组成部分。在我国经济遭受严重挫折和出现严重失误的过程中，以毛泽东同志为核心的第一代中央领导集体，进行了认真的反思和探索，甚至提出了打破计划经济体制、发展商品经济的思想。在理论上，市场、商品经济长期以来被等同于资本主义加以限制和否定，但在实践中，特别是经济出现严重困难的情况下，又允许一定范围和程度的发展。其中，陈云在党的第八次全国代表大会上提出的"三个主体、三个补充"的观点①，代表党内对发展商品经济最富有创见性的思想。虽然这些论断并没有突破传统社会主义的认识，寻求在原有体制内修修补补，但毕竟在经济体制上打开了缺口，为后来的改革开放提供了重要的理论借鉴和启示。

（二）邓小平同志对建立社会主义市场经济理论的杰出贡献

社会主义市场经济实践创造了中国经济在改革开放中崛起的伟大奇迹，社会主义市场经济理论是中国共产党及其领导下的中国人民在改革开放伟大实践中的历史性贡献。长期以来，我们在理论上把市场经济作为社会主义的对立物加以否定和批判；在实践中，我们在社会主义建设中大力斗私批修，努力割除商品、市场、所有权等代表的"资本主义尾巴"，对市场经济加以排斥和打击。在改革开放初期，市场经济一度成为资本主义和平演变势力的代名词，被"左"倾思想视为洪水猛兽加以批判，市场经济在改革开放的春风沐浴中，从体制外发展为体制内，从自然萌发到举国建设，最终成为中国特色社会主义最具有代表性的理论建树。社会主义市场经济不仅极大地促进了社会主义生产力的发展、人民生活水平的提高和综合国力的重大飞跃，也极大地促进了人们思想观念的解放，成为激发中国人民巨大创造力和创新力的制度活水。在一定程度上说，社会主义市场经济造就了中国崛起的经济奇迹，成就了社会主义发展的典范，发展了社会主义中国，增强了社会主义在世界范

---

① 陈云在于中国共产党第八次全国代表大会上所做的题为《关于资本主义工商业在改造高潮以后的新问题》的报告中，提出社会主义经济体制的"三个主体、三个补充"经济思想。即在国家经营和集体经营的主体下，有一定数量的个体经营作为补充；在计划生产的主体下，有一定自由生产作为补充；在国家市场的主体下，有一定范围内国家领导的自由市场作为补充。

围内的影响。在社会主义市场经济的建设过程中，邓小平同志做出了卓越的贡献。在改革开放初期，邓小平以政治家的胆识和胸怀推动我国改革开放进程，小心呵护市场经济的萌发和成长；在改革开放遇到理论上的重大困扰和实践挫折时，邓小平同志以革命家的勇气和创新精神，尊重群众的首创精神，尊重改革开放和社会主义现代化的实践成果，大胆打破传统社会主义认识上的藩篱，充分肯定社会主义市场经济的发展方向。

1979年11月，邓小平在会见美国和加拿大友人时就认为社会主义也可以搞市场经济。[①] 此言一出，可谓语惊四座。因为长期以来，无论是马克思主义经济学，还是资产阶级经济学，都把市场经济看成资本主义的内部特征，而计划经济则是社会主义的代名词，在人们刚刚从"左"的阴霾下重见天日、改革开放的序幕刚刚拉开的1979年，邓小平能够毫无顾忌地谈出上述想法，反映了他作为一名领袖的非凡见识和胆略。

承认社会主义可以搞市场经济，必须首先明确社会主义经济是不是商品经济这个问题。在这个问题上，邓小平认为商品经济从古到今都存在，是长期现象，社会主义也不例外。邓小平同志高度评价了中共十二届三中全会通过的《关于经济体制改革的决定》中"社会主义是有计划的商品经济"的新提法，指出它突破了传统社会主义的认识，"写出了一个政治经济学的初稿，是马克思主义基本原理和中国社会主义实践相结合的政治经济学"（毛强，2018）。这为理论上的进一步突破奠定了基础。

1987年2月，邓小平在谈话中进一步强调：计划和市场都是发展生产力的手段，只要有利于生产力发展就可以利用，"它为社会主义服务，就是社会主义的"[②]。此后，在1989年、1990年、1991年，邓小平在不同场合反复论述对"计划与市场"的看法；1992年，在南方视察

---

① 《邓小平文选》（第2卷），人民出版社，1994，第236页。
② 《邓小平文选》（第3卷），人民出版社，1993，第203页。

中，他又一次明确地指出："计划和市场都是经济手段""不是社会主义与资本主义的本质区别"①。从而及时地统一了全党的认识，为改革的进一步发展扫清了理论与实践上的障碍。

（三）建设社会主义市场经济的历程

1992年，中国共产党第十四次全国代表大会正式确立了我国经济体制改革的目标是建立社会主义市场经济体制。社会主义市场经济理论的建立是中国共产党长期以来坚持马克思主义与中国社会主义现代化实践相结合的结晶，是中国共产党推进中国特色社会主义伟大实践的理论成就。社会主义市场经济理论的确立有以下几点重大意义。

一是突破了过去公认的计划经济和市场经济分别代表社会主义和资本主义两种经济制度本质属性的观念，认为它们都是经济手段。

二是计划和市场是调节经济的两种手段，它们对经济活动的调节各有自己的优势和长处，在社会化大生产和存在复杂经济关系的条件下，市场经济对促进经济发展具有更强的适应性、更显著的优势和较高的效率。但两者都有自身的不足和缺陷，需要相互弥补。

三是市场经济与社会主义结合，体现社会主义的制度特征。市场经济作为经济资源配置的主要手段，没有制度属性，但与社会主义结合形成社会主义市场经济体制，具备社会主义基本制度特征，能够充分发挥社会主义制度的优越性，更有利于生产力的发展，更有利于全体人民的共同富裕。

社会主义市场经济，在政府的推动下，在理论创新的牵引下，在实践经验的推动下，从确立改革目标，搭建制度框架，进行总体部署，到建立现代企业制度，确立市场主体，建立完善市场体系，建立科学发展的宏观调控体制，发挥市场配置资源的基础性作用；从处理好政府与市场的关系，转变政府职能，完善市场体系，发挥市场配置资源的决定性作用，到更好地发挥政府与市场的作用，建立现代化经

---

① 《邓小平文选》（第3卷），人民出版社，1993，第373页。

济体系,建立更高水平开放经济新体制、建设高水平的社会主义市场经济体制。

对社会主义市场经济体制的认识不断深化(见表6-2):第一个阶段(1978~1992年),从社会主义可以搞市场经济,到建立现代企业制度,确立社会主义市场经济的公有制经济主体地位,初步明确市场经济在资源配置中的基础地位;第二阶段(1992~2003年),确立社会主义初级阶段的基本经济制度,建立与社会主义市场经济相适应的多元所有制经济主体和多元分配制度,初步建立社会主义市场经济体系的"七梁八柱",更好地发挥市场在经济资源配置中的基础性作用;第三阶段(2003~2015年),明确社会主义市场经济建设的核心问题是正确处理市场与政府的关系问题,突出强调市场在资源配置中的作用,要转变政府职能,完善市场体系和宏观调控体系,把发挥市场经济的作用和政府的作用结合起来;第四阶段(2015年至今),提出了建设更加完善、成熟、高水平的社会主义市场经济体制新目标,以适应更高水平开放、高质量发展和高强度国际竞争的需要。

表6-2 中国社会主义市场经济认识历程与重要会议

时间	阶段与重要节点	认识历程
1978~1992年	计划经济体制向市场经济体制转变	1978年十一届三中全会启动改革开放;1982年十二大提出了以计划经济为主、以市场调节为辅的原则;1984年十二届三中全会第一次明确了社会主义经济是有计划的商品经济;1987年十三大指出"国家调节市场,市场引导企业"的机制;1992年十四大把建立社会主义市场经济体制作为我国经济体制改革的目标。
1992~2003年	构建社会主义市场经济体系框架,发挥市场在资源配置中的基础性作用	1993年十四届三中全会明确了建立社会主义市场经济体制的基本框架;2003年十六届三中全会做出的《中共中央关于完善社会主义市场经济体制若干问题的决定》为进一步完善社会主义市场经济体制提出了明确的目标和任务。

剩余价值理论的创新与发展

续表

时间	阶段与重要节点	认识历程
2003~2015年	完善社会主义市场经济体制，发挥市场在资源配置中的决定性作用	2007年十七大提出了在完善社会主义市场经济体制方面取得重大进展的要求，从制度上更好地发挥市场在资源配置中的基础性作用，形成有利于科学发展的宏观调控体系等。 2013年十八届三中全会提出全面深化改革，建设统一开放、竞争有序的市场体系，处理好政府和市场的关系，使市场在资源配置中起决定性作用和更好发挥政府作用，完善社会主义市场经济体系的任务。
2015年至今	转变、优化政府职能，建立高水平社会主义市场经济体制	2018年十九届三中全会提出转变政府职能，处理好政府与市场的关系，更好地发挥市场经济的作用。 2019年十九届四中全会提出加快完善社会主义市场经济体制、建设更高水平开放型经济新体制的目标与任务，把社会主义市场经济体制上升为社会主义初级阶段的基本经济制度。 2020年5月11日，中共中央、国务院印发的《关于新时代加快完善社会主义市场经济体制的意见》进一步提出"构建更加系统完备、更加成然定型的高水平社会主义市场经济体制"的目标任务。

第七章　社会主义市场经济条件下剩余价值的生产

　　现代商品经济的充分发展是我国社会主义建设不可逾越的历史阶段，社会主义革命产生于较为落后的发展中国家的客观现实，就决定了社会主义实践必然是一条与马克思和恩格斯当年的设想所完全不同的发展路径。我们在社会主义现代化建设的实践和改革开放的伟大探索中，充分学习、借鉴了西方资本主义发展的一切有益成果，充分总结和吸取了社会主义建设的成功经验和失败教训，在不断发展和创新中坚持社会主义的基本原则和方向，创造出一条超越资本主义市场经济和社会主义计划经济的崭新的发展道路：具有中国特色的社会主义市场经济发展道路。四十余年的成功发展经验，已经证明并将继续证明社会主义市场经济的可行性与优越性。社会主义市场经济实质上是剩余价值生产与交换的经济，在理论上不仅要回答剩余价值及相关经济范畴是否存在，而且要进一步回答剩余价值的性质与来源等基本理论问题，研究剩余价值的社会主义属性与特征及其和剩余价值的资本主义属性与特征的本质区别与联系。

　　与资本主义剩余价值理论的结构相对应，社会主义剩余价值理论按照剩余价值生产运动的逻辑顺序来组织，因此可以把社会主义市场经济条件下的剩余价值理论依次分为三个部分：社会主义剩余价值的生产、社会主义剩余价值的实现以及社会主义剩余价值的分配。本章是对社会主义剩余价值生产过程的分析，通过对社会主义市场经济条件下生产过程的分析，首先回答剩余价值理论最基本的理论问题：剩余价值的生产性质与源泉。对社会主义剩余价值生产过程的分析，采用马克思在分析资本主义剩余价值来源与实质时的做法，即在孤立、静止的生产过程中，采用马克思主义经济学特有的抽象方法。

第一节 社会主义市场经济涉及的几个基本经济范畴

要研究社会主义市场经济的剩余价值问题，首先要弄清楚剩余价值理论确立的几个基本经济范畴及其理论基础的适应问题，前面已经做了探讨。其次要探讨这些经济范畴与理论在社会主义条件下的基本内涵与属性，为剩余价值理论的进一步探讨奠定基础，这是本节要做的分析。

一 社会主义市场经济条件下的劳动力商品

社会主义制度条件下的劳动力是不是商品，这个问题既是重要的理论问题，也是重要的实践问题。对这个问题的回答，不能离开特定的条件和语境，抽象地孤立地判断劳动力的属性，而应该回到具体的历史的经济环境中进行分析。在此，把劳动力身处的经济环境设定为马克思设想的共产主义未来社会。这样的社会中生产资料实行了全社会所有制，每一个劳动力都无差别地与统一的生产资料结合，劳动者个人利益与共同利益实现了高度一致，劳动者个人利益的唯一差别就是劳动的质量和数量，共产主义社会的价值规律依然发挥作用，对社会劳动进行调节和配置，个人消费品按照劳动者的劳动贡献进行分配。从理论上讲，该社会消灭了生产资料私有制和其他非社会所有制，只保留唯一的全社会所有制，劳动者个人消费品的分配依据是劳动者对自己劳动力的所有权。该社会的劳动者已经不是为资本生产剩余价值的雇佣工人，但依然是为他人进行劳动而换回自己所需要产品的劳动者，这种劳动显然具有一般商品劳动的性质。该社会消灭了劳动过程中的不平等雇佣关系，保留了

第七章 社会主义市场经济条件下剩余价值的生产

平等交换劳动的生产关系，也就是马克思所说的资产阶级法权。因为此时的劳动依然是劳动者谋生的主要工具，只有当生产力高度发达、科技高度发展、劳动已经丧失了谋生性质、衡量和配置劳动力价值的价值规律彻底丧失了存在的社会条件、劳动成为每一个人谋求全面发展的唯一需要的时候，劳动力的商品属性才会彻底消失。

劳动力成为商品是商品经济发展的必然产物，是进入现代商品经济的标志。价值、货币作为高度抽象的社会劳动的代表，在社会关系中把劳动者的出生差异、社会等级和社会关系差别都舍象掉而将他们的劳动统一为无差别、同质的一般人类劳动，由此形成了个人自由平等的人格。通过价值规律的作用（马克思设想以劳动券为媒介进行交换），发展生产力的全面性和人的全面性，是人类历史的巨大进步，也是最终通向个人全面自由发展的唯一路径，但这种历史进步和社会发展的代价就是"物的依赖关系"。如果是在不同公有制经济的社会主义条件下，不同所有制经济之间、同种所有制经济不同经济单位之间有着不同的经济利益，劳动依然是发展生产力和个人谋生的手段，劳动者个人利益与共同利益存在显著差异，劳动产品公平合理分配的手段不是计划供给，而是等价交换。该社会劳动力的商品性质比较显著，但存在的依然是非雇佣的平等、互利的生产关系。

在以公有制为主体、多种所有制经济共同发展的社会主义市场经济条件下，工人的劳动在私有制经济内部具有显著的雇佣劳动的性质，在公有制经济内部是非雇佣劳动性质的平等劳动关系，在混合所有制经济内部则是居于两者之间的过渡形式，具有雇佣劳动的外在形式，也具有平等劳动关系的内在属性。在统一的劳动力市场上，劳动者都在形式上表现为劳动力商品，否则市场机制就无法配置劳动力这个最重要的生产要素。在公有制经济（以国有经济为例）内部，劳动者也必须采取劳动力商品的形式进入生产过程。否则，如果以生产资料主人的形式进入公有制经济内部，其所有权与经济利益就会严重失衡，对于其他劳动者来说，就显得不合理、不公平。因为公有制经济毕竟只是国民经济的主体部分而非全部,与公有制经济结合的工人毕竟只有部分劳动者,其他劳动者被排斥在公有制经济之外。同理,对于公有制经济实现的经济利益,分配应不限于其内部劳动者,也应该包括与非公有制经济结合的其他劳动者。各种所有制经济主体市场经济关系的外部环境,决定了市场主体以及生产要素所有者之间只能采取市场交换关系。劳动力生产和再生产条件也决定了劳动力的性质,如果劳动力生产和再生产的生活资料采取商品形式,那么劳动力进入市场也必须采取商品形式。

二 社会主义市场经济条件下的资本

长期以来,我们都把资本看作资本主义生产关系的特有经济范畴,把资本排斥在社会主义生产之外。随着我国社会主义实践的不断探索,中国共产党第十四次全国代表大会确立了建立社会主义市场经济体制的改革目标,打破了社会主义公有制与市场经济对立的传统观点,认为市场与计划都是经济手段,不具有社会制度属性,社会主义可以更好地把两者有机结合起来,使之优势互补,发挥社会主义制度的优越性。中国共产党第十五次全国代表大会,把非公有制经济纳入社会主义市场经济的制度范畴,不仅承认了私人资本客观存在的事实,而且把公有资本纳入社会主义市场经济范畴。到中国共产党十九届四中全会,则把多种所有制经济、多种分配方式、社会主义市场经济体制均纳入社会主义基本经济制度的范畴。并且提出了加快健全社会主义市场经济体制的改革任务,"健全以公平为原则的产权保护制度,建立知识产权侵权惩罚性赔偿制度,加强企业商业秘密保护"。生产资料所有权制度及其实现的经济权利以及市场化的分配制度均已上升为社会主义基本制度范畴,对公有产权和私有产权依法进行公平保护已经成为我国法治建设的核心内容之一。

资本作为对劳动及劳动产品的支配权源于生产资料所有权,资本作为发展社会化生产力的社会职能不仅与生产资料所有权有关,也是与社会化大生产相适应的制度安排,资本作为生产剩余价值的工具是商品经济基本矛盾运动的产物,是现代生产方式运动的内在要求。生产资料所有权在雇佣劳动过程中就转化为对劳动的支配权以及对劳动产品的占有权,这就是所有权规律转变为占有规律。这些规律,在私有制经济内部就成为资本剥削雇佣劳动的自由,而在公有制经济内部就成为保障劳动者实现共同富裕和个人全面、自由发展的权力。资本作为发展社会化生产力的社会职能,是基于企业内部分工的,劳动者成为完成局部劳动的局部工人,而指挥、协调和管理社会化劳动就成为生产资料所有者的职能。社会化集体劳动不仅形成远大于个体劳动之和的社会生产力,而且为科学的大规模实验与应用提供了条件,生产资料所有权进一步发展为利用和支配科学等社会化生产力的权力。在生产、组织、管理日益社会化的今天,发展社会化生产力的职能执行者已经从生产资料所有者转变为职业化、专业化的职业经理人队伍,生产资料所有权产生的发展社会化生产力的社会职能已经从所有者手里转移到职业化的占有、使用者手里。雇佣劳动、发展社会化生产力的权利已经转移到职业经理人手里,生产资料所有者已经从生产管理过程中消失,资本所有权转变为纯粹的经济权利。

货币是商品内部矛盾运动的产物。随着货币的诞生,商品内部矛盾外部化,私人劳动与社会劳动的对立统一转为商品与货币的对立统一,每一个商品生产者与货币代表的市场力量形成对立统一关系。在现代商品经济条件下,转化为生产资料私有制与社会化大生产之间的对立统一,企业内部有计划有组织的生产与市场无政府、杂乱无章的竞争之间的对立统一。货币作为社会力量的代表不断发展壮大,成为组织、动员一切社会资源和自然资源的发展社会化生产力的社会职能的代表和化身,执行生产剩余价值、发展生产力的社会职能,货币转化为了资本。

因此,资本作为支配劳动及劳动产品的权力,源于生产资料所有权,它反映的社会关系取决于生产资料所有制的性质;也源于社会化大生产的客观需要,它是社会化经济权力的集中代表及其权威的化身。社会主义生产资料公有制反映了劳动者平等、互利、协作的生产关系,资本主义生产资料私有制反映了资本对雇佣劳动的剥削关系。资本作为发展社会化生产力的社会职能，不仅取决于生产资料所有权，而且取决于基于生产资料所有权的社会分工，取决于掌握生产资料和劳动社会性质的企业家才能。因此，资本并不是表面看起来的所具有的生产资料所有权，而是所有权背后组织、指挥和管理社会化生产的智慧与能力。资本所代表的社会力量对劳动的强制、奴役不仅源于生产资料私有制，也源于现代商品经济所特有的社会化生产所形成的客观物质力量，这种不断发展壮大的社会力量在人类尚未完全认识和掌握之前，一直作为人类异己的客观力量存在。人类在利用科学－自然力量发展生产力的同时，也必然受制于自然力的反作用，资本所代表的科学力量、市场的力量在劳动者和生产者面前成为异己的强大的客观统治力量。

在社会主义条件下，基于劳动价值理论，资本同样应该划分为可变资本与不变资本，可变资本是生产过程中投入的劳动主体因素，而不变资本则是客体因素。劳动力作为生产过程的主体因素，是创造价值和剩余价值的唯一要素，资本有机构成则反映了资本技术构成决定的价值构成，反映不同企业和产业资源配置的结构差异和不同性质。

三　社会主义市场经济条件下的必要劳动与剩余劳动

必要劳动与剩余劳动范畴是剩余价值理论的重要组成部分，马克思把资本主义工作日划分为必要劳动时间和剩余劳动时间。必要劳动时间就是补偿劳动力再生产所需要的劳动时间，是衡量资本剥削的标准（传统政治经济学教材的观点），同时也是衡量劳动贡献率的尺度。而国内有些学者认为这些范畴是资本主义专用的经济范畴，在社会主义社会并不存在反映资本主义生产关系的"必要劳动"与"剩余劳动"。如前文分析指出，马克思在分析资本主义两种剩余价值生产的基本方法时，把商品经济的逻辑起点即简单商品经济生产者自给自足的生产活动设定为必要劳动时间的标准，也就是把劳动者满足自身与家属生活需要所等价的劳动时间作为必要劳动时间，并代入剩余价值理论的分析过程中，以此作为划分必要劳动时间和剩余劳动时间的标准。

经典文本《资本论》这样按照历史起点孤立、抽象地分析得出的经济范畴会突出事物的本质，但也会形成虚假结论。所以马克思警告后人要具体问题具体分析，要把经济范畴置入发展和联系的历史过程中进行分析，以避免错误结论。在简单商品经济抽象、孤立的分析中，经典文本舍去了生产条件的分配（不具备再生产条件），代入资本主义生产，把劳动者个人的"必要劳动时间"充作全社会的必要劳动时间，作为评判资本剥削与否的标准与依据。在资本主义诞生的初期这样处理有其合理性，但作为正常的资本主义生产关系的分析结论，特别是作为脱离了语境和假设条件的绝对真理性认识就严重违反历史的事实与逻辑本身的关系。在存在普遍商品交换的社会里，劳动者个人的劳动不仅要满足自身与家属的生活需要，也要满足由分工决定的一般社会需要，至少还应该包括生产条件分配所等价的劳动时间，否则资本主义再生产就会中断。因此，马克思在《哥达纲领批判》中批判了在共产主义社会主张劳动者获得"不折不扣劳动所得"的错误观点，马克思列举了至少六种必要扣除，劳动者的所得应该是做了必要扣除的"有折有扣"的劳动所得。因此，笔者认为马克思在剩余价值理论分析中运用必要劳动时间作为划分和评判剥削的标准是在特定语境和条件下进行的判断，离开了这些语境和特定假设条件，相关结论就会产生歧义。

马克思在对剩余价值理论的分析中还有一处谈到未来社会的必要劳动时间与剩余劳动时间问题，马克思说："如果整个工作日缩小到这个必要的部分，那么剩余劳动就消失了，这在资本的制度下是不可能发生的。只有消灭资本主义生产形式，才允许把工作日限制在必要劳动上。"[①] 国内一些学者据此结论，认为社会主义不存在剩余劳动（时间），并把这些认识作为马克思主义政治经济学的唯一正确结论。实际上，对这段话的理解，离不开马克思当时的语境和假设条件，这里把自

---

① 马克思：《资本论》（第1卷），人民出版社，2004，第605页。

给自足的劳动条件作为必要劳动时间，并据此进行分析和推论。

资本主义生产的本质是剩余价值生产，绝不允许把全部工作日的劳动都用来满足劳动者自身与家属的生活需求。如果这样，生产实际上就变成了简单商品经济生产，无法创造剩余价值，也就等于消灭了资本主义生产。而在未来共产主义社会，由于消灭了资本主义生产方式，也就从制度上消灭了资本主义剥削，因此，代表剥削的剩余价值所对应的剩余劳动就被消灭了。注意：马克思这里把必要劳动作为划分与评判剥削的标准，与简单商品经济的假设条件一致，马克思本意在于强调共产主义消灭了资本主义剥削，当然也可以理解为在生产力高度发达的共产主义的，商品、阶级和国家均已经消亡，生产者的所有劳动都是用来满足劳动者及其家属的消费需要的，标志着资本剥削的剩余劳动就自然消亡了①。

实际上，这里的分析前提是孤立、抽象地分析资本主义生产方式的假设条件，如果抛开这一假设条件，据此演绎推论就容易产生错误的结论。为了纠正这种分析所形成的偏颇结论，马克思对资本主义生产方式的发展历程进行了历史的具体分析，对成熟的资本主义（商品经济）生产关系的分析结论才是合乎逻辑的正确论断。笔者认为，马克思在《哥达纲领批判》中的分析才是最符合马克思本意的。马克思认为在刚脱离资本主义的共产主义初级阶段，扣除劳动力所得必须存在剩余劳动，也就是工作日依然可以区分为满足劳动者及其家属生活需要的必要劳动与满足再生产和一般社会需要的剩余劳动。必要劳动与剩余劳动之间的关系已经不再反映资本对劳动的剥削关系，而是劳动者个体与共同体之间、现实利益与未来发展利益的分配关系，也就是相当于我们所说的个人、集体和国家之间的利益分配关系以及眼前利益与长远利益的分配关系。

在社会主义市场经济条件下，劳动者的消费与资本主义市场经济

---

① 实际上这就相当于自给自足生产方式的否定之否定的螺旋式辩证回归，这是在孤立、抽象分析的基础上，进行的纯粹逻辑演绎得出的结论。

第七章　社会主义市场经济条件下剩余价值的生产

条件下一样，都不是自给自足，而是通过满足社会需要才能满足自己及家属的消费需要。而且随着生产力发展和消费水平提高，劳动者消费的生活必需品范围不断扩大，用于满足劳动者及其家属共同需要的社会需要也会水涨船高，"在其他条件不变的情况下，必要劳动将会扩大自己的范围"①。从理论上说，社会主义性质的必要劳动要远大于资本主义性质的必要劳动，但在实践中，这些结论也许是不同的。因为，社会主义国家普遍诞生于落后国家，生产力水平低、公共产品与服务水平不高，大力发展生产力就成为社会主义国家的中心任务。而且它们面临发达国家强大的军事、科技、舆论宣传等综合优势的威压，需要拿出较大比例的剩余价值进行扩大再生产，加强军备和发展科技教育、医疗卫生等公共事业方面的支出较大，从而会相对地压缩劳动者个人的消费需要。一般来说，社会主义国家用于公共需要和投资的剩余劳动当量②的比例更大，而用于个人消费的必要劳动当量③的比例相对较小；发达资本主义国家由于用于资本积累的剩余劳动当量占比较低，用于公共产品支出的剩余劳动当量占比较高，个人必要劳动当量的总量较大，占比并不低。

在现代市场经济条件下，个人消费已经高度社会化，满足个人消费的生活资料的范围不断扩大，而且由于满足个人共同需要的公共产品与服务已经在很大程度上由政府统一生产或者提供，国家不仅没有消亡，反而职能不断扩大，作为社会利益的总代表全方位参与到生产关系的再生产过程中。无产阶级专政的对内职能有所削弱，对外职能有相当程度的强化，社会关系高度复杂，社会管理任务比较繁重，这些因素也客观地增加了对剩余劳动当量的需求。与发达资本主义国家相比，社会主义

---

① 马克思：《资本论》（第1卷），人民出版社，2004，第605页。
② 因为国内部分学者坚持认为社会主义不存在剩余价值，为了避免不必要的争论，这里把剩余价值转化为剩余劳动当量、劳动力价值转化为必要劳动当量形式来叙述。剩余劳动当量在市场经济条件下就是剩余价值，但在计划经济条件下就是与剩余价值相当的剩余劳动。
③ 在市场经济条件下就是劳动力价值，在计划经济条件下，相当于按劳分配的个人收入。

国家普遍是大政府弱社会，而资本主义则是小政府强社会。因此，在社会主义市场经济条件下，用于劳动力及其家属生活需要的必要劳动在不断增加，但由于公共产品与服务由政府统一生产或者购买并且福利性提供的程度越来越高，属于劳动者及其家属私人消费的必要劳动当量有相对缩小的趋势。所以，必要劳动范围已经无法涵盖劳动者及其家属全部生产和再生产的劳动当量，有部分劳动当量以公共产品和服务的形式进入剩余劳动范围。必要劳动主要指计入劳动者及其家属个人消费需求的劳动当量，必要劳动与剩余劳动的关系反映了社会主义劳动者个人与集体和国家之间的利益分配关系，也反映了生产资料公有制基础上劳动者等量交换劳动的平等、合作、互利的生产关系。在生产资料私有制经济内部，必要劳动与剩余劳动的关系具有明显的雇佣剥削关系的属性，但必要劳动的范围同公有制经济一样，已经无法涵盖劳动力及其家属生产与再生产的劳动当量，有部分已经划入剩余劳动的范围。

四 社会主义市场经济条件下的剩余价值

剩余价值作为价值形态的剩余劳动，只要商品交换关系存在就会作为发展生产力、作为社会进步和个人发展的物质基础而存在。剩余价值代表社会支配的自由时间，是社会分工的价值基础，是商品经济时代人类全面自由发展的重要物质尺度。在物质财富十分富足、个人全面发展的共产主义社会，由于科学高度繁荣和发达，人类劳动已经由科技代表的社会生产力所取代。作为价值尺度的社会必要劳动时间已经丧失了存在的社会条件，社会财富的内容由人类一般劳动转变成自由支配的时间，剩余劳动所代表的个人自由发展的物质内涵已经被人的自由全面发展的时间内涵所取代，剩余劳动消亡，剩余价值自然也就不复存在。在刚脱离资本主义的共产主义初级阶段，由于生产资料实现了全社会共同占有，劳动者的个人消费品分配依然采取按劳分配、等价交换的原则，剩余劳动作为劳动过程的保险基金和公共发展基金必须存在。社会化大生产作为发展生产力的客观物质力量在人类未能完全掌握以前不得不采取异己的方式，也就是继续采取商品经济的生产方式存在，剩余价值生产发展生产力，发展人类独立个性与能力、个人社会关系以及消费的全面性的历史使命依然继续存在。

在社会主义市场经济时期，由于生产力水平较低而且层次多，个人独立自主的个性以及能力还不够发展，剩余价值所代表的社会交往、社会需要全面性的物质内容仍不够充实，一般劳动作为社会财富的代表还不够充裕和丰富，剩余价值生产作为发展生产力手段的历史使命以及满足社会进步和个人发展需要的社会职能仍然十分突出，其责任重大、使命无上光荣。因此，对于劳动者创造剩余价值，是历史使命也是社会职责。剩余价值作为总体工人创造的用于满足扩大再生产需要以及一般社会需要的物质财富，不仅不能消灭，还要大力发展。在公有制经济内部，剩余价值就是由总体工人创造的大于劳动者自身价值的价值，是满足扩大再生产以及一般社会需要的物质财富，反映了社会主义性质的共同创造、共同分享劳动成果的平等、合作、互利的劳动关系；在私有制经济内部，剩余价值就是由总体工人创造的大于劳动者自身价值的价值，是满足扩大再生产、一般社会需要以及资本家及其家属消费的物质财富，一方面反映了资本剥削雇佣劳动的生产关系，另一方面也在一定程度上反映了社会主义平等、合作、互利的劳动关系。

第二节　社会主义市场经济条件下剩余价值生产的性质

一　社会主义市场经济条件下剩余价值生产的实质

为了论证社会主义市场经济条件下剩余价值生产的性质，我们不妨采取马克思的分析方法：突出社会主义生产关系的本质特征，把生产过程以及生产关系简化到极致。假设在生产资料社会所有制的条件下，共同占有生产资料，劳动者有着充分的社会分工，在任一典型的工作日内，存在必要劳动时间——劳动者用自己的一部分劳动当量满足自身与家属的生活需要，和剩余劳动时间——用余下工作日时间的劳动满足扩大再生产与一般社会需要。在这样孤立、静态的环境中，分析剩余价值的生产过程，可以拆繁就简，排除众多影响事物本质关系的生产关系表象，更好地凸显和抓住社会主义剩余价值生产的实质。

首先，社会主义剩余价值生产表现出人类物质生产的共性即一般的生产劳动过程，也表现出社会主义生产的特殊性。根据生产要求和生产目标，运用劳动资料对劳动对象进行加工，改变劳动对象的形状、结构等，生产出具有特定结构-功能、特定形状和内容的使用价值。这是人类赖以存在的物质基础，是人类所共有的生产劳动过程。在生产过程中，劳动者作为局部工人在管理者的指挥、组织和管理下进行结合劳动，与生产资料-机器体系结合共同完成生产过程。该生产过程与资本主义生产过程相比具有两大鲜明特征。

（1）生产过程的指挥、组织与管理职责，由总体工人利益的代表授权具有企业家才能的职业经理人担当。这里"资本家"职能不是源于生产资料所有权，而是源于企业家才能和总体工人的授权，经理人与总体工人就必然产生委托-代理关系。一线劳动者共同占有并使用生产资料，经理人组织、指挥和管理生产过程，代表社会化生产力发号施令、履行资本增殖的社会职能。

（2）劳动产品根据生产资料所有权归全体劳动者所有，实现了所有权规律和占有规律的统一。

其次，社会主义剩余价值生产表现出生产方式的独特性。作为社会主义生产必然体现着社会主义生产目的；作为市场经济条件下的社会化大生产，必须遵循市场经济规律。社会主义生产的目的就是满足人民日益增长的物质文化需求，最大限度地满足人民群众对美好生活的新要求。社会主义生产的目的决定了生产首先要满足劳动者的基本生活需求，第一需要；其次要满足劳动者对美好生活不断增长的需求，第二需要；最后才是满足再生产和一般的社会需要，第三需要。第一需要、第二需要的满足状况都与第三需要的满足条件息息相关。社会主义生产的目的要求社会主义市场经济不仅是一般的扩大商品生产,而且是高效率地扩大商品生产。遵循市场经济规律,就要求生产者必须通过满足他人需要通过等价交换才能满足自己的生活需要,而不是自给自足式生产。

市场经济规律决定了生产的第一原则就是满足社会需要原则。只有劳动产品符合市场需要,生产者的私人劳动才能通过交换转换成社会劳动,劳动者生产的产品才能转化为社会总产品的一部分,劳动者的劳动力价值才能实现,创造的剩余价值才能被社会承认。第二原则就是劳动效率原则,也就是用最小的投入获得最大的产出和效益。遵循市场经济规律本质上就是要充分发挥"社会必要劳动时间"对经济资源配置和利益分配的杠杆作用。从静态来看,社会必要劳动时间就是决定劳动者所生产产品价值的实现程度的标准,调节着市场利益在生产者之间的分配,进而引导经济资源的配置和流向。只有劳动生产率等于或者高于社会标准的生产者才能实现正常剩余价值或者超额剩余价值,否则是无法实现正常剩余价值的。从动态来看,社会必要劳动时间标准的调整是生产者市场竞争、劳动生产率提高的结果。只有那些不断推进科技进步、管理创新,不断推动生产资料变革和生产过程社会化水平提升的生产者,才能获得并保持生产率优势,才能获得高于社会平均水平的剩余价值,才能不断发展壮大。因此,具备生产率演进优势的企业才具备超额剩余价值生产的能力。而超额剩余价值生产才能满足社会主义大力发展生产力的迫切要求,才能实现社会主义阶段满足人民日益增长的物质文化需要和对美好生活的新要求的生产目的。因此,社会主义生产不仅不是一般价值生产,也不是一般剩余价值生产,而是超额剩余价值生产。

二 社会主义市场经济条件下剩余价值率变动趋势

剩余价值率依然有存在的价值和意义。在公有制经济内部,剩余价值率表现为总体工人以及劳动者个体对社会财富的贡献率,相当于劳动生产率的基本内涵,反映了社会主义平等、合作、互助的生产关系。在私有制经济内部，剩余价值率具有显著的二重性：一方面表现为总体工人对资本增殖的贡献率，另一方面表现为总体工人对社会财富的贡献率；后者反映了个人、单位和国家之间的利益分配关系，具有社会主义生产关系的属性；前者反映了资本对劳动的雇佣剥削关系。

在现有的国民经济统计中，GDP（国内生产总值）是国民经济核算的核心指标，作为衡量一个国家或地区经济状况和发展水平的重要指标，就是一个国家（或地区）所有常住单位在一定时间内生产活动的最终成果，其价值形态就包括可变资本（V）和剩余价值（M），而我国现有统计系统并没有这两类具体统计数据。但收入法有关统计指标比较接近相关数据。根据 GDP = V + M = 劳动者报酬 + 资本所有者的利息 + 土地所有者的租金 + 企业利润 + 企业间接税 + 资本折旧，如果假定 V = 劳动者报酬[①]，则可以推出 M = 资本所有者的利息 + 土地所有者的租金 + 企业利润 + 企业间接税 + 资本折旧 = GDP − 劳动者报酬。在收入法统计数据中剩余价值大致相当于 GDP 减去劳动者报酬的余额，可以根据剩余价值率 = 剩余价值/工资 × 100% = （GDP − 劳动者报酬）/劳动者报酬 × 100% 进行计量比较。由于劳动者报酬是不区分行业和部门的总体数据，因此算出的结果就是全员剩余价值率。

如图 7 − 1 所示，中国全员剩余价值率总体呈现波动上升趋势。其中 2002 年由于入世的冲击，全员剩余价值率下降至 0.870，位于该阶段的历史低点。随即在入世利好的刺激下，在对外贸易高速增长和国内经济高速增长的带动下，全员剩余价值率快速攀升，到 2004 年达到 1.326，随之有所回调，到 2007 年又抬升至 1.333 的历史高点。随之在国际金融危机的冲击下，迅速下滑，2008 年下降到 1.040，略高于 90 年代的平均水平。2011 年回升至 1.229，接近历史高点。在全球经济增

[①] 劳动者报酬这里指劳动者因从事生产劳动而从单位获得的各种形式的报酬，包括工资、福利和其他实物形式的劳动报酬以及工资收入者必须缴纳的所得税及社会保险税。在统计中，农户和个体劳动者生产经营所获得的纯收益主要是劳动所得，也都列入劳动者报酬中。

速放缓的影响下，开始波动下滑，到 2017 年下降至 1.105，仍高于 90 年代的平均水平，也高于 2000 年以来的低点。说明我国劳动力对剩余价值生产的贡献率虽然在经济波动条件下有所下降，但上升趋势并没有发生根本改变。从剩余价值率的历史数据来看，劳动生产率稳步提高是长期支撑我国经济快速增长的经济原因。90 年代的剩余价值率较低，外延式粗放型经济增长的特征十分显著，而进入 21 世纪以来，剩余价值率波动提高，虽然两次遭遇世界经济波动冲击，但仍然保持了较高的水平，说明我国经济增长质量和效益显著提高。

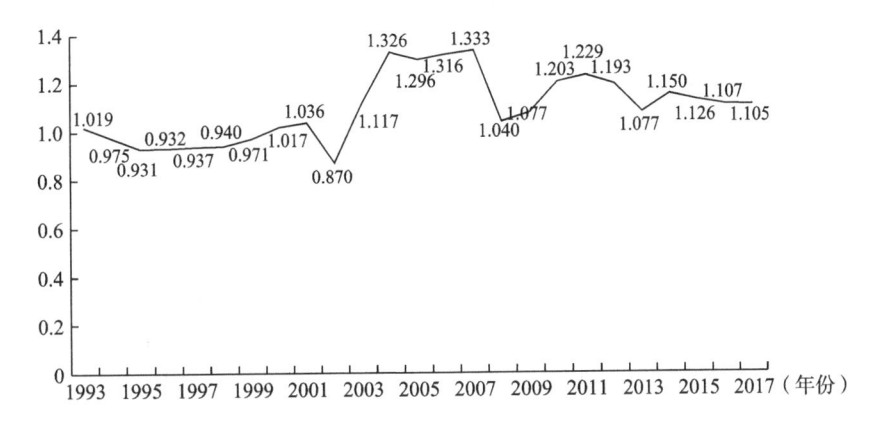

图 7-1 中国全员剩余价值率走势（1993～2017 年）

注：原始数据均源自《中国统计年鉴》（由于国家统计局 2018 年至今没有公布收入法具体数据，因此 2018～2021 年数据缺失）。

第三节 社会主义市场经济条件下剩余价值的源泉

根据马克思的劳动价值理论，劳动是创造价值的唯一源泉，在社会主义市场经济条件下也是如此，剩余价值自然也是由劳动者创造的大于其自身价值的价值，或者是由劳动者在剩余劳动时间创造的那部分价值。这里的劳动者不仅包括一线工人，还包括技术人员、工程师以及管理人员和科研人员，是直接参与商品生产的劳动人员和参与商品研发、设计、营销和售后的服务人员，是总体工人的概念。因此，剩余价值可以定义为由总体工人劳动创造的大于他们自身价值的那部分价值或者由总体工人在他们剩余劳动时间创造的那部分价值。从理论上讲，剩余价值的源泉就是一般人类劳动；从生产过程来看，创造剩余价值的一般人类劳动包括直接和间接参与生产过程的所有总体工人的结合劳动。如果进一步具体分析，剩余价值的源泉问题，实际上也就是如何定义总体工人，或者说如何确定生产劳动的范围问题。一般来说，随着社会分工日益广泛和深入，生产劳动的范围不断扩大。

一 物质生产领域的生产劳动

马克思认为对生产劳动的定义与生产关系或生产方式的属性有关。在资本主义生产方式中，只有生产剩余价值的劳动才是生产劳动，否则就不是生产劳动。生产劳动范围就比较小，把小生产者和自由职业者都排除在外。在社会主义市场经济条件下，生产的首要动机是满足人民日益增长的消费需要，生产剩余价值只是达到这一目的的手段或工具而已，由此生产劳动范围扩大。因此，生产劳动不仅包括生产剩余价值的劳动，包括生产一般商品的劳动，还包括自给自足性消费品的生产劳动。当然，从劳动者的贡献来看，生产剩余价值，特别是生产超额剩余价值的劳动贡献最大，简单商品生产者和其他小生产者贡献很小，其劳动在于养活自己与家属，几乎不产生剩余价值。这是最符合马克思经典定义的内涵。另外，对上述概念做进一步延伸，把总体工人概念纳入物质生产领域，直接参与或者间接参与物质生产过程的总体工人的劳动都属于生产劳动。除一线工人的劳动外，还包括工程师、技术人员、科技研发人员的劳动，以及包装、运输过程的劳动和营销人员的劳动。只要他们的劳动创造的价值大于自身价值就会产生剩余价值。

二 精神产品生产领域的生产劳动

精神产品就是满足人们精神、文化消费需要的产品，包括有形产品和无形产品。有形产品，产品的内容与物质载体结合在一起形成有形的精神产品，像书籍、绘画和音像制品等，该类产品具有使用价值和价值。如果该类产品的劳动者是雇佣劳动者，他们创造的大于自身价值的价值就是剩余价值。无形产品，该类产品不需要物质载体，其提供者的劳动过程与使用者的消费过程同步，随着消费过程的完成，劳动过程一起消失，比如教师的授课劳动、歌唱家的演唱劳动，医生的医疗服务劳动。当然随着信息技术发展，这些劳动过程也可以借助信息媒介保存起来。这些劳动满足了人们学习、审美和医疗的需要，具有使用价值，也具有价值，其价值就是劳动者自身学习的培训费用以及再生产劳动力的费用。如果这些劳动者是雇佣劳动者，他们创造的大于自身价值的价值就是剩余价值。

三　管理领域的生产劳动

在社会化集体劳动过程中产生的对集体劳动的组织、指挥、协调、管理对应的劳动称为管理劳动。管理劳动不直接生产产品，而是通过对劳动过程的管理提高社会化生产的分工协作效率，提高总体劳动的生产率。该类劳动需要充足的管理知识、管理经验、管理能力与管理技巧，是复杂的脑力劳动。生产过程的管理劳动不仅创造使用价值，而且创造剩余价值，是现代生产方式提高劳动生产率的主要手段。不过在私有制经济内部，管理劳动具有二重性：一方面，是创造剩余价值的一般商品生产劳动，另一方面，也是剥削雇佣工人的过程。行业管理劳动或中介组织的劳动，也属于管理劳动的范畴，也是生产商品的社会必要劳动的组成部分，是创造价值的劳动。国家或者政府的管理劳动具有二重性：一方面，作为发展经济、管理公共事务的经济、文化、社会管理部门的劳动属于社会必要劳动一部分，创造价值；另一方面，作为阶级统治职能的政治统治活动，属于不创造价值的非生产劳动。

四　服务领域的生产劳动

服务领域情况比较复杂，有些服务行业属于精神劳动的范围，如歌唱家的劳动；有些属于服务于人类自身的劳动，如医生的劳动既提供无形产品，也提供有形服务；餐饮行业的劳动，提供有形产品，既创造使用价值又创造价值；还有些服务行业不创造价值。因此，服务业要具体问题具体分析。只有创造价值的行业劳动者被雇用创造大于自身价值的价值，才属于创造剩余价值的劳动，否则视为不创造剩余价值的劳动。

五 科技创新领域的生产劳动

在生产领域，直接生产过程中的科技劳动可以定性为生产劳动，其实，所有科研活动都属于生产劳动。自然科学研究自然规律，为人类认识自然、利用自然，并将自然规律应用于生产过程提供了理论基础；社会科学研究社会规律与发展趋势，为社会管理和服务提供理论支撑和政策支持；心理、思维科学研究人类特有心理、思维活动及其规律，为人类的身心健康发展和社会、政治、经济、文化等活动提供心理、思维知识和理论基础。科学及其应用研究的劳动，对劳动者知识储备和创新能力提出很高要求，而且科学发现和技术创新不仅要充分学习和借鉴前人的一切研究成果，而且属于开拓性探索活动，有成功的可能，但失败概率更高，由此科技劳动具有高投入、高风险的特征。科技劳动的市场回报主要以发明专利获得知识产权的形式实现。面向市场的科学应用研究劳动，一旦成功，市场价值很高，回报也很高；对于成果应用前景广阔或者具备应用价值的，但目前不具备应用条件的科技劳动一般采取市场与政府相结合的方式进行；而对于远离市场，甚至根本无法应用的科学发现和理论创新的劳动，是无法用市场手段进行配置的，这部分科技劳动主要由政府提供支持。因此，面向市场的科技劳动创造价值，而且会创造远大于自身价值的剩余价值，是现代生产方式提高劳动生产率、扩大剩余价值生产的主要手段，而对于远离市场甚至成果没有应用价值的科学研究，创造的使用价值就是发现和探索真理，属于生产劳动，但不创造剩余价值。

对剩余价值源泉的认识不仅是创造价值的劳动的认识问题，其实还涉及对生产劳动的定义问题。因为这些问题，前面已经探讨过，这里就不再展开。

第四节 社会主义市场经济条件下剩余价值生产的演进历程与驱动力量

改革开放以后，市场经济在我国从民间自然发轫到政府有计划推动。在这个伟大转型期间，我国的剩余价值生产方式也由外延式生产逐步转变为内涵式生产，由低级生产率优势竞争逐步过渡到中高级生产率优势竞争。剩余价值生产由绝对延长劳动时间、提高劳动强度这种比较原始的方法逐步过渡到相对剩余价值生产。在相对剩余价值生产方法占据主导的条件下，可以把剩余价值生产的驱动力量进一步划分为静态生产率优势和动态生产率优势。静态生产率优势随着新技术的扩散和竞争的加剧会逐步消失，而只有具备动态生产率优势，剩余价值的生产才可以不断延续和发展。

一 社会主义市场经济条件下剩余价值生产的演进历程

社会主义市场经济条件下的剩余价值生产，可以划分为外延式剩余价值生产和内涵式剩余价值生产。外延式剩余价值生产是主要依靠增加生产要素投入、扩大生产规模来增加剩余价值的生产方式，内涵式剩余价值生产是主要依靠科技进步、管理创新和劳动力素质提高来提高劳动生产率，增加剩余价值的生产方式。在微观领域，外延式剩余价值生产对应绝对剩余价值生产，内涵式剩余价值生产相当于相对剩余价值生产。

由于社会主义的社会性质，我国对微观领域的绝对剩余价值生产方法有严格的限制，理论上不允许企业采取延长劳动时间或者提高劳动强度的方式获取更多剩余价值，劳动力成为商品的主要原因不是丧失了生产资料而被迫依靠出卖劳动力谋生，而是为了增加收入、改善生活状况而参加雇佣劳动。例如，20世纪70~80年代，在实行家庭联产承包责任制后，农业的劳动生产率有较大提高，加上农业生产的季节性，农村出现了大规模剩余劳动力。而当时在深圳等先期开放的沿海地区，外资企业和民营企业大量兴起，这些企业需要大量劳动力，而且工资水平远高于内陆省份。比如，深圳20世纪80年代对农民工就开到三四百元的工资，相当于内陆省份体制内工资的10倍左右。巨大的比较利益差距是内陆省份劳动力向东南沿海地区流动的主要驱动力，不仅农村劳动力向东南沿海地区转移，而且相当比例的体制内劳动人员不惜辞职南下打工、经商，俗称"下海"。

对于企业而言，无法简单依靠加强剥削促进剩余价值生产[①]，更多地依靠增加投资、扩大生产规模，增加剩余价值。一方面，中国长期低工资、低物价形成相对于国际市场超强的价格优势，对外出口增长迅猛；另一方面，国内市场长期处于短缺经济环境中，只要能够满足市场需要，就不愁销路。在外资企业的影响和带动下，民营企业和乡镇企业遍地开花，迅速崛起。从宏观上看，生产力发展迅速，剩余价值总量迅速扩大。民营企业和乡镇企业迅速崛起给同行业国有企业带来巨大的竞争压力，国有企业机制不活、效率不高、成本管控不严、人浮于事、产权不清等弊端迅速暴露出来，在资金、技术要求不高的日常消费产品领域，民营企业和乡镇企业的竞争优势不断强化，在这些行业和领域一批企业逐步做大。

20世纪90年代以来，随着生产力发展，中国市场不断壮大，特别是以基建、建筑业为代表的居住、交通市场开始崛起，世界500强企业纷纷来华投资，中国消费市场出现了以居住和交通为代表的消费结构转型与升级；以国有企业为代表的重工业，经过市场化转型与现代企业制度改革，逐渐走出低谷，迎来高速发展的新时代。随着国内市场的迅速扩大，国有企业也迎来了以投资和规模扩大为主导的外延式剩余价值生

[①] 实际上，当时，在私营企业内部，工人在利益驱动下大多愿意放弃节假日休息或自动延长劳动时间，以获取更高的工资收入。

产高速扩张时期。经过 10 年高速扩张，国有企业和民营企业都迅速做大做强。

自入世以来，在国内市场中成长起来的国有企业和民营企业，以强大的价格优势横扫世界市场，中国也成为同时期经济全球化最成功的国家之一。2001~2008 年中国对外贸易、国民经济和财政收入均保持了高速增长，对外贸易年均增速超过了 25%，国民经济增速均超过 10%，财政收入年均增速超过 30%。到 2010 年，中国成长为世界第一大货物贸易出口国，世界第一大工业品生产国，GDP 连续超过英国、德国、日本，成为仅次于美国的第二大国家。该阶段，国际市场迅速扩大，成为国内企业做大做强的驱动力，以投资和扩大生产规模为特征的外延式剩余价值生产迅速扩张。不仅民营企业增长迅速，而且国有企业增长迅猛。2008 年以来，国际金融危机的影响持续发酵，世界经济发展趋缓，民族主义和贸易保护主义抬头，国际市场竞争加剧，中国在经过 30 年经济高速增长后，生产力水平上了几个大的台阶，人民群众的生活水平从温饱过渡到小康。

2003 年以来，"民工荒"从东南沿海地区迅速扩展到内陆省份，劳动力工资水平迎来了久违的连续多年的上涨，劳动力价格优势不断减弱，支撑我国长期外延式剩余价值生产的生产要素价格优势快速消失，国内市场高度饱和，国际市场竞争激烈，外延式剩余价值生产难以为继，一些先知先觉的企业逐步转型到以研发投入、技术进步、管理创新和劳动素质提升驱动的剩余价值生产，也就是相对剩余价值生产。2003 年以来，特别是 2008 年以来的十几年间，国内涌现出以华为为代表的民营高科技企业，它们迅速崛起；以高铁为代表的国有交通运输设备制造商不断成长。可以说 2008 年对于中国来说是新旧生产方式转型起点之年，2015 年以来，以"创新、协调、绿色、开放、共享"发展理念推动经济高质量发展，已经成为举国上下的共识。企业的发展走上以注重质量、效益为特征的内涵式剩余价值生产时期。无论是外延式剩余价值生产时期还是内涵式剩余价值生产时期，生产率优势都是国内优秀企业迅速崛起的根本动力。企业只有具备生产率优势才能在激烈的国内国际市场，打败对手，获得正常水平以上的剩余价值，才能为资本积累提供源源不断的资金储备；只有具备动态生产率优势，才能一路领先，不断超越对手、不断积累超额剩余价值，不断发展壮大，在国内市场做大、在国际市场做强。

二　社会主义市场经济条件下剩余价值生产的驱动力量

（一）静态生产率优势

初级生产要素优势阶段，在缺乏资金、技术等的情况下，可以通过引进外资，引进零部件加工组装，对外出口；在具备资金条件的情况下，自己加工组装，进行销售。如果国内市场狭小，可以通过对外贸易，进军国际市场。改革开放初期，我国主要是利用劳动力、土地和资源廉价的优势，通过引进外资打通对外贸易通道，在外资的带动下，国内企业的加工贸易迅速崛起。当时，加工贸易高速崛起的秘诀就在于具备生产要素价格优势；在具备资金、技术的情况下，全产业链生产优势突出。1990~2010年，我国很多产业迅速崛起，靠的就是中国制造产业链的价格优势。

在丧失初级生产要素优势、具备资金优势阶段，充分利用经济危机或者经济衰退阶段形成的并购机遇，通过市场补短板，创造新的生产率优势。在步入2010年以后，我国很多劳动密集型产业逐步丧失了价格优势，但随着我国消费水平提升，原来偏好价格的消费结构逐步转型升级为偏好品牌和质量的消费结构。国内的优秀企业瞄准国内市场的变化和自己竞争优势的短板，开始走出国门，在全球范围内配置中高级生产要素，补齐生产与营销短板。如购并国际品牌与研发团队，再如购入具备核心技术的中小企业或购并具备当地营销渠道优势或原材料优势的企业：一方面，可以通过打通产业链，塑造产业链整合优势；另一方面，通过购入国际品牌、技术，创造本企业品牌、技术优势。这样就通过塑造新的生产率优势，跨越低端的价格优势，步入中高端的产业链优势与技术优势阶段。

在具备资金、品牌和技术优势阶段，利用时机打造市场垄断优势和研发创新优势。一般而言，具备资金、品牌和技术优势，在大众消费品市场就可以坐享市场红利，获取丰厚的剩余价值回报。但是如果不具有研发创新优势，少数的关键核心技术受制于人，在一般非战略性行业和领域，就会被高端产品和技术打压，被低端产品的追赶冲击。因此，要打破这种局面：一方面，要加强市场竞争，彻底击败竞争对手，形成市场化垄断地位；另一方面，必须加大研发投入力度，通过研发和创新，聚焦核心竞争优势，掌握行业发展领导权和主导权。在战略性行业或高新技术领域，如果缺乏关键的核心竞争优势，就容易被对手卡脖子，受制于人。比如，IT产业的高端核心制造技术及制造设备属于战略性产品，目前主要掌握在欧美企业手中，中国通信设备制造商华为、中兴的产品被美国以国家安全名义下令禁止购买，此时再强的资金、品牌和技术优势都会化为乌有。战略性领域的核心竞争优势是买不来的。只有通过国内市场，汇集资金、技术和人才进行高强度研发和长时期的市场应用，才能突破发展瓶颈，才能获得研发创新优势。

（二）动态生产率优势

生产率优势是建立在生产要素禀赋基础之上的，只有符合和发挥生产要素优势，才能建立可持续的生产率优势。但随着生产力发展水平提升，生产要素优势发生变化，只有适应生产要素结构变迁，创造适应变化了的生产要素优势的生产率优势，才能避免陷入既有的生产率优势陷阱，推进生产率优势演进到更高的层次。以先导优胜企业作为典型，就可以得到生产率优势完整的演进路线（见图7-2）。

在具备初级生产要素优势的基础上，发挥政府的作用，弥补缺乏市场或者市场机制的缺陷，利用外资（包括企业家才能）及其技术，把生产要素优势转化为产品价格优势，从加工组装，依靠单纯的要素优势；到独立生产制造，形成生产价格优势；再到规模优势和产业链优势。规模优势和产业链优势可以有效抵御初级生产要素优势减弱的影

剩余价值理论的创新与发展

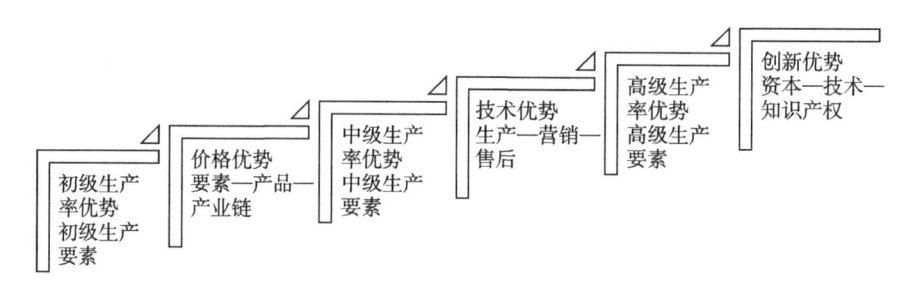

```
                                              ┌──────────┐
                                              │创新优势   │
                                              │资本—技术—│
                                    ┌─────────┤知识产权   │
                                    │高级生产  │
                                    │率优势    │
                          ┌─────────┤高级生产  │
                          │技术优势  │要素      │
                          │生产—营销—│
                ┌─────────┤售后      │
                │中级生产  │
                │率优势    │
       ┌────────┤中级生产  │
       │价格优势│要素      │
       │要素—产品—│
┌──────┤产业链    │
│初级生产│
│率优势  │
│初级生产│
│要素    │
```

图 7-2　生产率优势演进路线

响，形成初步超越初级生产要素优势的新生产率优势，为产业转型升级和结构演进创造条件。

在丧失初级生产要素优势的条件下，利用规模优势和产业链优势创造过渡时机，利用剩余价值生产长期积累形成的资金优势，改造初级生产要素，汇集中级生产要素和塑造中级生产要素优势：改善交通基础设施，提高教育水平与质量，提高劳动力素质，鼓励投资技术改造、引进以及研发，改善市场环境与提高政府管理和服务水平，完善公共产品供给，提高公共产品效率，等等。引导企业充分利用新生产要素、塑造和发挥中级生产要素优势。可以重复初级生产要素发展路径，早期通过引进外资及其技术，利用中级生产要素优势，把要素优势转化为产品价格优势，从加工组装优势到生产优势再到产业链优势。一般来说，中级生产率优势阶段的产业与消费市场转型升级息息相关，开始从劳动密集型产业转向资金密集型产业，而资金密集型产业不仅资金投资规模较大，而且技术要求较高，技术借鉴、吸收、再创新都需要大量资金、人力和物力，这些都突出了该阶段资金优势的特点。仅仅只有资金雄厚还不够，还必须把资金优势转为技术优势，才能形成资金密集型产业的生产率优势，从单纯的加工组装优势到生产优势再到产业链优势。因此，该阶段可称为技术优势阶段。该阶段在资金优势的支持下，逐渐形成基于成熟技术的生产率优势，在市场上表现为初期的生产优势、中期的营销（品牌）优势，后期形成包括售后服务的全流程质量优势。

在技术优势不断丧失的条件下，要走出被高级生产率优势打压和初

第七章 社会主义市场经济条件下剩余价值的生产

级生产率优势追赶的困境,就要充分利用资金密集型产业形成的规模优势和产业链优势创造的过渡时机,改造升级中级生产要素,汇集高级生产要素和塑造高级生产要素优势。该阶段要高质量高标准完善市场经济体系、提高政府管理和服务水平,建设高水平对外开放的现代产业体系和国民经济体系。既要发挥本国资源、人才、技术和市场优势,也要充分利用全球资源、人才、技术和市场,如此才能打造具有世界级优势产业的竞争优势。要汇聚世界上一切优势生产要素为我所用,就必须创造制度、教育、人才和创新优势。在高级生产要素的基础上,从产品创新到技术创新再到新产业规则创新,打造引领产业发展、主导产业链分工的国家创新优势。在高级生产率优势阶段,资本积累转化为产品资本优势,技术积累转化技术创新优势,新产业规则积累转为知识产权优势。目前,我国很多产业领域的优势企业具备产品创新能力,它们在一些中低端产业领域具备技术创新和规则创制能力,已经成长为世界级领先企业;而在高端技术装备领域、在战略性产业领域,还缺乏关键的核心技术能力,缺乏必要的核心知识产权储备,缺乏对产业的引导能力,缺乏对产业链布局和配置的影响力。

根据支撑生产要素层级不同和附加值高低,产业或产品生产率优势从低向高依次为初级生产率优势、中级生产率优势和高级生产率优势。如图7-3所示,生产率优势的不同层次,是建立在不同层级生产要素的基础上,而除了初级生产要素是生产率优势形成的初始条件外,中高级生产要素都是通过长期积累和有意识投资培养才逐步形成的。因此,没有政府的积极干预、积极善为就不可能依赖市场经济自然地形成。所以,政府超前规划和布局,积极引导也很重要。我国初级生产要素优势的积累与塑造是在计划经济时期进行的:长期低物价低工资,造就超低生产要素价格;较完整国民经济体系成为对外开放和改革的物质技术条件;高度集中的组织与管理以及广泛存在和高效率运作的基层政权组织,为解决市场早期低效率和失灵问题提供了强大的组织和政策保障;而计划经济造成的长期供应短缺的卖方市场,则为草根创业提供了巨大

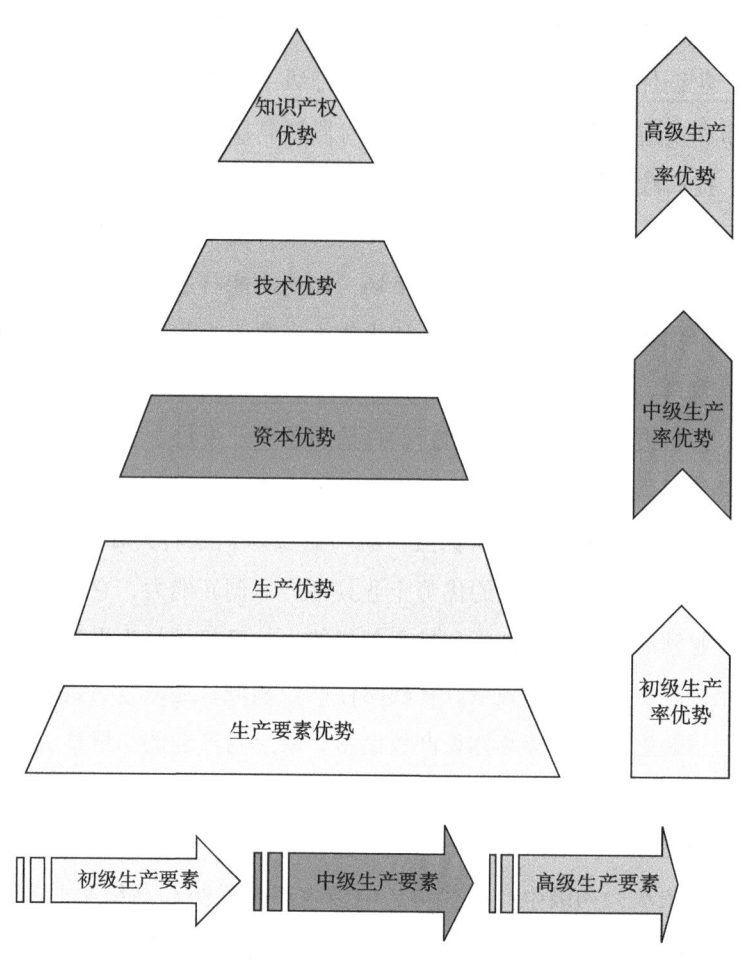

图 7-3　生产要素与生产率优势演进关系示意

的需求市场。随着改革开放，生产要素不断解放，消费市场随着生产力发展水涨船高，正是国内的广阔市场为国内中小企业崛起和走向国际市场提供了舞台和空间。

一般来说，初级与中级生产率产品市场，主要体现出不同层次的价格优势，产品都比较亲民，消费者市场比较广阔，而高级生产要素由于价格昂贵，性价比并不高。因此，高级生产率产品市场比较狭小。由于具有巨大的规模市场优势，只要我国在初级、中级生产率产品市场层次上取得了零的突破，巨大的规模优势就会逐步成为我国在不同层次攻城拔寨，不断在国际市场上迅速崛起的战略优势。当然，在高科技领域，比如在高端芯片和工业软件领域，规模经济失去了作用。很多高科技领域是高投入、高风险、高回报的产业。一旦市场化成功，就具有效益递增的效应，特别是知识产权高度密集的软件行业，其边际生产成本几乎可以忽略不计，所以扩张成本几乎为零，扩张速度十分惊人。知识产权密集型产品与服务的这些特点就必然导致高端垄断的"寡头市场"，这些行业形成的产品容量十分有限，通行规则就是赢者通吃——市场高度垄断，非垄断企业由于市场太小，一般无法生存。因此，这些领域的发展需要政府强大的支持和长期投入，用政府之手消除市场的不确定性，在市场前景明朗的条件下，高科技行业就成为高速增长的"朝阳产业"。

我国目前已进入高级生产率优势的塑造时期，不仅需要政府在集聚高级生产要素方面做大量工作，为吸引和留住高级生产要素提供优厚的待遇和宽松的条件，还需要持续的长期投入，为高科技产业发展提供资金支持，就巨大研发投入和市场试错行为为高科技产业的高风险买单。在科研产出明确、市场前景广阔的条件下，资本就成为推动产业高速发展的强大驱动力。一旦在关键领域、战略产业方面取得高级生产率优势，中华民族伟大复兴之路就不会有今日之曲折和磨难。而大范围的科研突破和巨大市场的应用就是一场新的产业技术革命。因此，当代中国需要政府、人才和企业紧密合作，推动新的科技革命爆发。

第八章 社会主义市场经济条件下剩余价值的实现

关于社会主义社会的剩余价值实现问题,在计划经济时期,由于在理论上不承认市场经济,在实践上把市场经济等于资本主义进行否定和批判,把剩余价值作为资本主义特有现象进行否定,所以也就从根本上否定了剩余价值的实现问题。在改革开放以后,在实践中,市场经济不断发展壮大;在理论上,最终打破了市场经济与社会主义的对立,把社会主义市场经济作为经济体制改革的目标。在理论界长期被否定的经济范畴和概念逐步回到了经济领域:资本、利润、剩余价值等。剩余价值的实现既是资本主义生产在流通领域的自然延续,是生产剩余价值目的的进一步体现,关系生产者的命运,也是再生产剩余价值的必要前提。只有实现了剩余价值,全部预付资本才能收回,资本积累才有可能,扩大再生产才具备条件;如果剩余价值不能实现,就意味着全部预付资本有可能无法收回,再生产的条件就可能丧失。虽然社会主义生产的性质与目的和资本主义生产不同,但作为社会再生产条件的剩余价值实现仍然是实现社会主义再生产的基本条件。

第一节 社会主义市场经济条件下剩余价值实现的理论问题

社会主义是否存在剩余价值实现问题,首先,这是社会主义理论问

第八章 社会主义市场经济条件下剩余价值的实现

题。如果社会主义如马克思的设想那样建立在高度发达的资本主义基础之上，消灭了商品交换和货币，在全社会实行有计划的组织生产和分配，那么，剩余价值生产和实现都将随着商品经济消亡而消亡；如果社会主义建立在自然经济或者资本主义不充分发展的物质基础上，资本主义与商品经济发展的历史使命尚未完成，如果社会主义实行市场经济，这将超出马克思和恩格斯等经典作家对未来社会的认识。其次，这也是社会主义的重大实践问题。苏联与东欧社会主义的实践证明，社会主义计划经济难以超越资本主义市场经济的发展活力，能否在实践中创造既充分发挥市场经济优势、克服计划经济缺点，又发挥计划经济长项化解、克服市场经济缺失的，超越资本主义市场经济的社会主义经济运行体制，关系社会主义的生死存亡，也关系中华民族能否实现伟大复兴。

一 马克思和恩格斯关于社会主义剩余价值实现的基本观点

马克思在《资本论》中为后人留下了系统、丰富的剩余价值实现理论，但那是阐述资本主义市场经济条件下的剩余价值实现条件、过程与规律的，并没有涉及社会主义市场经济条件下的剩余价值实现问题。因为在马克思和恩格斯关于未来社会的设想中市场经济并不存在。上一章在探讨社会主义市场经济条件下剩余价值生产实践问题时，侧重于社会主义现实问题分析，并没有对马克思和恩格斯等人的社会主义有关理论进展展开讨论，在此进行补充。

（一）资本主义剩余价值实现的一般观点

马克思从微观、中观与宏观几个方面对剩余价值实现问题进行分析。在微观领域，马克思通过分析剩余价值的生产历史解读了不同发展阶段两种不同的剩余价值实现方式。在确立资本主义生产方式前期，资本主义早期的生产建立在手工劳动的基础上，进入生产过程的雇佣劳动者还保留独立劳动者的经验和技能，资本家还无法掌握生产过程，劳动对资本的隶属关系还仅限于形式上。这样在资本家占有生产资料的基础上，实现了劳动者的简单分工协作。虽然分工协作提高了生产率，但生产率提高十分有限。因此，剩余价值生产和实现主要依靠延长劳动时间和提高劳动强度的剥削和压榨。在确立资本主义制度以后，建立以机器大生产为基础的现代生产方式，劳动者变成了适应机器体系运动的局部劳动者，形成了以所有权自由交换和严格的工厂制度为基础，以资本化科学应用为原动力，以生产资料变革、管理创新以及生产社会化程度提升为核心内容的驱动生产力发展的动力机制。在资本主义时期的市场充分竞争中，形成了以科技创新为动力、以管理效能提高和生产社会化程度提升为基础，不断适应市场竞争的需要、持续提高生产率的动态生产率优势——企业实现剩余价值包括超额剩余价值的根本动力。

在中观领域，马克思把在孤立、静止的假设条件下的资本主义生产过程与运动、联系的资本流通过程结合起来进行分析，建立了产业资本循环的中观基础。产业资本循环理论关于市场主体的剩余价值实现问题，其实就是产业资本顺利实现循环的基本条件，产业资本要在生产领域和流通领域实现统一。在三种资本形态——货币资本、生产资本和商品资本之间实现统一，要求产业资本在空间上，三种资本形态并存；在时间上，三种资本形态顺次继起，连续不断。产业资本循环的实现不仅体现为价值层面的实现，也体现为实物形态上的补偿；产业资本循环不仅是生产条件的实现，也是资本积累的前提条件，是剩余价值的再生产问题。

宏观层面，马克思把相互作用、密切联系的产业资本结合起来进行分析，提出了社会资本再生产（扩大再生产）的理论，认为社会资本再生产的中心环节就是社会总产品的实现问题，既包括社会总产品的价值实现也包括社会总产品的实物补偿。因此，社会生产两大部类以及各个部类内部之间都必须保持一定的比例关系，这揭示了社会化大生产有计划按比例生产的经济规律。

（二）未来社会不存在剩余价值的实现问题

经典作家马克思和恩格斯认为资本主义必然灭亡的历史趋势就源于资本主义基本矛盾：生产资料私有制与社会化大生产之间的矛盾。其中的主要表现之一就是市场主体企业内部有组织生产与整个市场无政府竞

第八章 社会主义市场经济条件下剩余价值的实现

争之间的对立状态,而产生无序竞争的根源就在于自由竞争的市场机制。在他们看来,市场机制是产生无政府竞争、垄断、经济危机和社会两极分化的直接因素。在分析资本主义历史暂时性及其发展趋势的基础上,对未来社会共产主义的基本经济特征进行了初步的概括和描述:消灭资本主义生产资料私有制,建立劳动者共同占有生产资料的公有制;消灭竞争和市场经济,实现全社会有组织的计划生产;消灭阶级和剥削,个人消费品实现了劳动面前人人平等的公平分配;等等。

恩格斯在《共产主义原理》和《社会主义从空想到科学的发展》中对未来共产主义社会的经济基本特征进行了具体说明。认为未来新社会,生产资料转变为社会占有,生产者之间的利益对立将会消灭,商品、货币及其导致的拜物教就会随之消失,市场竞争也将被有计划的自觉的组织生产所代替。[①] 无产阶级在取得政权后,将以社会真正的代表"国家"的名义占有全部社会化生产资料;随着国家自行消亡,生产资料变为共同占有的公共财产,生产资料的资本属性被社会生产力属性所取代,生产资料成为劳动者生存、发展和享受的真正物质基础[②]。过去作为奴役、剥削劳动者的异己力量——被资产阶级垄断的生产资料所有权,在社会主义社会就变成了劳动者当家做主、自由全面发展的物质基础。这也就从根本上消灭了生产的资本主义性质,彻底改变了生产的目的与动机。生产资料的共同占有,消灭了由生产资料所有权带来的利益差别;消灭了市场经济存在的所有制基础,消灭了以所有权为基础的市场斗争和竞争;消灭了生产过程的资本化所形成的生产与消费的边界;消灭了产生经济危机的制度根源,避免了由此产生的浪费和破坏;消灭了对社会财富的垄断占有所形成的穷奢极欲的浪费,为生产力的充分发展彻底扫清了障碍。"通过社会生产,不仅可能保证一切社会成员有富足的和一天比一天充裕的物质生活,而且还能保证他们的体力和智力获得充分的自由的发展和运用,这种可能性现在是第一次出现了,但是它

---

① 《马克思恩格斯全集》(第19卷),人民出版社,1963,第245页。
② 《马克思恩格斯全集》(第19卷),人民出版社,1963,第241页。

确实是出现了。"① 生产资料的共同占有使按预定计划组织生产成为可能，使服务于全社会每一个成员的需要成为生产唯一的目的，在人们掌握了生产资料所代表的社会力量，掌握了社会化大生产的经济规律后，"社会的生产无政府状态就让位于按照全社会和每个成员的需要对生产进行的社会的有计划的调节"②。

由此可见，在马克思和恩格斯设想的未来社会中，消灭了剩余价值生产，恢复了生产资料服务于人类生活与发展需要的本来面目，按照社会与每一个成员的生活与发展需要进行有组织的计划生产。虽然马克思的剩余价值实现理论所揭示的社会化大生产经济运行规律依然发挥着不可替代的作用，遵循经济规律进行计划生产替代了无政府状态的市场竞争。但如何顺应经济的发展需要，驱动物质形态的社会财富无限涌流，推动社会发展与个人发展尺度由物质财富标准向自由时间标准转变，不仅是重大的理论问题，也是社会主义高度发展的重要实践问题。

二　苏联社会主义实践中的剩余价值实现问题

在社会主义实践中，以斯大林为代表的苏联共产党人最早探讨了社会主义的商品经济理论问题。斯大林在《苏联社会主义经济问题》中，对社会主义实践中的有关理论问题进行了探讨和总结。

首先，社会主义生产是没有资本家的特殊形式的商品生产。这就把商品生产与资本主义生产区别开来。商品生产自从人类进入阶级社会就存在，而只有在劳动力成为商品、生产资料成为生产剩余价值的物质条件时，商品生产才成为资本主义生产。在苏联社会主义社会，虽然消灭了生产资料私有制，建立起社会主义公有制，但没有彻底消除产生商品交换的社会条件。其一，社会分工不仅存在，而且更加发展，具备商品交换的前提条件；其二，由于城乡采取不同公有制形式——城市采取生产资料国有制和农村除土地、大型农业机械属于国有外，其余的生产资

---

① 《马克思恩格斯全集》（第19卷），人民出版社，1963，第244页。
② 《马克思恩格斯全集》（第19卷），人民出版社，1963，第241页。

料采取集体农庄所有制——不同所有制经济之间以及不同经济主体之间存在较大利益差别,存在商品交换的基本条件。所以,不同所有制经济之间的经济关系采取商品交换形式,个人消费品分配也采取商品交换形式。在苏联社会主义实践中,生产资料分配采取计划形式,排除在商品交换范围之外。由此看来,社会主义商品生产是特殊的商品生产:与资本主义商品生产不同,是没有资本家参加的、联合起来的社会主义生产者参与的商品生产;商品生产的范围仅限于消费品和不同所有制经济之间的交换。

在苏联社会主义经济内部,全民所有制经济的生产资料属于全民所有的财产,集体农庄所有制经济的基本生产资料包括土地和大型生产工具都属于全民所有的财产,正是由于两种不同经济形式的生产资料都属于全民所有,所以才消灭了商品交换存在的基本条件。因此,生产资料不属于商品范畴,商品生产仅限于消费品领域。生产资料是通过国家统一计划进行分配,而生活资料是通过市场交换而实现分配。在农业领域,小型农具属于农庄所有,农产品也属于农庄所有,集体农庄与国有经济之间有不同的利益,二者的产品交换采取商品交换的形式。正是由于社会主义基本生产资料采取全民所有形式,其商品生产与资本主义生产存在根本不同。在社会主义经济内部,彻底消除了资本性质,生产的目的就是满足全体社会和每一位成员日益增长的物质文化需要,劳动人民成为掌握国家政权和生产资料的主人,作为反映资本与劳动雇佣关系的经济范畴——作为商品的劳动力、剩余价值、资本、资本利润、平均利润率等已经不复存在,劳动者在联合生产过程中形成了平等、合作、共享的生产关系。

其次,价值规律仍然发挥作用,但作用的范围缩小。在经济领域由于普遍存在社会生产与交换,价值规律"也继续存在",但其作用范围受到限制。[1] 其一,价值规律在消费领域发挥作用。由于生活资料领域

---

[1] 《斯大林选集》(下卷),人民出版社,1979,第567页。

存在商品生产与交换，价值规律主要通过流通领域发挥作用，调节生活资料的交换与分配。其二，价值规律的作用也表现在生产领域。由于城乡的生产资料生产与分配不通过流通领域，而是通过计划进行。因此，斯大林认为，价值规律对生产资料的生产与分配不起调节作用，但对生产资料的生产仍然发挥重要的作用。因为存在再生产过程，领导和组织生产必须充分考虑抵偿劳动力耗费的生活资料的价值，这影响生产的投入与产出效率。因此，价值规律对于"这样一些问题，如经济核算和赢利问题、成本问题、价格问题等等，就具有现实的意义"[①]。虽然生产资料在国内进行计划生产与分配，主要受有计划按比例生产规律制约和调节，价值规律的影响也受计划经济的作用与限制。但在对外贸易中，在国际市场上，生产资料同其他国家出口产品一样都是商品，价值规律必然对出口生产资料的生产与流通发挥作用，并调节对外贸易的流通与利益分配。

再次，有计划按比例的生产规律依然发挥作用，但性质不同。有计划按比例生产反映了社会化大生产内部运行的客观要求。在资本主义市场经济条件下，产业资本循环顺利进行条件的达成、社会资本再生产条件的实现都是通过市场机制做到的，社会资本有计划按比例生产的客观要求也是通过市场无政府状态的竞争来实施的。当再生产比例出现重大失调时就必然会导致严重的"生产过剩"，而通过市场机制的作用，相对过剩的生产被强制地清除，再生产比例得以恢复，从而造成资源的大量浪费和生产的严重破坏。在社会主义条件下，有计划按比例生产规律"是作为资本主义制度下竞争和生产无政府状态的规律的对立物而产生的"[②]。由于社会主义建立在统一的生产资料全民所有制基础之上，社会总产品生产与实现总体上采取统一的计划管理，从而就彻底消灭了在资本主义市场经济中的竞争与无政府状态。与资本主义相比，发挥作用的机制不同、生产资料的基础不同，作用效果不同。"国民经济有计划

[①] 《斯大林选集》（下卷），人民出版社，1979，第553页。
[②] 《斯大林选集》（下卷），人民出版社，1979，第544页。

发展的规律……使我们的计划机关有可能去正确地计划社会生产"①，该规律是实施计划经济的理论依据，也是编制国民经济发展计划的基础。资本主义必然导致经济危机周期性地爆发，社会主义不仅消除了经济危机，而且有利于保护和发展生产力。

在苏联社会主义实践中，形成了以生产资料全民所有制为基础的高度集中的计划管理体制，即斯大林模式。斯大林模式总体上适应了战争环境与大规模经济重建的需要，也较为适应具有高速追赶特色的发展战略。在世界反法西斯战争中、在苏联战后的经济重建中，创造了连续30年的高速工业增长，创造了社会主义计划经济的发展奇迹。在高度集中的管理体制下，苏联创造了计划经济生产、交换、分配、消费高度统一的发展模式。把商品生产与交换主要限制在生活资料方面，限制在流通领域，把剩余价值生产与实现排除在社会主义商品生产与交换之外。斯大林模式初步展示了社会主义计划经济的优越性，突出了国家（政府）在经济管理和发展经济方面极端重要的作用与地位。但随着外部强大压力的退去，面对纷繁陆离的经济关系，高度集中管理体制的弊端逐步显现，特别是在兴起的新科技革命的冲击下，斯大林模式的僵化、保守、低效率、低效益就成为制约社会主义发展的体制问题。

在苏联社会主义实践中，苏联共产党人充分认识到商品经济存在的客观必然性，并对剩余价值实现理论的适应性问题进行了探索，认为马克思剩余价值实现的基本原理总体上适应社会主义经济。比如，价值规律、有计划按比例生产规律（社会再生产理论）等在社会主义公有制经济条件下依然发挥作用。但认为社会主义商品经济具有显著的过渡色彩，随着全民所有制经济成为统一的经济形式，商品经济就必然消亡。斯大林的社会主义商品经济理论具有显著的过渡性质：一方面，坚持了马克思和恩格斯对未来社会的论断；另一方面，又根据苏联社会主义实践的特殊性提出了与前人的不同认识。首先，第一次突破社会主义等同

---

① 《斯大林选集》（下卷），人民出版社，1979，第544页。

于计划经济的认识。认为商品经济不同于资本主义，提出了社会主义存在商品生产与交换的基本观点。根据历史唯物主义原理，对社会主义经济理论进行突破性的探索，为我国社会主义市场经济建设提供了重要理论启发和实践借鉴。其次，理论不彻底。斯大林对马克思和恩格斯有关社会主义经济思想的认识显得过于保守，有教条主义之嫌。他把对社会主义理论的突破和实践局限于马克思和恩格斯判断的范围内，对商品经济的认识局限于计划经济体制范围内，对社会主义商品经济的认识虽打开了经典作家认识的缺口，但也局限于对前人理论的修补与微调，对马克思和恩格斯关于未来社会的设想几乎全部照搬，没有实质性的突破。

苏联对社会主义的伟大贡献，就是把马克思和恩格斯关于未来社会论述的一些原则和设想变成了具体、生动的伟大社会主义经济实践，并创造了社会主义计划经济高速工业化的成功奇迹，逐步彰显了社会主义制度的强大生命力和优越性。形成了第一个较为系统的社会主义经济理论体系，为社会主义后来者提供了具体的参照模式和行动指南。

三　中国特色社会主义建设中的剩余价值实现问题

新中国成立后，我国建立起以国营经济为主导的过渡时期的五种所有制经济，其中个体农业和手工业占据人口的绝大多数，国营经济虽然在工商业中不是主体但掌握着国计民生的关键领域和部门，掌握着几乎全部的近现代工业，处于国民经济的领导和主导地位。经过"三大社会主义改造"，在1956年底建立起以公有制经济为基础、高度集中的计划管理体制。在农村，经过社会主义改造，消灭了个体农业，建立起"三级所有，队为基础"的政社合一的集体所有制经济；在城市，经过社会主义改造，消灭资本主义工商业和个体手工业，建立起国有国营的全民所有制经济。在公有制经济内部，实行统一计划、统一组织生产，个人消费品实行按劳分配也就是按照劳动者对集体或者国家的劳动贡献分配；在农村，实行了等级工分制；在城市，实行了等级工资制。这种基本经济结构一直延续到改革开放，这是中国共产党第一代领导集体借鉴

第八章 社会主义市场经济条件下剩余价值的实现

苏联社会主义模式并将之与中国实践经验相结合的产物,被后人称为苏联模式或者传统社会主义模式。该模式被概括出公有制、计划经济、按劳分配三大基本特征。它排斥商品经济与市场,在实践中,把市场经济视为社会主义的对立物,等同于资本主义,实际上也就否定了社会主义存在剩余价值,也就进一步否定了剩余价值的实现问题。

改革开放以后,中国共产党逐渐认识到我国长期处于社会主义初级阶段的特殊国情,实现了全国工作重心的转移,把经济建设作为国家长期的中心任务,逐步形成了以经济体制改革和对外开放为抓手的经济发展战略。党的十二届三中全会通过的《中共中央关于经济体制改革的决定》突破了把计划经济同商品经济对立起来的传统观念,认为商品经济的充分发展是社会主义不可逾越的发展阶段,把商品经济纳入社会主义计划经济体制,明确了社会主义经济是公有制基础上的有计划的商品经济,为发展商品经济铺平了道路。

随着家庭联产承包责任制的推广,政社合一的人民公社体制解体,规模庞大的农村剩余劳动力被释放出来。在城市,随着企业自主管理权的落实和市场放开,商品生产、市场交换迅速得到发展。在外资的带动下,乡镇企业、民营企业不断崛起,成为推动商品生产与交换的有生力量,特别是在深圳等经济特区的改革实践:实现了全面市场化改革试验不断取得超预期发展,创造了连续高增长的经济奇迹。而广大内地的经济则陷入"一放就乱、一管就死"的发展困局,特别是国有企业在三资企业、乡镇企业和民营企业的激烈市场竞争中,机制不活、动力不足、管理低效、预算约束不严等弊端充分暴露出来,很多陷入经营困难、资不抵债甚至破产的境地。由农民、市民、乡镇企业、三资企业和民营企业推动的自发市场经济与国家有计划组织的国有经济形成不断加剧的摩擦与冲突,导致广大内陆地区以国有经济为主体的经济受到巨大冲击:财政状况不断恶化,企业经营举步维艰,大量企业关门倒闭,大量工人下岗失业。与此形成鲜明对比的是,经济特区、沿海开放地区和乡镇企业、民营经济活跃的地区,经济一片欣欣向荣、生机勃勃。深圳等经济特区以及沿海地区的实践说明，市场经济比传统计划经济更能发挥企业以及员工的积极性和创造性，更能适应不断开放的经济环境，更有利于发展和解放生产力。

在"苏东剧变"的冲击下，改革开放一度陷入停滞，来自"左""右"的思想干扰严重影响经济发展。邓小平同志在关键时刻，不顾年事已高，到改革开放的前沿地区上海、武昌、珠海、深圳等地视察，对长期困扰我国经济发展的主要理论问题做了科学阐述和回答。第一次从理论上纠正了市场经济与社会主义长期对立的认识，明确了计划与市场都是经济手段，而不是社会主义与资本主义的本质区别；第一次明确了社会主义本质以及评判社会主义改革的是非标准，把长期以来忽视的生产力的解放与发展问题纳入社会主义本质范畴，在生产力与生产关系的动态统一中对社会主义本质特征进行了全新阐述，从生产力标准的高度以及发展生产力手段与目的相统一的视野提出了社会主义改革方向的评判标准，为社会主义取向市场经济奠定了理论基础。

党的十四大最终把建设社会主义市场经济体制作为经济体制改革的目标，党的十七大提出从制度上更好发挥市场在资源配置中的基础性作用，十八届三中全会提出要使市场在资源配置发挥决定性作用和更好地发挥政府作用；2020年，中共中央、国务院发布的《关于新时代加快完善社会主义市场经济体制的意见》明确提出："社会主义市场经济体制是……社会主义基本经济制度的重要组成部分"。经过四十多年的理论探讨与实践探索，中国人民终于走出了一条有别于苏联社会主义计划经济、超越资本主义市场经济的社会主义市场经济发展之路。这条道路把计划与市场的优势结合起来，取长补短，充分发挥社会主义制度的优越性，已经初步展示出强大的生命力。

在社会主义市场经济条件下，不仅依法保护生产要素所有权及所有者利益不受侵犯，而且不同所有制经济主体依法享有同等的市场主体的全部权利。十八届三中全会在《中共中央关于全面深化改革若干重大问题的决定》中强调"公有制经济和非公有制经济都是社会主义市场经济

第八章　社会主义市场经济条件下剩余价值的实现

的重要组成部分，都是我国经济社会发展的重要基础""保证各种所有制经济依法平等使用生产要素、公开公平公正参与市场竞争、同等受到法律保护"，即强调不同所有制经济在法律上的平等地位、在市场参与中的公平机会，"坚持权利平等、机会平等、规则平等"。

我国社会主义经济的所有制结构以及国有经济产权结构的多元化决定了我国商品生产与商品交换的客观存在。改革开放以来，我国逐渐形成了以公有制经济为主体、多种所有制经济共同发展的经济结构。"经济基础"打破了计划经济时期的单一公有制经济结构，不仅存在传统的国有经济和集体经济这样的公有制经济形式，存在外资经济、民营经济、个体经济，而且存在为数众多的混合所有制经济。不同所有制经济之间存在不同的经济利益诉求，它们之间的产品交换只能采取商品交换形式。在公有制经济内部，计划经济时期单一的国有国营经济经过多年的混改，大多已经变成多元所有制的混合经济形式。一般来说，所谓公有制经济主要是指国有控股经济、集体控股经济，也就是公有制经济控股的经济形式，而对于公有制经济参股经济则归入非公有制经济的范畴。以公有制为主体、多种所有制经济共同发展的经济结构决定了市场经济主体的多元性，多元产权结构的公有制经济决定了公有制经济必然采取市场化方式进行生产与交换。

在社会主义市场经济条件下，无论是公有制经济还是各种非公有制经济，都依法享有独立的市场主体地位以及公平、自由追求市场经济利益的权利。虽然社会主义的生产目的并不是追求剩余价值，但市场经济的环境决定了市场主体的直接目的仍然是获取剩余价值。因为，其一，剩余价值的实现就是社会扩大再生产的条件。剩余价值是资本积累的源泉，剩余价值的实现是企业扩大再生产的前提条件，是社会主义市场经济发展的微观物质基础。其二，剩余价值的实现本身就是通过市场机制而实现的，剩余价值实现既是市场竞争的结果，也是市场机制配置资源的产物。市场机制通过对剩余价值实现程度的调节实现经济资源在不同市场主体之间的分配，调节着市场主体再生产的条件。其三，剩余价值的实现程度是市场机制发挥作用的风向标和市场主体活力的参照系。实现正常的剩余价值是每一个市场主体正常运转的主要指标，说明该企业具备正常经营能力和市场地位。在市场经济环境中，无论是对于公有制经济还是对于非公有制经济，市场主体优先的目的都是维持自身正常产业资本循环的条件和再生产条件，而剩余价值的实现就是维持产业资本循环和社会资本再生产的条件，也是产业资本循环和社会资本再生产的具体过程的一个方面。因此，社会主义生产不仅不能排斥剩余价值的实现，而且必须以剩余价值的实现为前提和基础，同时实现剩余价值本身就是商品经济环境中的社会主义生产目的的一部分。只有剩余价值顺利实现，社会主义再生产才能维持和不断扩大，才能实现社会主义的生产目的，才能为满足人民不断增长的物质文化需要奠定物质基础。

第二节　社会主义市场条件下剩余价值实现的实践探索

我国在计划经济时期实施了优先发展重工业的战略。在苏联等社会主义国家的帮助下经过两个五年计划，在"二五"时期建立了比较完整的国民经济体系。1953~1978年，工业产值年均增速达到11.3%，为改革开放奠定了工业物质技术的基础；虽然人民生活改善缓慢，但人口增长了近1倍，1978年人口年龄中位数在20岁左右，为改革开放提供了源源不断的人口红利。此外，计划经济形成的低物价、低工资以及极低的资源价格也是支撑改革开放要素价格优势的条件。

一　中国社会主义市场经济体制改革的基本经验

改革是从农村、农业、农民中率先获得突破的。在天灾贫困面前，安徽凤翔县小岗村自发地搞起土地承包，当年就解决了吃饭问题，而且破天荒地首次向国家交了公粮。1982年小岗村的经验被总结为家庭联产承包责任制，在全国推广，政社合一的人民公社很快解体，数以亿计的长期被困在农村、农业的剩余劳动力被解放出来。改革之所以率先在农村突破，主要是农村属于计划经济管理的薄弱地带，国家对农村、农业的投资很少，改革几乎没有成本。农村生产力基本还处于千年传承下来的传统农业阶段，没有多少现代农业机械，耕作还主要依靠手工劳动，搞集体生产缺乏必要的物质技术基础，无法形成社会化生产力。因此，在保持土地集体所有的前提下，退回到以家庭为单位的农业经营模式，既能保证生产资料使用上的公平，又能激发家庭劳动的积极性，适应了生产力发展的要求，总体上比大集体更有利于发展农业生产。农业、农村的改革提高了农业生产率，解放了农村劳动力，基本解决了农民的温饱问题，为大规模工业化提供了农业剩余和源源不断的劳动力。

在放开市场搞活经济政策的推动下，计划经济的突破是从体制外增量改革起步的。经济特区、沿海地区率先开放，引进了市场化经营管理模式，在经济特区实行市场经济体制改革试验，体制外自发的创新创业活动打开了市场化经营管理的新天地。大量的外资引进，不仅解决了发展工业的资金短缺问题，还带来了市场化的先进经营管理理念与方式。其一，外资企业立足中国生产要素优势，把中国生产纳入世界分工体系之中，这样就把中国长期存在的潜在要素优势转化为参与世界分工的生产率优势。其二，外资企业的高速发展产生了巨大的"鲶鱼效应"，激发了民营经济、乡镇企业的发展，引导体制内企业的市场化转型。在国有企业的市场化转型过程中，国有企业改革为多种所有制经济创新、创业提供了源源不断的技术、人才、设备、经验以及市场资源，成为推动乡镇企业发展和民营经济崛起的催化剂。而计划经济时期优先发展重工业的战略，导致国内生活消费品严重短缺，而生活消费品生产的技术门槛低、资金需求少，为具备商业意识敢闯敢试的创业者提供了大量的创业机遇与广阔的市场空间。

著名社会学家费孝通概括提出的四大县域模式"苏南模式""东莞模式""温州模式""晋江模式"，都是体制外剩余价值生产与实现的典型代表。东莞依靠毗邻港澳的地理优势，大力引进外资，积极承接来自台湾地区、韩国和日本的产业转移。1978~2007年，东莞市累计利用外资341.5亿美元，年均增长43.1%，形成了外资主导、出口导向型增长模式。① 利用外资带来的技术、管理与市场，发挥劳动力、土地等要素的价格优势，进行加工组装，然后出口。苏南模式则是"两条腿"走路：一方面，抓住世界产业转移和国内三线企业内迁，创造条件积极引进电子半导体等产业；另一方面，充分利用国有企业的外溢效应，在城乡接合地带大力发展传统工业，培育一大批有一定规模的乡镇企业。昆山市是典型的外资主导、出口导向型经济，而江阴市发展的则是内需拉动型的传统产业，其主力是乡镇企业。温州模式与晋江模式比较接近，这些地方交通不便，远离中心城市，经济资源贫乏，缺乏接受海外产业转移和国有企业外溢效应的有利条件。在缺乏资金、技术、厂房的条件下，凭借浓厚的商业意识，从身边的基本生活消费需求做起，从简单模仿开始，凭借家庭手工业和家庭工厂创业，因陋就简，因地制宜，把劳动密集型的鞋帽、服装、小商品等日常消费品做成了大产业。

  总的来看，不同地方都不约而同地选择体制外——主要是农村或城乡接合部作为摆脱计划经济体制约束、发展市场经济的突破口。这并不是偶然的，而是有客观的道理。城乡接合部靠近城市，接近市场，容易获得城市外溢的资金、技术、人才、信息和营销渠道资源的支持。而游离于体制外的生产要素不受国家计划的统一管制，特别是农村或城乡接合部，存在大量剩余劳动力以及可以低价甚至无偿使用的场地和房屋。这些地方特别适合开展资金投入少，几乎没有技术门槛的日用消费品的生产与销售，成本低、风险小。也适合开展有一定技术和资金要求的产品生产与销售，因为使用农村剩余劳动力、廉价土地及厂房和二手机器设备，创业成本与风险远低于城市。只要产品适销对路，就是质量差一些，凭借超低成本优势，在改革开放初期日常消费品十分短缺的环境

---

① 《东莞模式》，百度文库，https://wenku.baidu.com/view/5489d7fdaef8941ea76e0596.html。

中，销售也不会存在问题。当然，出口导向型生产则充分利用我国从农村转移出来的充裕剩余劳动力以及廉价土地和资源，在国际市场上，劳动密集型产品具备超强的价格优势。因此，在充分竞争的国际市场或者国内买方市场条件下，剩余价值实现主要取决于生产，"萨伊定律"在这种条件下就得到充分体现。但是在计划经济体制内部，我国的市场经济环境还处于发轫之中，生产要素流动与配置障碍很多，如何把富足、廉价的生产要素转化为生产率优势和市场竞争优势就考验着各地政府的智慧和能力。因此，积极善为的政府是发现生产要素优势并推动它转化为生产率优势的主要推手。在计划经济体制环境中冲破体制束缚，打造有利于生产要素流动与配置、有利于发挥本地生产要素优势、有利于创新与创业的相对宽松的区域环境就成为积极善为政府进行开拓创新的社会职能。

二 社会主义市场经济的中心任务与国企改革

确立适应市场经济环境的国有经济是建设社会主义市场经济的中心问题。作为社会主义市场经济体制的重要支柱，国有经济经过40多年的改革，逐步建立了与社会主义市场经济体制相适应的产权结构、管理和经营体制。

第一阶段，放权让利，推进市场化经营，释放企业活力。改革首先在政府与企业关系方面取得突破，在不触动产权的前提下，推动两权分离，赋予企业独立经营权利，在一定程度上调动了企业的积极性。当时出现以马胜利为代表的经营承包制，一度向全国推广，但最终归于失败。究其原因：不改变产权结构，缺乏有效的市场经济环境，企业独立经营权难以有效落实，缺乏长期的激励和约束机制，就会出现急功近利的短期行为，就容易导致国有资产的流失。

第二阶段，国有企业产权改革，建立与市场经济相适应的现代企业制度。经过十几年的改革开放实践探索，社会主义市场经济从体制外走向体制内。党的十五大报告明确了"以公有制为主体、多种所有制经济共同发展"的所有制结构为基本经济制度，为市场经济建设提供了多元化的市场主体，而建立社会主义市场经济的关键问题在于解决公有制经济与市场经济的结合问题，也就是在实践上既要保持公有制的主体地位又要确立公有制经济的市场主体地位。从理论上回答了公有制经济的主体地位不仅体现在数量上，也要体现在质量上，体现在国有经济在国民经济中的主导地位以及控制力上。这就为公有制经济结构的布局调整和内部所有权改革提供了理论依据。

公有制经济与其实现形式是既相互联系又有区别的，不同所有制经济可以采取相同的实现形式，而同一性质所有制经济可以采取不同的实现形式，这样就为竞争失利的国有经济兼并重组、转型改制指明了方向，为适应市场经济优胜劣汰趋势、实现形式多样化改革提供了理论支撑。对于中小企业，适应市场竞争要求，采取多种实现形式；而对于大中型骨干国有企业，采取股份制公司改造，使股份制成为公有制经济的主要实现形式，建立归属清晰、权责明确、保护严格、流转顺畅的现代产权制度，建立适应社会主义市场经济发展的现代企业制度，实现股权多元化，建立有效激励和约束机制，建立健全法人治理结构。"放小"，中小国有企业转型改制，实现多元化经营管理方式，搞活了经济；"抓大"，对于控制国民经济命脉和关乎国家安全的大型国有企业、基础设施和重要自然资源领域的国有企业，优化国有经济结构布局，盘活国有经济，增强国有经济的控制力和影响力。但也存在严重问题：经营管理者权责统一到位了，但国有资产所有者权利无法落实，在转型改制过程中，由于国有资产的市场价值尚未完全发现，所以必然会造成国有资产的严重流失；管理效益与企业发展利益无法统一，对经营管理者缺乏有效的长期激励机制，容易导致经营管理者急功近利，而忽视甚至放弃企业长远发展利益。

第三阶段，政资分开，建立和完善国有资产管理体制，推动国有经济分类改革。国有企业改革不断深化，激发了国有企业的活力。重化工业是国有企业的主要布局领域，国内消费市场随着生产力水平不断提高而不断转型升级，国家对基础设施的投资力度不断加大，以居住需求为主导的民间需求不断增加，为推动国有企业发展提供了源源不断的动力。国有企业在改革中焕发强大生命力，迅速发展壮大，成为支撑中国经济崛起的中流砥柱。据有关统计，全国国有及国有控股企业效益大幅提升，净利润从2003年的202.3亿元增长到2013年的1.9万亿元[1]；在工业增加值率、劳动生产率等通用的绩效指标方面，我国有约1/3的行业中领先的国有企业进入全球500强。可见，国有经济已经充分适应市场经济发展环境的要求，公有制经济与市场经济兼容的问题已经在实践中得以解决。当然国有企业依然存在不少问题：由于国有资产所有者缺位、法人治理的运行制度不健全，对管理层缺乏严密的有效监督，往往导致国有资产严重流失；经过兼并重组，很多国有企业处于市场垄断或自然垄断地位，严重限制市场竞争，处于垄断地位的国有企业低效问题十分突出；国有企业管理者兼具行政官员与职业经理人的双重身份，导致政资不分，"行政化"经营现象严重（黄茂兴和唐杰，2019）。国有企业要作为市场经济的合格主体，就要在产权明晰、权责利统一的基础上，解决市场的独立性问题，在政企分开的基础上，还要进一步推进政资分开，政府的社会管理职能与国有资产所有者的职能也要明确区分开来（黄群慧，2018）。我国国有企业的改革在理论与实践上，彻底打破了公有制经济与市场经济对立的传统认识，解决了公有制经济与市场经济的兼容、统一问题。

国有企业改革之前，单一产权的国有经济在非公有制经济的迅速崛起中受到巨大冲击和影响，很多企业陷入经营困难甚至濒临破产的境地，充分暴露了传统国有经济的弊端和问题，为国有企业的改革与转型提供了挑战与机遇。通过不断改革与发展，国有企业在多元产权结构的基础上建立起与市场经济发展相适应的现代企业制度；通过"抓大放小"，国有资产战略性兼并重组，公有制经济的

---

[1] 数据来源：《国企完成蜕变，创造让国人无比自豪成就》，人民网，http://finance.sina.com.cn/china/20130415/043215144885.shtml，2013年4月15日。

实现形式实现了多样化；通过优化国有经济布局，国有企业在事关国计民生、国家安全的领域以及新兴战略领域和关键高科技领域不断做大做强，增强了对国民经济的控制力和影响力，成为支撑中国经济崛起的坚实的物质技术基础。国有经济作为社会主义市场经济的重要主体是通过不断深化改革而达成的。在市场经济条件下，剩余价值的实现不仅是国有经济做大做强的前提条件，也是国有经济承担社会责任的物质基础。

第三节 中国社会主义市场经济剩余价值实现的主要历程与特点

改革开放以来的42年间，我国GDP实现了年均9.4%的高速增长，从1978年的3678.7亿元增长至2019年的988529亿元[①]，由此创造了远超资本主义发展速度的世界经济发展奇迹。与此同时，资本形成率均保持较高水平。2005年以来，资本形成率均超过40%，年均大约为45%，相当于世界平均水平的2倍。这充分验证了资本积累是社会资本扩大再生产驱动力的原理，而资本积累来源于剩余价值的实现，从而说明了社会主义市场经济剩余价值的顺利实现和不断扩大是推动我国经济增长的根本原因。从微观领域来看，剩余价值顺利实现来源于生产企业个别生产率等于或高于社会平均生产率的生产率优势，而企业持续保持生产率优势才是剩余价值顺利实现并不断扩大的源泉。

一 中国社会主义市场经济条件下剩余价值实现的主要历程

在当代中国剩余价值实现的历程，就是改革开放以来推进工业化发展的历史进程。中国当代的工业化进程大致划分为三个阶段：第一阶段，轻工业崛起时期（1978~2000年）；第二阶段，重工业崛起时期

---

① 这里的几个数据，均为笔者根据历年《国家统计年鉴》有关数据，在1978年不变价基础上进行计算得出的结果。

(2000~2012年)；第三阶段，高质量转型发展时期（2012年至今）。

（一）第一阶段：轻工业崛起时期

根据著名学者文一教授的观点，我国在1978~1988年形成了以乡镇企业崛起为代表的农村地区的原始工业化阶段。十年间，乡镇企业从原来的150万家增长到1890万家，增长了近12倍；农村工业产值从515亿元增长到7020亿元，年均增速29.85%，增长了12.6倍，占当年GDP的比重也由14%提高到45%。其间，乡镇企业资本存量由230亿元增加到2100亿元，年均增速24.75%，增长了8.13倍。[①]

改革开放以来，中国工业化从农村拉开大幕，而且从日常消费品领域打开缺口，并不是偶然的。首先，庞大的市场需求驱动。计划经济时代实行优先发展重工业的战略，而与人民生活息息相关的轻工业长期得不到发展，日常消费品长期处于短缺状态，市场需求的驱动力量很强大。其次，农村工业化成本优势突出。农业实现家庭联产承包责任制，不仅提高了农业生产率，在农村积累了一定农业剩余，提供了一定消费条件（城市放开市场、搞活经济的改革也提供了市场环境和消费条件），而且极大地解放了农业剩余劳动力。农村存在大量的剩余劳动力、积少成多的闲散资金以及几乎无偿使用的土地。农村在资金需求少、技术门槛低的日常消费品领域创业，成本低风险小。再次，人民公社留下的大量社办企业，以及国有企业、三资企业的外溢影响成为创办乡镇企业技术、知识的直接源头，特别是广泛存在的社办企业成为孵化乡镇企业的母体。最后，改革开放形成的地方经济发展竞争的社会环境，非常有效地把中国各级政府官员变成了高度激励的"公众商人"，造就了新一代既有商业头脑又有行政能力的一大批管理者（文一，2016，第49页）。

通过集体经济把农业剩余集中起来作为原始资本，通过行政权力把生产要素动员和组织起来，把短缺要素创造出来，乡村组织及其领导者

---

① 数据来源：张毅、张颂颂编著《中国村镇企业简史》，中国农业出版社，2001，附录表1。

成为各地生产要素优势转化为生产率优势的推动者和实践者。在农村原始工业化的推动下,在短缺经济环境中,在城乡信用体制和民间资本的支持下,全国形成以日用轻工业为核心的高速工业发展时期。1978~2000年,农村工业产值增长了224倍,年均增速高达28%,吸纳就业1.28亿人,占到当时农村总劳动力的30%。① 中国农村创业的成功经验被大规模批量复制,在国内短缺经济的激励下,在国际市场超强竞争优势的驱动下,中国轻工业(劳动密集型产业)迅速崛起,逐步形成超大规模的生产能力,由此"中国制造"成为世界市场的绝对主力。

(二) 第二阶段:重工业崛起时期

轻工业迅速崛起,一方面,提升了对装备制造业等重工业产品的市场需求,推动了能源、动力机械、基础设施以及装备制造和化工等行业的发展;另一方面,提高了人民生活水平,推动了消费结构升级。该阶段,市场主体由农村转移到城市,乡村轻工业崛起的时期,也是国有企业痛苦的转型改制时期。很多轻工业领域的国有企业被乡镇企业击垮和替代,而处于重化工领域的国有企业由于存在较高资金和技术门槛,加之地方政府的保护和市场垄断地位,虽然处境艰难,但还得以延续。随着多种所有制经济不断崛起,它们对国有企业不仅造成了越来越大的压力,也提供了改革借鉴的方向和经验。经过转型改制,国有企业成为独立自主经营、具备现代企业制度的市场主体。在国内需求的拉动下,在资本市场宽松融资条件的助推下,国有企业迅速崛起,经过兼并重组,不断壮大,成为支撑中国经济崛起的主要力量。

2000年以来,经过20多年高速发展,轻工业的国内市场已经饱和,品牌与质量竞争代替了规模扩张,产业链整合竞争的地位不断强化。在"入世"影响下,中国劳动密集型产业迎来了世界产业转移的历史机遇。充分利用全球化市场和资源,做大做强中国制造已经成为引领中国轻工业发展的领导型企业的共识和行动。在重化工业领域,国有

---

① 数据来源:张毅、张颂颂编著《中国村镇企业简史》,中国农业出版社,2001,附录表1。

企业依靠国内需求迅速崛起,依靠资源、价格竞争在国际市场上不断做大。在知识密集型领域,依靠人才资源优势,我国高新技术产业获得了巨大发展,我国迅速崛起为世界知识密集型产品加工组装大国。从国际市场来看,2012~2015年,我国对外贸易的增速从原来的两位数急速下滑至年均2.1%,世界贸易总额出现萎缩趋势。以2015年为例,我国劳动密集型产品出口虽然增长趋缓,但在世界市场中的比重仍创新高,服装出口占世界市场的38.35%,纺织品占到37.46%,市场空间拓展已经遭遇天花板。而在资金密集型领域,我国很多产品的国际市场份额也不断走高,机械与运输设备出口已经占到世界市场的18.28%。很多知识密集型产品的国际市场份额也创下新高,其中数据处理与办公设备出口占到世界市场的38.78%,通信设备出口占到世界市场的40.40%。[1]

(三) 第三阶段：高质量转型发展时期

2012年以来,经济从高速增长变为中高速增长,原来支持经济增长的劳动力价格优势已经逐步消失。要支撑中国制造的可持续增长,必须进一步提高综合生产率,提高增长质量和效益。很多发展中国家之所以会陷入"中等收入陷阱",最根本的原因就是随着生产力水平和劳动力成本的提高,原来支持经济增长的要素价格优势逐步丧失,而能够支撑经济增长的新的要素优势却没有形成,从而丧失生产率优势。我国依靠国内需求和要素价格优势支撑长期工业化的高速发展,推动了中国制造业的全面崛起,使之成为支撑经济崛起的物质基础。在宏观数据方面,在联合国500多种主要工业产品分类中,我国是世界上唯一拥有全部工业门类的国家,并且220多种工业产品的产量占据全球第一位。[2] 2018年,中国制造业产值达到26.5万亿元,按照同期美元汇率折算,等于同期美国制造业产值的1.7倍,占到世界制造业产值的28%以上,相当于美国、德国和日本制造业产值的总和;2019年,制造业出口总

---

[1] 这些数据,是笔者根据WTO数据库有关数据计算得出的结果。
[2] 数据来源：李雁争《工信部：我国工业实现了历史性跨越》,中国证券网,http://news.cnstock.com/paper, 2019-09-21, 1229390.htm, 2019年9月21日。

值达到23209亿美元，占到世界制造业出口总值的18.21%。在微观数据方面，《财富》2019年发布的"2018年世界500强企业"名录中，中国首次超过美国（121家），企业数达到129家（包括港台地区）；2020年发布的"2019年世界500强企业"，中国共有133家企业上榜，扣除台湾地区的9家企业，中国大陆及香港仍有124家，数量仍然超过美国的121家。其中制造业领域，中国38家、美国36家，中国在数量上仍居世界第一。①

二 中国社会主义市场经济条件下剩余价值实现的基本特点

自发布《中国制造2025》以来，我国在很多高端装备制造业领域已经取得突破，实现了主要依赖进口到自主化的转变。在14类高端装备领域：处于世界领先地位的有轨道交通装备和输变电装备；处于先进行列的有航天装备、发电装备、新能源汽车；较为落后的领域有高档数控机床与基础制造装备，飞机、机载设备与系统，高技术船舶与海洋工程装备，节能汽车，高性能医疗器械，航空发动机，农业装备。在制造业领域，很多核心零部件还严重依赖国外进口，无法自主生产。工业领域的核心基础元器件、关键基础材料、先进基础工艺、产业技术基础，这"四基"是制约我国工业发展的最大瓶颈，特别是作为新科技革命基础的信息化、智能化基础技术和能力的严重短缺，成为制约我国新技术产业发展的瓶颈因素。另外，集成电路设计软件、操作系统、数据库、人工智能算法技术、高端芯片和传感器、基础检测检验设备和平台等，成为严重制约我国制造业转型升级的严重障碍。在制造业领域，剩余价值的实现过程，也就是我国制造行业发展壮大的历史，其基本特点如下。

（1）国内需求是驱动企业发展壮大的基础，而发挥生产要素优势是推动企业做强的根本。在轻工业崛起阶段，国内的强劲需求是推动民

---

① 数据来源：《2020年〈财富〉世界500强排行》，财富中文网，http://www.fortunechina.com/fortune500/c/2020-08/10/content_372148.htm，2020年8月10日。

第八章　社会主义市场经济条件下剩余价值的实现

间资本崛起的主要原因，而立足国内生产要素优势，主要是劳动力、资源价格优势是劳动密集型产业迅速崛起于世界市场的根本原因。在重工业崛起阶段，轻工业发展的带动以及国内需求转型升级所形成的需求是国有企业崛起的主要动力，而国内的资源和成本优势成为国有企业在国际市场上崛起和壮大的根本依据。

（2）基于价格竞争的生产率优势是我国企业克敌制胜的最根本的竞争工具。作为后发国家，中国的企业缺乏核心技术和知识产权优势，主要凭借低成本获取生产率优势，虽然利润率不高，但在一般制造业领域不断崛起。主要是因为一般制造业技术成熟、产品结构功能相对稳定，产品消费广泛，市场空间巨大。这些领域最能发挥我国工业体系完整、生产能力强大的优势；也最能体现我国市场规模巨大，劳动力吃苦耐劳、纪律性强的优势。在轻工业领域，凭借劳动力成本优势，我国很快成长为世界上最大的工业制造基地；在重化工业领域，凭借资源、要素成本优势，我国企业迅速崛起；在知识密集型产业领域，凭借人才价格优势，我国很快崛起，成为世界上最重要的通信办公设备产品出口国。成本优势会随着生产力的发展和人民生活水平的提升不断消失。在成本不断攀升的压力下，我国最初依靠的是要素价格优势，在参与世界分工的过程中，首先打造加工组装最富竞争优势的产业链，然后在成熟技术的支持下获得生产整装产品的生产价格优势。

在要素价格优势消散的阶段，我国企业利用资金优势，推动产业集聚和产业链整合，形成规模效应；投入研发，提高产业设计和开发能力，积极推动产品质量升级和品牌塑造，提高产品营销水平，提高产品的价值实现能力；推动产业链的世界布局，发挥国际化生产、全球化营销的优势。在轻工业领域，我国领导型企业已经形成全球化生产和营销布局，初步具备世界级竞争优势；在重化工业领域，我国一些先进企业依据强大生产能力、质量和品牌效应，正在向中高端领域攀升；在知识密集型领域，我国部分先进企业充分利用国内市场需求带来的驱动效应，从加工组装开始，逐步获取成熟技术和整装生产能力，具备生产优

263

势和品牌塑造能力，成为世界市场的主要参与者，但由于缺乏核心技术和基础产业能力，常常受制于人。

（3）政府是不同层级要素优势的发现发挥、动员组织、塑造提供者。不同层级的生产率优势需要不同层级的生产要素，而优势生产要素的发现发挥、动员组织、塑造提供是政府责无旁贷的责任和职责。一般来说，初级生产要素支持低端制造业，中级生产要素支持中端制造业，高级生产要素才能支持高端制造业。我国制造业正在向高端领域攀升，中级生产要素优势的发现发挥、动员组织以及塑造提供已经基本完成。正是这些优势支撑我国劳动密集型产业在丧失价格优势的条件下，凭借产业链优势、产业体系优势已经形成产品品牌、质量和设计优势，其中的部分优秀企业已经成长为世界级跨国公司；在重化工业领域，它们凭借卓越的配套生产体系、质量、品牌和产品研发设计优势走向世界，成为重量级世界市场参与者。通过全面深化改革和扩大高水平开放，我国政府正努力推动高级生产要素的不断发现、动员和形成，但目前我国高级生产要素组织、供给和汇聚还不足，还不具备高级生产要素优势。因此，高级生产要素的供给不足极大地制约了高端制造业的可持续发展与壮大。

第九章　社会主义市场经济条件下剩余价值的分配

国民收入作为国民分配的内容，就是社会总产品中的新增部分，从实物形态来看，是由物质生产部门劳动者在生产过程中创造的全部物质资料扣除已消耗物质资料的那部分；从价值形态来看，就是剩余价值（M）和劳动报酬（V）之和。一般意义上的分配主要是指国民收入的分配，包括生产资料的分配和生活资料的分配。在这里抛开了劳动力的价值或者劳动者生活资料分配，集中探讨社会主义市场经济条件下剩余价值的分配问题。

分配是生产关系的重要组成部分，是生产关系运动的主要环节之一，也是生产关系再生产的重要内容。分配是生产资料所有权在经济利益方面的实现形式，充分体现了生产运动的目的。剩余价值生产、实现与分配是有机统一体，剩余价值分配是商品经济条件下生产关系的特殊表现形式。因此，剩余价值分配是现代商品经济条件下生产资料所有权经济利益的实现形式，反映着生产关系的性质，是生产资料所有权关系最直接、最主要的表现形式。

第一节　社会主义市场经济条件下剩余价值分配的性质与特点

一　社会主义市场经济条件下剩余价值分配的性质

剩余价值的分配是生产条件的分配，是剩余价值再生产的重要条件。社会资本再生产一方面是物质资料的再生产，另一方面也是生产关系的再生产。剩余价值分配就是物质资料再生产与生产关系再生产的统一。在资本主义社会，工人阶级再生产隶属于资本主义生产，服务于资本增殖的需要。

首先，剩余价值分配是生产条件的分配。扩大再生产是现代生产方式最本质的特征，剩余价值作为资本进入扩大再生产过程，分别用作追加不变资本和追加可变资本，其中用作追加可变资本的部分属于工人阶级再生产的条件，用作追加不变资本的部分则是作为生产资料再生产的条件。其次，剩余价值是资本履行社会职能的物质基础，而剩余价值分配则为资本履行社会责任提供物质条件。第一，剩余劳动作为人类"自由时间"[①]的基础，为人类从事各种非物质生产活动提供了物质基础，剩余价值分配要满足物质生产领域的社会需要，也要满足非物质生产领域的生产和再生产需要。第二，剩余价值分配为满足社会一般需要提供物质保障。公共产品由于非排他性和非竞争性特点，一般不能由市场提供，而是由政府提供。政府则是通过各种税费收入形式获得财政收入，而提供公共产品则是通过财政支出形式实现的，剩余价值的一部分以税费形式上缴财政，为公共产品提供物质条件。最后，剩余价值分配是满足生产资料所有者和企业家个人消费需要的分配[②]。

在社会主义市场经济条件下，剩余价值分配作为现代商品经济共同的分配形式，基本功能与内容与资本主义市场经济条件下的是相同的。第一，作为社会主义扩大再生产条件的分配，一方面分配生产资料，另一方面分配劳动力。第二，履行资本的社会职能：满足非物质生产领域

[①] 《马克思恩格斯全集》（第47卷），人民出版社，1979，第257页。马克思原意就是指满足劳动者及其家属需要之外的劳动时间，在劳动者解放之后，该时间就成为劳动者自由支配的时间；如果从全社会视角来看，物质生产领域雇佣工人的剩余劳动为全社会从事非物质生产活动的劳动者提供了物质条件，相对于物质生产而言，非物质生产就是全社会的自由时间。

[②] 如果把企业家纳入劳动者范畴，则企业家参与剩余价值分配属于生产条件分配范畴，不属于纯粹个人消费范畴，只有"资本家"的分配属于个人消费范畴，这里把企业家视为资本家范畴。

的生产生活需要、为社会提供公共产品或服务等。但由于剩余价值分配的经济基础不同，反映的生产关系性质不同，社会主义市场经济条件下剩余价值分配与资本主义市场经济条件下的有着本质的区别，具有鲜明的社会主义性质。自社会主义改造以来，我国就确立了社会主义的经济基础——生产资料公有制，改革开放以来虽然所有制结构有了很大程度的调整，公有制经济的实现形式也由原来单一的实现形式转变为多种实现形式，但并没有改变以公有制为主体的社会主义经济基础的性质。社会主义经济基础决定了生产的社会主义性质和目的。剩余价值分配作为社会主义生产条件和生产关系的再生产，实现着社会主义的生产目的，体现着社会主义的经济规律，反映着社会主义平等、和谐、互利的生产关系性质。社会主义剩余价值分配服务于解放和发展生产力、消灭剥削、消除两极分化，最终达到共同富裕的发展目标，服务于最大限度地满足人们对美好生活的新要求，满足群众不断增长的物质、文化和个人发展的需要。

剩余价值的分配在资本主义生产关系中反映了新创造的一般社会财富在资本家集团以及土地所有者之间的利益分配关系，在社会主义市场经济条件下，则反映了新增一般社会财富在个人、单位（集体）与国家之间的利益分配关系。在社会主义社会，按照马克思的设想是在共同占有生产资料和土地的基础上重建个人所有制，劳动者自己的劳动力归自己支配，是个人生活资料分配的主要依据，而生产资料和土地成为共同体的集体财富，由生产资料和土地共同形成的生产力归共同体所有，由共同体统一支配和分配。剩余劳动所形成的财富的分配在劳动者个人、生产单位与共同体之间进行，反映了个人、集体和共同体之间的利益关系，这是个体利益与集体利益、眼前利益与长远利益、局部利益与整体利益的关系。由于共同占有生产资料和土地，消灭了生产资料所有权所形成的雇佣剥削关系，劳动者之间形成了真正平等、互利、和谐的生产关系。而在社会主义初级阶段，并没有形成生产资料和土地与全部劳动者直接结合的关系，劳动者获得消费品的依据不仅有劳动产权，而且有其他生产要素所有权。

在社会主义市场经济内部，不仅有占主体地位的国有经济、集体经济，还存在大量混合所有制经济以及私营经济、个体经济和外资经济，它们作为市场经济的主体依法享有平等的市场权利，国家依法平等保护不同生产资料所有权的经济利益不受侵犯。在社会主义公有制经济内部，不仅存在国有经济和集体经济两种基本形式，而且在产权结构多元化改革的过程中，出现了大量混合所有制经济。在混合所有制经济产权结构中，有些属于国有资本控股，有些属于集体资本控股，这些由公有资本控股的经济具有显著的公有制经济性质，而私有资本、外资控股的经济则具有显著的资本主义经济属性。多样化的所有制结构和多元的产权结构决定了剩余价值分配的多样性和复杂性。

在公有制经济或者公有资本控股的经济内部，剩余价值的分配充分体现了社会主义生产关系的性质，体现了社会主义个人、集体与国家之间的利益分配关系。剩余价值分配作为扩大再生产的条件是解放和发展生产力的物质条件，履行社会职能，为非物质生产领域提供物质条件和公共产品，为不同生产资料所有者提供产权经济利益——国有资本和集体资本的所有权利益是主体，非公有制经济的所有权利益居于从属地位。国有产权利益属于全体人民、集体产权利益属于部分劳动者。可见，剩余价值分配在社会主义经济内部，主要服务于社会主义整体利益和部分劳动者的集体利益。在非公有制经济内部，剩余价值分配作为扩大再生产的物质条件，有利于解放和发展生产力，履行非公资本的社会职能，同样要为非物质生产领域提供物质条件和公共产品，为非公资本提供产权利益，成为私有资本、个体资本、国外资本瓜分剩余价值的主要形式，具有显著的资本主义剥削性质。由于矿产、城市土地资源以及基础设施所有权归国家所有，国有企业掌握着国计民生的主要领域、控制着国民经济的命脉，成为引导、规范、制约非公有制经济发展方向和发展结构的主导力量，具有强大控制力、影响力和竞争力，是决定我国社会主义剩余价值分配性质和方向的重要因素。因此，剩余价值分配的

第九章　社会主义市场经济条件下剩余价值的分配

主体关系和占主导地位的分配关系均属于社会主义性质的分配关系。

二　社会主义市场经济条件下剩余价值分配的特点

作为社会主义市场经济扩大再生产的条件，社会主义市场经济条件下的剩余价值分配，既与马克思和恩格斯设想的有很大的区别，也有着区别于社会主义计划经济条件下剩余价值分配的特点，更与资本主义市场经济条件下的剩余价值分配具有显著的不同。

（一）作为扩大再生产条件的分配，具有市场化分配的特点

马克思和恩格斯设想的社会主义生产与再生产是通过全社会有组织的计划进行的，斯大林也把有计划按比例生产视作社会主义的经济规律之一，认为生产资料不属于商品交换范畴。在社会主义市场经济条件下，剩余价值分配是通过市场机制分散进行的，作为市场主体，企业的再生产条件是通过市场竞争实现的，以价值规律为基础的市场机制在生产条件配置方面发挥着决定性作用。正是以价值规律为基础的价格机制、供求机制和竞争机制相互影响相互作用、共同发挥作用，才把有限经济资源配置到最有效率的市场主体中去，淘汰低效率的市场主体，从而提高社会生产效率。而企业作为再生产主体，只有具备生产率演进优势才能不断地从市场中获得经济资源配置的优先权利，才能不断发展壮大。通过市场机制，企业的生产率优势就转化为等于甚至超过平均水平的剩余价值率，从而企业通过资本积累，把源源不断的剩余价值转化为不断扩大的生产条件。因此，与计划经济相比，市场经济条件下的剩余价值分配是通过市场化间接进行的。这一点与马克思笔下的资本主义市场经济条件下的剩余价值分配并没有根本的不同。

（二）剩余价值分配具有生产率优势的选择性

剩余价值分配作为一般市场经济扩大再生产的条件，是通过市场机制实现的，这是市场经济优化资源配置、提高生产率的主要方式。市场机制在宏观上把经济资源优先配置到具备生产效率优势的市场主体，不断淘汰落后生产力，从而实现优化资源配置、提高资源利用效率的功

269

能；在微观领域，通过市场竞争，使那些具备生产率优势的市场主体不断获得超过正常水平的超额剩余价值，淘汰那些具备生产率劣势的企业，剩余价值分配不断向具备生产率优势的企业集中，从而发挥市场机制优胜劣汰的作用。因此，剩余价值分配具有生产率优势的选择性，通过这一选择性，具备生产率优势的企业不断成长壮大。而剩余价值分配的选择性特点，对国家产业政策和劳动力就业产生了巨大的影响。在国家产业政策上，只有创造有利于优势企业和产业发展的宽松环境，市场机制的资源配置功能才能更加有效；只有顺势利导，汇集和创造塑造生产率优势所需要的生产要素，才能推动具备生产率优势的企业不断转型升级，提高生产率优势层次。在劳动力就业方面，只有与具备生产率优势的生产资料结合，才能实现更高水平的剩余价值，才能充分分享剩余价值分配带来的利益；同时，只有不断提高劳动者个人的知识素养和劳动技能才能适应不断演进的生产率优势，才能分享企业壮大的成果。

（三）剩余价值分配具有"资本化"与"人民性"双重属性

社会主义市场经济条件下的剩余价值分配是扩大再生产的条件，而扩大再生产作为解放、发展生产力的手段，是社会主义生产最本质的特征之一。发展生产力也是资本的历史使命，而剩余价值分配是发展生产力的实现手段，在这一方面，社会主义与资本主义生产方式具有一定相似性，但又存在本质的区别。资本主义的生产目的就是追逐剩余价值，在追逐剩余价值方面，不论是劳动者还是资本家都沦为发展生产力的工具，通过资本化，一切社会资源都成为服务于资本增殖的工具。而在社会主义条件下，剩余价值的分配只是解放和发展生产力的工具，而解放和发展生产力的目的则是消灭剥削、消除两极分化，最终达到共同富裕。凡是不利于消灭剥削和消除两极分化的资本活动都会受到社会主义制度的规制和约束，而有利于共同富裕的资本活动则会受到支持和鼓励。社会主义条件下的剩余价值分配是为了最大限度地满足人们对美好生活的新要求，为每一个人尽可能全面发展提供物质条件，因而剩余价值的分配有着鲜明的反"资本化"性质，具有显著的"人民性"。

（四）剩余价值分配具有阶段性的不同特征

剩余价值分配水平与结构受制于生产力发展水平与结构，在生产力的不同发展阶段，剩余价值的分配具有显著的阶段性特征。在社会主义初级阶段，由于生产力发展的总体水平不高，社会主义经济基础不牢固，社会主义发展生产力的任务繁重而且急迫，所以，剩余价值分配的资本化倾向就显著，对广大人民的生活水平就造成了一定程度的影响和制约，表现为重投资轻消费的节制型发展路线。随着生产力发展水平的提升和社会主义经济基础的不断巩固，剩余价值分配逐步向资本化与人民性相互协调方向发展，剩余价值分配兼顾发展与人民生活水平提高。到了社会主义高级阶段，生产力比较发达，社会主义经济基础比较坚实，剩余价值分配逐渐向人民性倾斜，剩余价值分配越来越把满足人民对美好生活的新要求作为优先方向。

第二节　社会主义市场经济条件下剩余价值分配的影响

在社会主义市场经济条件下，反映市场经济运行要求和社会化大生产发展要求的分配规律——社会分工、要素所有权、市场机制和利润平均化等依然有效，由于受制社会主义经济基础、生产目的和经济规律，这些分配规律会被打上社会主义的深刻烙印。

一　社会分工规律对剩余价值分配的影响

社会分工不仅是生产力发展的结果，也是生产力发展水平的标志。劳动生产率的提高是推动社会分工的必要前提条件。首先，农业生产作为人类社会的第一必要劳动，是人类社会分工的全部基础，因为农业生产提供人类生存的基本必需品。其次，工业生产作为人类社会的第二必要劳动，是人类工业文明社会分工的必要前提条件。工农业生产作为人类社会物质资料生产的主要领域是现代社会分工的必要劳动。只有这些部门劳动生产率不断提高，才能为其他形式的社会分工提供剩余劳动，而剩余劳动时间，马克思也称为"自由时间"。剩余劳动是社会分工的物质基础。人类社会经历过三次工业革命，劳动生产率极大地提高，由于人类第一必要劳动时间空前缩短，第二必要劳动时间在发达国家已经大为缩短，而广大发展中国家正在步入或者已经步入第二必要劳动时间缩短行列。结构不断向工业和服务业演进已经是世界经济发展的趋势，在经济全球化的推动下，农业、工业和服务业不断向具备这些产业生产率优势的国家和地区集中，已经成为世界分工的新格局。一般而言，农业、矿业向土地、矿产资源富裕的国家和地区集中，低端制造业向劳动力廉价而富裕的国家和地区集中，中端制造业向资金富裕、技术成熟的国家和地区集中，而高端制造业被发达国家垄断和控制。剩余价值的分配与流向也随着产业结构转移和产业布局集中的趋势而向具备产业生产率优势的国家和地区集中。

在国内市场，农业劳动生产率提高很快，农业就业逐步减少，工业在经过30多年的扩张后，生产率优势开始减弱。现代服务业随着工农业发展和人民生活水平提高需求水平不断提升，成为产业转型升级的新方向。剩余价值分配也会伴随着产业结构不断调整和高级化而向生产率优势的产业和领域集中。社会分工都是社会总体劳动的一部分，本身并没有高低贵贱之分，但在市场经济条件下，由于不同产业和部门生产力发展趋势不同，具备生产率优势的产业和领域具备剩余价值优先分配的权利，具备生产率演进优势的产业和领域具备不断分享超额剩余价值的特权和利益。而那些不具备生产率优势的产业和领域以及正在衰落的产业和领域，在剩余价值分配中处于不利地位，其份额有不断下降的趋势。社会主义制度的建立从制度上消灭了产生社会分工不平等的根源，但在市场经济条件下，市场机制形成生产率优势主体优先分配的现象对市场主体和劳动者产生了较大的影响。因社会分工而形成的社会职业身份差别在社会主义市场经济时期会长期存在，特别是社会分工与生产资料所有权结合在一起，对社会职业选择的影响巨大，甚至具有决定性影响。因为劳动者所拥有的生产资料所有权差别很大：有与无，规模与水平，都会严重影响劳动者对职业的选择。对于拥有生产资料所有权的劳动者，具备成为企业管理者的优先权利，而不具备生产资料所有权的劳动者，成为企业管理者的机会要少很多。也就是在这个意义上，所有权在一定意义上就等同于社会分工。

二　所有权规律对剩余价值分配的影响

生产要素所有权是市场经济存在的基本条件。剩余价值分配是以生产要素所有权为基础进行的，而剩余价值分配本身也就是生产资料所有权在经济上的实现。在单一的生产资料公有制经济内部，由于共同占有生产资料，就排除了任何人凭借生产资料获取特殊经济权利的条件，因此所有权对剩余价值分配不产生影响。但在不同生产资料所有制经济之间，生产资料所有权会对剩余价值分配产生决定性影响。

首先，是否拥有生产资料所有权，对剩余价值分配产生决定性影响。拥有生产资料所有权是参与剩余价值分配的根本依据。作为社会主义经济的一员，每一个成员都对国家代表全社会管理的国有生产资料拥有所有权，具有索取最终剩余价值的权利，也拥有分享国有企业执行社会职能所提供的社会公共产品或服务的权利；拥有集体经济生产资料所有权，就具备参与集体经济剩余价值分配的权利；具备其他所有制经济生产资料所有权则具备参与该经济剩余价值分配的权利。生产资料所有权通过分配获得的剩余价值不仅是扩大再生产的条件，也是所有者的个人生活资料。公民所拥有的生产资料所有权种类越多，获得剩余价值分配的权利越大、机会越多。特别是是否拥有非公有制经济生产资料所有权是我国公民收入差距拉大的最主要原因之一。

其次，拥有生产资料所有权的性质、规模和质量，也对剩余价值分配产生很大的影响。国有企业产权是全体公民的权利，是没有区别意义的，当然劳动者是否拥有与国有生产资料结合的权利，那对剩余价值分配就有影响。是否拥有集体经济所有权，对于非集体经济所有权劳动者和不同集体经济所有权劳动者，对剩余价值分配就有较大影响。一般而言，农民都是农村集体经济所有者，而城市居民则大多不具备集体经济所有权，从这个意义上讲，农民一般具有比城市居民更有利的分配地位，特别是与大城市比邻的农村地区居民。如果农村土地被纳入城区规划，农用地就转变成为城市用地，按照同权同价的原则，拥有集体经济所有权的居民随着土地入市，就可以获得巨量的剩余价值分配的红利。城中村改造也会带来巨额剩余价值分配效益。随着农村宅基地转为城市用地，原来拥有该农村住宅的居民会获得巨额剩余价值分配额度。拥有的生产资料的规模和质量，对剩余价值分配的影响也十分大。一般来说，拥有的生产资料规模越大，剩余价值分配越多；拥有的生产资料质量越好，越有机会获得超额剩余价值收益。

三 市场机制对剩余价值分配的影响

生产资料所有权是参与剩余价值分配的权利，但是能够分配多少，取决于在市场条件下实现的剩余价值的多寡。因此，生产资料所有权在市场条件下实现的剩余价值才是剩余价值可供分配的对象。价值规律是市场机制的基础，生产部门的社会必要劳动时间是调节经济资源的市场标准，而达到社会必要劳动时间是企业获得平均剩余价值的基本条件，拥有比社会平均水平高的生产率才是企业获得超额剩余价值的条件。马克思明确地说：在资本主义灭亡之后，在社会生产依然存在的情况下，价值决定仍然在劳动时间调节和分配中起决定性作用。[1] 这是单纯从生产角度来看，而企业利用技术进步，装备达到甚至高于和优于平均效率和功能的生产设备是达到甚至小于社会必要劳动时间的物质技术基础，而在管理者的指挥、组织和监督下，劳动力与生产资料的结合形成有效率的社会化生产力，提高生产资料利用效率，尽可能节约生产成本，是企业形成生产率优势的重要条件。

---

[1] 马克思：《资本论》（第3卷），人民出版社，2004，第965页。

在流通领域，良好的营销能够顺利地把生产率优势转化为市场竞争优势，保障甚至提高剩余价值的实现程度和效率。当然剩余价值分配效率也很重要，高效率的剩余价值分配有助于根据市场发展需要，最大限度地把剩余价值实现优势转化为扩大再生产的市场规模优势，从而实现企业不断崛起。而随着先进机器设备普及和管理经营能力普遍提高，原先领先企业的生产率优势不断消散，如果只具备静态生产率优势而不具备动态生产率优势，这样的企业最终也会被淘汰。因而，只有重视研发投入的企业才能通过先进制程、工艺、产品甚至设备研发和应用技术等，不断适应市场竞争需要，不断动态增强生产、管理和营销方面的生产率优势，做大做强，逐步成长为产业发展的引导者、主导者和核心技术掌握者。具备当下的生产率优势是企业现在获得超额剩余价值的条件，而不断推动技术、工艺、原材料等创新以及提高管理和营销水平，才能取得动态演进的生产率优势，才能可持续地保持市场竞争优势，才能保证源源不断获得等于甚至超过平均水平的剩余价值，才能获得不断发展壮大的不竭动力。因此，在不断加剧的市场竞争中，只有具备生产率优势的企业才能脱颖而出；只有具备动态生产率优势，企业才能不断发展壮大，成为市场竞争的最终赢家。市场机制通过价格机制、供求机制和竞争机制，把经济资源配置到优势的企业和优势的产业中去，推动具备生产率优势的企业发展壮大，推动优势产业不断做大做强。相反，在市场竞争中，具备生产率劣势的企业将逐步被淘汰，其要素所有权的利益将无法实现。市场机制带来的不确定性是所有权利益实现的最大风险。

四 利润平均化对剩余价值分配的影响

利润平均化是在生产部门内部充分竞争的基础上不同生产部门之间充分竞争的结果，也是资本所有者追逐平等市场权利的产物。而利润平均化的前提条件是，生产要素能够充分自由流动，资本、技术和知识产权能够通过市场机制合法获取。这些充分竞争的市场条件在国内市场上早已达到；如果超出国界，利润平均化就因诸多原因而受阻，虽然趋势不变，但利润平均化会受到一定的阻碍。由于世界自然资源分布不均，许多重要经济资源富集于某些国家，而其他国家则相对贫乏。在所有权和国家利益的制约下，事实上就会形成自然资源的地理垄断；市场长期充分竞争，必然导致集中和垄断，就会导致一些产业或者产品集中到某些国家或企业手中，形成市场化垄断；发达国家长期的研发投入，就会在一些优势产业和新兴产业形成知识产权壁垒，甚至知识产权垄断，它们会长期垄断一些产业发展的核心技术和知识产权；某些霸权国家或者国家集团出于打压对手或者围堵特定国家发展的目的，利用手中对产业链关键核心技术的垄断，人为地阻断技术市场化进程，破坏全球产业链：这些都会阻滞利润平均化进程。因此，马克思早就预言到国际市场利润平均化规律会因垄断而发生变化。

在垄断条件下，利润平均化趋势受阻，某些占有垄断地位的企业或者企业集团就会凭借垄断地位长期获取超额剩余价值。生产率优势不断演进的趋势就意味着少数企业或企业集团垄断地位的不断打破，利润不断平均化。中国在推进生产率优势不断演进和层次提升的过程中，不仅逐步打破了发达国家在一些产业、一些产品上形成的长期垄断地位，而且实现了产业、企业的壮大和崛起。中国在经济不断崛起过程中，先后在劳动密集型产业、资金密集型产业取得市场竞争优势，目前在传统制造业的核心技术方面和一些高端制造业领域取得局部突破。比如，在高铁、盾构机、通信设备、家电核心技术方面取得突破，打破了相关产业的核心技术被发达国家长期垄断的局面，推动了这些领域的技术进步和市场竞争，大大降低了生产成本，惠及全球消费者。随着以中国为代表的新兴工业化国家在制造业技术方面不断攀升，长期被发达国家垄断的高端制造业领域，正在发生悄然变化：一些中低端技术不断被突破，中低端生产不断转移到新兴工业化国家，垄断的领域和范围不断缩小。这些"变化"正在改变世界剩余价值分配的版图，促使企业技术垄断时间不断缩短，垄断的超额剩余价值不断萎缩。

在国内市场，在利润平均化规律的作用下，具备生产率优势的企业获得超额剩余价值是暂时现象，随着技术扩散和竞争加剧，原来居于生产率优势的个别劳动时间成为平均的社会必要劳动时间，超额剩余价值消失，全社会生产率提高，企业利润率趋于下降。而抵御生产率提高形成的单位商品价值量下降导致利润率下降的唯一条件，就是加大研发投入力度，推动技术进步、管理创新，创造具备动态生产率优势的企业剩余价值。因此，在国内市场，具备生产率优势的企业不断崛起，而具备生产率劣势的企业则不断萎缩甚至退出，剩余价值分配不利于生产力落后的行业和部门，而向具备生产率优势的行业和部门倾斜。剩余价值分配在不同生产部门和领域的平均化，也受到技术门槛和资金门槛的影响，特别是在一些行业和领域，已经形成市场垄断，严重阻碍着利润的平均化。一般来说，市场竞争充分的行业和部门利润平均化水平高，行业利润比较低；而技术、资金门槛较高的行业和部门，市场竞争程度较低，市场垄断趋势较强，利润平均化程度较低，利润率较高。市场空间巨大的行业和部门，随着生产率提高，单价降低，市场扩张速度快，具备生产率优势的企业能够不断获得超额剩余价值；而市场饱和、竞争激烈的行业和部门，具备生产率优势的企业才能生存，否则就会不断萎缩和退出市场。

第三节　社会主义初级阶段个人收入分配制度与剩余价值分配

国民收入分配包括个人生活资料的分配和生产条件的分配。从生产和再生产角度来看，剩余价值的分配就是生产条件的分配，作为生产条件的分配不仅涉及生产资料领域，还涉及一部分消费领域。从消费角度来看，剩余价值分配也是生产要素所有权的实现，是生产资料所有者、土地所有者和货币资本所有者凭借生产要素所有权获取个人生活资料的分配，也是非物质生产领域的个人生活资料的分配。这些都属于剩余价值分配的范畴。可见剩余价值的分配既包括生产条件的分配也包括一部分生活资料（个人收入）的分配。劳动者的工资收入分配不属于剩余价值的分配范畴。但在资本主义生产关系的条件下，劳动者出卖劳动力换取个人生活资料的过程本身就是资本家使用可变资本购入生产要素并将之加入生产的过程，劳动者个人收入的分配既是生产条件的分配，也是生活资料的分配。对于生产要素所有者来说，个人生活资料的分配是生产要素所有权的分配，也是生产关系的再分配，通过消费过程再生产出资本家、土地所有者和劳动者个人。因此，马克思认为："消费资料的任何一种分配，都不过是生产条件本身分配的结果。"①

一 社会主义的按劳分配原则

按劳分配作为共产主义第一阶段即社会主义的分配原则是个人收入或者个人生活资料的分配法则，与市场经济条件下剩余价值分配的物质内容既有联系也存在显著的区别。马克思在1867年出版的《资本论》第一卷中首次论及未来社会按劳分配的原则。在共同占有生产资料的基础上，个人生活资料按劳动时间进行直接分配。② 在1875年的《哥达纲领批判》中进一步论证了社会主义实行按劳分配的内容和特点。由于共同占有生产资料，生产资料成为共同体成员生活、发展的共同财富，在这种社会，劳动是个人获取生活资料的唯一依据，而个人生活资料也是个人拥有的唯一私有财产。③

新生的社会主义由于刚刚脱胎于资本主义，在经济、社会、文化与道德方面还带有旧社会痕迹。④ 由于生产力还不够发达，个人生活资料还无法做到"按需分配"，在共同占有生产资料和平等协作劳动的基础上，重建个人所有制，由价值规律（改变了形式与内容）调节着社会总劳动时间的分配、社会分工以及个人生活资料的分配。劳动者必须服

---

① 《马克思恩格斯全集》（第19卷），人民出版社，1963，第23页。
② 马克思：《资本论》（第1卷），人民出版社，2004，第96页。
③ 《马克思恩格斯全集》（第19卷），人民出版社，1963，第21页。
④ 《马克思恩格斯全集》（第19卷），人民出版社，1963，第21页。

第九章　社会主义市场经济条件下剩余价值的分配

从社会的强制分工，劳动还没有成为个人发展的第一需要，还只是个人谋生的工具，个人生活资料分配只能采取等量劳动获取等量生活资料的分配原则。由于劳动只是个人谋生的工具，是劳动者及其家属分配生活资料的唯一依据，在一点上，依然像资本主义社会那样承认劳动者对个人劳动力的所有权，"在这里平等的权利按照原则仍然是资产阶级的法权"①。在这里，资产阶级法权很明显就是指生产要素所有权以及按照价值规律实现生产要素权益的权利（杨玉华和党雪岩，2016）。由于资产阶级法权的存在，由于体力和智力的差别，以及后天学习和训练乃至成长环境的不同，劳动者的技能和经验存在较大的差别，加上劳动者负担的家庭成员不同，劳动者分配的个人生活资料存在较大差别。按劳分配消灭了个人生活资料分配的阶级差别，实现了劳动面前人人平等，但也承认个人生活资料分配不平等的特权，"这种平等的权利，对不同等的劳动来说是不平等的权利"。②

在劳动力产权的基础上，劳动时间、劳动者的劳动技能和经验差别就成为社会分工的主要依据，工农差别、城乡差别以及脑力劳动与体力劳动的差别在相当长的历史时期必然存在。苏联以及我国社会主义计划经济时期的个人收入的分配实践中，对个人生活资料的分配都采取商品交换形式，个人消费品采取货币工资的形式间接进行分配（我国农村采取以工分实物分配为主、以货币分配为辅的方式）。个人消费品分配虽然与马克思设想的通过发放劳动券的直接实物分配不同，但都采取通过等价交换按劳分配的方式，最大限度地实现了马克思当年的设想。在社会化大生产的条件下，生产单位分工协作，难以量化个人的劳动贡献，如果实行计划经济很容易导致平均主义。在企业内部，劳动者的劳动都取得了平均的性质，在缺乏市场机制对劳动成果的客观评价和生产单位劳动生产率的竞争压力条件下，在公有制经济内部，就容易形成横向上平均主义、纵向上按资历差别分配（劳动差别被抹杀之后，劳动者最显

---

① 《马克思恩格斯全集》（第19卷），人民出版社，1963，第21页。
② 《马克思恩格斯全集》（第19卷），人民出版社，1963，第22页。

著的差别就在于资历)。由于难以对高质量高效率的劳动和生产企业进行有效甄别和客观评价,就必然导致"劳动者吃生产单位的大锅饭,生产单位吃国家的大锅饭",最终会导致社会主义生产低效率、低效益。

二 中国个人收入分配制度的改革

我国个人收入分配制度改革就是从打破平均主义开始的。1997年,中国共产党第十五次全国代表大会召开,在明确社会主义初级阶段的基本经济制度的同时,确立与此相适应的个人收入分配制度,把按劳分配与按生产要素分配结合起来。按劳分配是由社会主义的经济基础决定的,劳动者成为生产资料的主人,按劳分配就是生产资料共同占有权的实现,也是社会主义生产关系的具体体现。按生产要素分配主要是指按生产要素所有权分配。为什么要把按劳分配与按生产要素分配结合起来呢?二者结合的目的就是解决社会主义市场经济的分配两难困境:社会主义经济基础决定按劳分配的主体地位,而公有制经济采取适应市场化要求的多元产权结构,在公有制经济内部又缺乏实施按劳分配的单一公有制产权条件。

社会主义按劳分配原则与市场化按生产要素分配的实现形式出现严重分离与矛盾,原因就在于以下几点。其一,在社会主义初级阶段由于存在不同性质和不同形式的生产资料所有制经济,而不同生产资料所有制经济都是市场经济主体,市场机制分配的最基本的依据就是生产资料所有权以及其他生产要素所有权,这是按生产要素分配的基础。由于按劳分配缺乏统一的生产资料公有制基础,如果在不同所有制经济内部实行按劳分配,就必然导致对生产要素所有权的剥夺。因此,按劳分配无法在市场经济条件下直接进行。其二,在公有制经济内部,由于国有企业普遍实行了混合所有制改革,较大规模的其他公有制经济也普遍进行所有权以及公司制改革,在公有制经济的所有权中,普遍采取了多元产权结构。因此,多元所有制结构就丧失了按劳分配的条件。在公有制经济内部如果否定了其他产权的利益,强行实行按劳分配,无疑是对其他产权利益的非法剥夺，既不合理也不合法。其三，在私有制经济内部，要素所有权是参与剩余价值分配的唯一依据。劳动者与生产资料结合的权利是通过将自己的劳动力商品与资本交换换取的。劳动者换取的生活资料就是劳动力商品的价值或者价格，具有鲜明的资本主义性质。在社会主义初级阶段，还在一定范围内、一定程度上允许有利于解放和发展生产力的剥削性质的私有资本的存在，但私有资本要接受社会主义经济的引导、规范和制约。在私有制经济内部，生产资料所有者凭借所有权参与剩余价值的分配，所分配的剩余价值的一部分用于资本所有者本人与家属的个人消费，其余部分作为生产条件以及用于履行社会职能。

三 社会主义市场经济条件下的按劳分配实践

按劳分配与按生产要素分配相结合，特指按劳分配采取按生产要素分配的特殊形式。因此，按劳分配只能采取曲折迂回的方式间接进行，也就是通过劳动力所有权与生产资料所有权相结合的形式进行。在集体经济（控股）内部，劳动者首先按照劳动力所有权获得工资，其次以生产资料所有者身份获得所有权利益分配。这里劳动力在形式上表现为商品，但在分配的实质上获得的收入是按劳分配的内容。劳动者依然是生产资料的主人，生产资料是劳动者生活与发展的共同财富基础。同样，在国有经济（控股）内部，劳动者先后获得了劳动力价值和生产资料所有权利益，劳动者的工资在形式上属于劳动力商品价值或价格，而获得了按劳分配的实质内容。劳动者依然是生产资料的主人，生产资料是全体劳动者生活和发展的共同财富基础。由于国有资本是国家代表全体人民行使所有权，而能够与生产资料结合的则是少数劳动者，大部分劳动者被排斥在外。所以，作为国企员工的劳动者获得的个人收入中，属于剩余价值分配的部分只能是属于自己那部分的产权利益，而其他不能结合的劳动者只能通过国家管理的再分配途径参与分配。如图9-1所示，在社会主义市场经济条件下，劳动者主要通过劳动力产权、生产资料所有权（公有产权）和国家管理三种基本路径实现权益，按劳分配是劳动者以劳动力产权的形式通过间接地、迂回地与自己拥有的劳动条件进行结合而实现的（杨玉华和党雪岩，2016）。

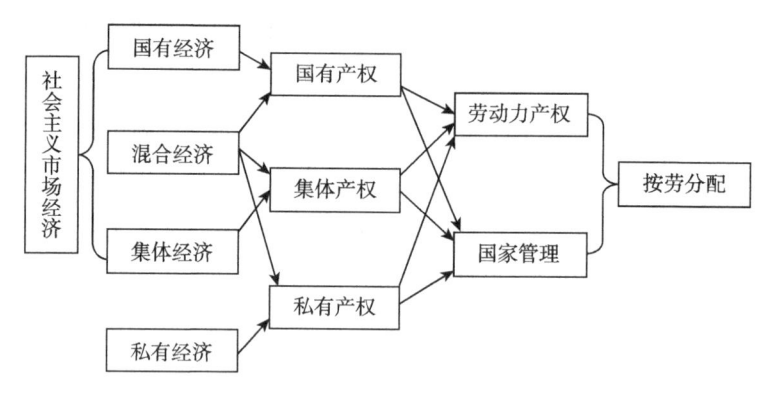

图 9-1　按劳分配在社会主义市场经济条件下的实现途径

在社会主义市场经济条件下，生活资料的按劳分配已经不同于资本主义劳动者的生活资料的分配。在资本主义条件下，劳动者的生活资料实质就是劳动力价值或者价格，而在社会主义市场经济条件下，劳动者生活资料分配采取的是按生产要素分配的形式，而实质是按劳分配的内容，二者反映不同性质的生产关系。另外，作为分配的范畴有所不同，社会主义市场经济条件下生活资料分配的范围大于资本主义。因为按劳分配采取按生产要素所有权分配的形式，其中按劳动力所有权分配的是劳动力价值，不属于剩余价值分配范围，而按生产资料所有权分配的部分则属于剩余价值分配的内容。因此，社会主义市场经济条件下等价于工人生活资料的必要劳动的范围就大于资本主义市场经济条件下的必要劳动。当然，随着社会主义经济基础不断巩固和壮大，公有制的经济规模扩大、质量效益提高，劳动者生活资料的范围有进一步扩大的趋势。

（1）劳动力产权是劳动者个人生活资料分配的主要依据。在社会主义条件下，要发挥市场配置资源的决定性作用，劳动力必须以特殊的商品形式进入市场，并利用市场机制进行优化配置，而不能像计划经济时期那样利用行政权力进行配置。劳动力产权是不同所有制经济配置劳动力唯一合法的客观依据，否则就会破坏市场机制的效率与公平。劳者以劳动力商品的特殊形式与不同生产资料结合，保障了不同所有制经济公平配置劳动力的合法权利，也有利于劳动者自由流动，这也是社会主义市场经济的内在要求。在社会主义经济基础上重建特殊形式的个人所有制，并不否定也不影响劳动者作为生产资料主人的地位和权利，劳动者的主人翁地位与所有者权利是通过市场化间接实现的。这是由与生产力发展水平相适应的所有制结构及其运行机制决定的。公有制经济的基础还不够牢固，公有制经济还无法覆盖所有经济领域和部门，还存在大量非公有制经济，只能保证部分劳动者共同占有生产资料；市场经济的运行机制，把劳动者与生产资料隔离开来，变成了间接结合的生产要素。所以，在公有制经济内部，还必须保留资产阶级法权，劳动者的个人收入分配采取了劳动力商品形式、按劳分配的实质内容。

（2）公有产权是劳动者个人生活资料分配的重要补充。公有产权包括集体产权、国有产权以及混合经济中的国有产权和集体产权。市场经济是以生产劳动的主客体条件分离为前提，劳动者与生产资料所有者都只作为独立生产要素所有者进入市场，在市场机制的作用下实现结合和配置。劳动者与不同性质的生产资料都是通过市场间接结合的。劳动者与不同性质的生产资料结合，直接获得劳动力价值或者价格，再以公有产权所有者身份参与剩余价值分配获得公有产权利益作为生活资料的重要补充。劳动者作为社会主义生产资料的主人通过市场机制，分别以劳动力所有者身份和生产资料所有者身份实现了按劳分配的所有权益。虽然社会主义市场经济无法消灭和避免私营经济对劳动者的剥削，但通过公有产权的剩余价值分配，一定程度上弥补了剥削造成的损失。而在公有制经济内部，通过市场机制，资产阶级法权得到完整实现，劳动者充分享有作为生产资料主人和劳动力所有者的双重权利。

（3）国家管理是调节与配置个人生活资料的重要手段。国家不仅是阶级统治的工具，也肩负着协调阶级关系、维护社会秩序的社会职能。社会主义国家不仅参与国民经济的宏观运行调控，还作为政治、经济、社会、文化、生态建设的组织、领导者参与建设。虽然社会主义国家确立了社会主义的经济基础，但由于多种所有制经济、生产要素所有权的广泛存在，剥削阶级作为阶级虽然消灭了，但以生产资料私有制为基础的阶级差别和阶级冲突还将长期、广泛地存在。因此，国家不仅要作为"总的理想资本家"代表，按照社会主义生产目的、社会主义经济规律调控不同性质的"资本"关系，调控社会化生产和再生产的宏观过程，以适应生产过程资本化、社会化、市场化和国际化的发展需要；推动不同所有制经济取长补短，相互竞争、相互协作，共同发展，以发展和维护工人阶级的长期利益、整体利益。而且要作为"总体工人"的代表，通过兴办国有企业或者国有控股企业、参股其他所有制经济、开展宏观调控与管理、全面参与社会主义生产和再生产过程，发展、维护、保护劳动人民公平获取政治、经济、社会、文化和生态的各项权益。还要为劳动力的生产和再生产提供平等、公平的社会环境，努力为劳动者的成长和发展提供多样的发展平台，努力为劳动者创业提供必要的政策、金融和社会支持，最大限度地把剥削和收入分化控制在社会可承受的范围内，保证社会财富的分配有利于工人阶级的整体利益和长远利益（杨玉华和党雪岩，2016）。

劳动价值理论科学总结和概括了现代市场经济的劳动本质，充分肯定了劳动人民在现代生产方式中发展生产力的主体地位，凸显了劳动在财富创造中的主导作用，为劳动人民的解放和全面发展奠定了理论基础。但市场经济的运行条件，却把劳动主客体条件分离和对立起来，使物质财富的生产、实现和分配充满曲折和疏离，甚至存在矛盾与冲突，特别是物质财富分配的主要依据是生产要素所有权以及市场的实现程度。在生产资料私有制社会，所有权成为资本剥削雇佣劳动者的特权，在生产资料公有制社会，所有权成为劳动者平等获取生活资料、发展权利的法律保障。虽然劳动者在市场经济条件下还无法直接与生产资料结合，但间接迂回实现所有权的利益，是社会主义消灭剥削、逐步消除贫富分化的制度保障。

第十章 现代科技革命对剩余价值理论的影响

第一次工业革命形成了以机器为基础的社会化大生产,为科学实验奠定了物质基础,为科学并入生产过程提供了生产条件和实践需要。科技进步推动了生产资料的不断变革,推动了人类生产方式的不断演进与发展,对剩余价值生产、实现以及分配产生了深刻而重要的影响。一般来说,学科上的重大发现是科学应用即技术、产业革命的先导,但历史上人类发生的科技革命与产业革命并不完全同步,国内学者在人类发生了几次科技革命的问题上也有不同的认识。为叙述方便,本章把科技革命与产业革命统一起来,统称为工业技术革命。

第一节 四次工业技术革命对现代生产方式的影响

第一次工业技术革命,以蒸汽机发明与应用为标志,确立了现代生产方式的统治地位,是剩余价值理论形成的产业技术背景。第二次工业技术革命,以电力、内燃机发明与应用为标志,科学与工业生产紧密结合起来,推动了社会化大生产的广泛发展。第三次工业技术革命,以电子计算机发明与广泛应用为标志,形成以电子信息技术为基础的现代产业和现代服务业。第四次工业技术革命以信息技术为基础,以新一代数字技术为核心,突出表现为社会生产的网络化、信息化和智能化,通过机器人、人工智能、物联网、云计算、大数据、3D打印、移动互联网等技术实现各领域的融合发展。四次工业技术革命，尤其是第四次工业技术革命，对现代生产方式产生了变革性影响。

一 生产的社会化程度空前提高

第一次工业技术革命拉开了生产社会化的序幕，战胜了孤立、分散的传统农业和手工业，现代商品经济替代了自给自足的自然经济成为主导的经济形态，在机器大生产的物质基础上实现了生产过程的社会化。第二次工业技术革命，扩大了社会化生产领域。社会化大生产由原来的纺织、煤炭和钢铁产业扩展至汽车、化工、电力、通信等领域，重化工业替代了轻纺工业成为工业的主导产业，生产规模进一步扩大，市场和销售不断走向集中，生产社会化程度不断提升。第三次工业技术革命，随着现代交通和通信行业发展，信息技术广泛应用，生产社会化不断向纵深发展。随着经济全球化，社会分工的全球化广泛而深入，生产日益向以生产要素优势为基础的优势区域、优势企业集中，生产和销售垄断已经高度国际化；社会分工已经由原来的产业间分工发展为产业内分工，并向以产业链、产品链为联结的纵向分工深入发展。以资源禀赋为基础和以关联技术为纽带的跨产业、跨产品横向分工协作不断发展和壮大；劳动密集型产业不断向劳动力富裕的发展中人口大国集中，资源密集型产业不断向资源富裕且人口相对稀少的资源性大国集中，资本密集型产业向资金富裕和技术成熟的新兴工业大国集中，知识密集型产业被少数发达国家控制在自己手中。

第四次工业技术革命，方兴未艾，但人工智能和互联网技术的迅速发展和普及已经给生产与生活方式带来了广泛的影响。信息网络技术打破了生产过程的空间布局和时间顺序，为生产的全球化布局、跨空间运行提供了技术条件，为研发、设计、加工组装的数字化模拟提供了手段，也为生产过程的产业链整合、跨产业分工协作提供了便利平台和技术。信息网络技术为生产社会化提供新的发展手段和平台，社会化生产呈现"分""合"两大趋势。其一，分散化，生产空间分散化、模块化。研发、设计已经从生产过程中分离出来成为生产性服务业的主要内容之一，加工组装不同的生产环节也可以相对分离、分散进行。只要产品标准统一、规格明确，生产过程就可以分解为不同生产模块独立分散进行，然后整装出厂。这就为制造业全球化分工，充分利用不同国家的生产要素优势提供了条件。其二，融合化，世界范围内资源、资本、技术、人才的整合更加频繁。人工智能，是建立在信息网络技术基础上的，它彻底改变了传统制造业的装备、工艺和流程，使生产过程自动化、智能化、精准、灵活，不仅可以代替人类四肢，也替代了部分经验、技巧和智力。

二 生产过程的全球化程度不断提升

生产全球化是生产过程社会化在世界范围内的扩展和具体体现。第一次工业技术革命打破了生产的地域、民族限制，利用现代生产方式的生产率优势不断攻城略地，打破落后国家孤立、分散的生产状态，开拓国际市场，初步形成世界市场。第二次工业技术革命，借助现代交通和通信工具，把分散、局部的世界市场联结起来，形成以发达资本主义国家为中心的、东方依附于西方、乡村依附于城市的世界市场体系。在这个体系中，发达资本主义国家主要生产并销售工业产品，而落后的殖民地半殖民地则主要生产并销售农副产品和原材料。

第三次工业技术革命推动社会分工的全球化，现代信息网络技术不断打破地理空间界限和消除时间差异，推动生产过程的全球化分工协作。以跨国公司为主导的国际资本、技术和人员全球化布局，世界经济组织、规则和体制的建立，推动经济资源的全球化流动与配置，世界经济一体化不断推进。在世界经济一体化的过程中，发达国家凭借强大的技术、资金优势以及在国际经济组织、规则和体制中的主导地位，主导着世界产业的基本布局以及技术、资金的流向和配置，主导着世界产业演进的步伐和产业转移的格局。集中体现为拥有技术、资金优势的跨国公司或集团，成为世界产业转移、技术进步的主导力量。社会分工突出表现为国际化程度不断提高，生产协作从一国范围向国际范围发展；突出表现在制造业领域，一个产品成品的研发、生产往往由多个国家的众多企业共同分工协作完成，而很少由一个工厂或一个国家生产，企业将有更多机会加入更广泛的全球生产网络。生产的全球化，带来的是产品生产各个零部件和各道工序之间的深度专业化分工，从而出现了大量高度专业化的生产者。

三　生产过程的信息化、网络化、智能化

第一次工业技术革命，轻纺工业改变了孤立分散的小生产状态，形成了以机器大生产为基础的社会化生产，推动生产资料和劳动力在生产过程中的汇聚，产生了工业生产流程之间的分工协作集体生产力。第二次工业技术革命，内燃气和电机的广泛应用，把机器大生产推广到更多的生产领域，特别是钢铁、石油、化工和交通运输领域，生产资料结构更加复杂、规模更大，生产过程的分工协作关系更加复杂，组织、指挥、协调和管理更加专业，信息沟通与传递更加便捷。第三次工业技术革命，信息技术广泛应用，彻底改变了生产过程的组织、指挥、协调、管理方式和手段，推动了生产过程信息化。以计算机为核心的信息化技术手段不仅为工厂日常办公提供了自动化工具，而且为生产过程的信息化动态监督以及实时组织、指挥、协调和管理提供了技术支持。

在信息技术基础上发展起来的互联网技术和数字化信息处理平台、大数据，将不同部门、不同行业、不同企业和不同生产环节的信息汇聚和整合起来，将无序市场信息和生产信息汇聚到政府管理部门、行业协会组织以及生产管理部门，使无序纷乱的市场和各自为政的企业生产变得透明和有序，使市场经济在信息网络技术条件下成为特殊的有管理的生产。生产将更加依赖新一代信息技术，企业也更多地以数据为基础进行决策。高度信息化使得企业的研发、生产、物流等生产和流通过程得到优化，实现了企业内部不同层级之间信息系统的垂直整合；同时，使得整个产业链上的各相关企业建立密切联系，促进生产流程各环节和要

素之间的水平整合。以计算机为核心的信息网络技术与生产过程不断融合，推动了生产过程的智能化。计算机将生产标准、作业规范、生产的流程与工艺以及劳动者的经验、技巧和智慧集成并运用在生产过程中，形成了人工智能。人工智能和机器人技术不仅能取代人的简单体力劳动，而且能够从事某种程度上的智力生产，使得大量的自动化生产代替了人工生产，未来将有更多的企业实现无人值守生产、连续作业生产、机器人辅助生产和自组织生产等生产变革，人工智能机器将能完成整个生产过程的生产。生产过程网络化，使得SOHO办公方式、共享员工、移动就业、集群工作等新型员工生产方式和雇佣形式不断出现，将逐渐取代"朝九晚五"的工作模式，劳动者会有更灵活的生产时间安排。

以网络技术和人工智能技术为代表的第四次工业技术革命正在勃起，网络技术推动全球化资源、资本、技术、信息和管理的数字化融合，人工智能不断汇集人类经验和智慧，延伸人类劳动空间和范围。由此，生产过程呈现高度信息化、网络化和智能化的趋势。

四　生产要素、生产过程和产业链的生态化

随着第一次和第二次工业技术革命的不断推进，人类认识自然改造自然的能力空前提高。人类的生产能力和规模逐步达到自然界承载能力的极限。1972年罗马俱乐部发表了《增长的极限》报告，警告人类经济增长已经遇到极限问题，呼吁正确处理人口增长、经济社会发展与资源环境的均衡协调关系。事实上，前两次工业技术革命主要发生在欧美，而其他国家和地区尚未实现工业化。所以，人与自然关系之间的突出矛盾还主要局限于一些国家和局部区域的特殊时期内，尚未出现大范围、普遍环境恶化现象。二战后，随着发展中国家先后走向工业化进程，资源短缺、环境污染日益成为世界性问题。生产过程的资源高效、节约利用，生态环境友好、环保不仅是解决人与自然突出矛盾的客观要求，也是生产率优势演进的必然趋势。第三次工业技术革命推动的生产

过程信息化、网络化和智能化，不仅大大提高了科学研究与应用效率，大大提高了生产效率，也为资源精准、高效、循环利用和普遍、高效的环保措施采取提供了技术手段。生产过程生态化：其一，利用信息、网络、人工智能等新技术改造提升传统产业，提高资源利用效率，大幅降低能耗和物耗水平，降低重污染行业的污染指标；其二，大力发展可降解技术、循环利用技术、清洁能源新技术，替代高能耗、高污染产业、产品、技术、工艺和原材料，促进绿色、高效生产，推动产业结构转型升级，促进产业链的提质增效；其三，加大科研投入力度，推动产学研结合，以实现高新技术产业、新兴产业高质量发展，优化产业结构和产业布局。

生产的社会化、市场化和全球化提高资源配置效率，而生产的信息化、网络化、智能化则从宏微观不同层面提高资源利用效率，使资源利用更精准、高效和节约，从而提高资源综合利用效率。生产的生态化则改变了人类的生产和生活方式，让节约、绿色、环保的理念和信仰贯彻于生产与生活的全过程和各个方面，促进人口、经济社会与资源、环境协调发展，构建人与自然和谐、共存共荣的发展新模式。生产的社会化、市场化和全球化提高了人类分工协作效率，信息化、网络化、智能化提高了资源的综合利用效能，有利于降低生产成本，提高产品竞争优势；生态化要求采用新技术、新工艺、新材料，减少对不可再生资源的消耗和依赖，提高资源循环利用效率和可再生资源、清洁能源的开发利用效率，加速构造循环经济产业链，有利于区域内相关企业形成共生体系，在原材料供给、市场机会共享、副产品充分利用等方面相互依附经营。借助现代信息网络技术，用信息流连接产业链，建立开放式合作动态联盟，参与企业可根据项目任务进行协调互补。加快科技创新，加速多产业共生发展，促进产业联动发展，构建多产业复合发展的循环经济产业体系。

第二节 科技革命对剩余价值生产的影响

工业技术革命不仅确立了现代生产方式，深刻改变了人类的生产和生活方式，也对剩余价值生产产生了巨大的影响。

一 科技革命推动剩余价值生产中心与格局的变迁

自第一次工业技术革命以来，科技革命成为国家崛起的重要推进器，不仅推动了世界生产制造格局变迁，也推动了剩余价值生产中心的变迁。第一次工业技术革命，推动英国迅速崛起，并使之成为横跨世界的日不落帝国；第二次工业技术革命，推动德国、美国等国家在世界范围内崛起，成为世界工业增长的发动机；第三次工业技术革命，造就美国一超独霸的世界格局。剩余价值生产中心也随着生产制造格局不断变迁发生迁移。第一次工业技术革命，造就了地中海北岸与北大西洋东岸国家的崛起和繁荣，第二次工业技术革命则造就了北大西洋周边地区的繁荣和强大，第三次工业技术革命，则带动了亚太地区的繁荣和发展。

二 科技革命推动产业结构不断演进，剩余价值生产范围不断扩大

第一次工业技术革命带动了纺织业的繁荣和发展，推动西欧国家的工业不断崛起；第二次工业技术革命，形成重化工业的高速发展，推动了欧洲和美国乃至世界工业化的高涨；第三次工业技术革命，推动生产性服务业崛起和生产过程服务性领域的独立化分离。现代服务业崛起，导致传统制造业向亚太地区转移，推动亚太地区工业崛起。第四次工业技术革命，虽然方兴未艾，但高涨的全球化工业化和新科技的广泛应用，彻底打开了人类生产规模化、高强度的大门，使资源供应瓶颈、环境制约因素空前突出。迄今为止，全球化产业发展已经步入后工业化阶

段：物质生产领域相对萎缩、服务业繁荣，产业结构变迁加快。发达国家的制造业高端化转移，服务业占比居高不下；中等发展中国家的制造业向中高端演进，服务业持续高涨；中低收入国家的工业化持续推进。在工业技术革命的促进下，物质生产领域生产率不断提高，剩余价值生产所形成的物质财富日益丰富，为社会提供的"自由时间"不断扩充，满足人类物质需求的生产劳动时间不断缩短，而非物质生产、生活时间相对延长，表现为物质生产领域就业人员比重不断下降，而非物质生产领域就业人口规模不断扩大和比重不断上升。

另外，随着工业化在全球范围内的普及和升级，人类步入生态文明阶段，资源环境将逐步成为制约剩余价值生产与分割的重要因素。科学技术日益发展、工业制造能力空前强大，过去制约生产率提升的科学应用、管理创新、社会化程度瓶颈因素不断克服，而资源、环境越来越成为制约生产率提升的关键因素。随着生态环境保护日趋严格，更加高效的廉价资源开发和利用方式将越来越成为决定生产率提升的关键因素。因此，高涨的工业化和日益普及的现代科学技术手段，在提升人类认识和改造自然能力的同时，也在加剧人与自然的矛盾，大幅度增加资源的开发利用成本。所以，自然资源分布特征和蕴藏方式的差异造就的自然生产率差异将越来越深刻地影响综合生产率，而由劳动能力、技术条件决定的生产率差异将逐步退居次要地位。第一次工业技术革命让煤炭和钢铁成为战略资源，第二次工业技术革命让石油、电力成为经济发展的命脉，第三次工业技术革命则把掌握电子信息技术的人才和创新变成了影响产业转型与发展的核心战略资源，第四次工业技术革命把基于信息技术的高端制造和网络信息资源的整合能力变成主导未来产业发展的战略引领资源，也把发展新能源、新材料、新技术所需原材料的富集矿产变成了影响国家未来命运的重要战略资源。

现代科技发展推动产业链不断分化与重组，原来的生产过程不断独立分化出新的产业与部门，传统的物质生产领域范围不断缩小。除第一产业外，第二产业不断分化——采掘业、制造业、交通运输业、建筑业，原来依附于生产制造的研发设计、营销、信息、金融服务等环节不断分化独立出来成为第三产业中的生产性服务业，成为现代服务业的主要内容。生产剩余价值的生产劳动范围已经大大超出现代物质生产领域，包括生产性服务业，包括间接服务于生产劳动的教育、医疗卫生、文化等服务领域，也包括宏观管理和调节经济运行的部门。虽然这些劳动并不直接生产物质财富，但它们有助于提高劳动者素质和经济宏观运行效率，是现代生产劳动必不可少的组成部分，因而是社会总劳动的重要组成部分。

因此，从现代产业部门划分来看，剩余价值生产已不再仅仅由企业的物质生产部门负责，剩余价值生产的范围呈现扩大的趋势。首先，提供剩余价值的部门大为扩展，社会生产的重心从物质生产部门向非物质生产部门转移。从企业内部来看，已从直接物质生产过程中独立出去的研发、决策、信息分析与获取、售后服务等部门，都直接或间接参与到剩余价值的创造过程；从产业来看，除农业、第二产业外，教育、科研、通信服务和金融服务、仓储物流等服务业，也是剩余价值生产与实现的领域。其他服务业，虽然表面看不出它们与剩余价值生产的直接和间接联系，但只要成为社会分工的必要组成部分，直接或者间接服务于物质生产领域，从事物质生产部门的非物质生产劳动，即使它们的劳动不创造剩余价值，作为生产和实现剩余价值的必要劳动，也是剩余价值的必要成本或扣除。只有物质生产领域创造的价值超过这些必要成本或扣除的部分，才能成为全社会意义上的剩余价值。

再次，从全球范围来看，经济全球化使得剩余价值的生产已由一国扩展到多国，跨国公司、跨境电商、共享平台等载体使得剩余价值的生产与实现超越国界，而居于优势地位的跨国公司、跨境电商、网络平台凭借在全球产业链、价值链、信息网络技术方面的主导和控制优势获得更多的剩余价值。其中，发达国家利用资本、技术和知识产权优势转移发展中国家的部分剩余价值，部分国家利用对重要经济资源的垄断占有地位、市场垄断地位、知识产权垄断特权谋取超额垄断利益，从不具有垄断地位的企业转移剩余价值、向消费者索取超额剩余价值。

三 科技革命推进生产的社会化程度空前提高，竞争全产业链化

第一次工业技术革命推动了以企业内部分工为基础的社会化生产，在第二次工业技术革命的推动下，资本有机构成大幅度提高，生产的社会化程度不断提高，企业内部分工不断深化，社会分工逐步突破地域民族界限，成为全球化的分工。第三次工业技术革命，推动了生产过程的标准化和模块化化发展，生产过程不断独立分化，企业内部分工逐步向市场化、半市场化方向发展。随着产品竞争加剧，企业竞争由原来的全产业全过程竞争过渡到生产环节、产业链不同层级优势的竞争。随着生产国际化的不断深入发展，世界分工格局也由原来的垂直分工转向生产过程、产业链之间的横向水平分工，生产率优势竞争由全过程全产业链竞争转向生产过程和产业链分工协作竞争，生产率优势不仅向生产要素优势地区聚集，也逐步向资本、技术乃至知识产权优势地区聚集；由原来的简单空间聚集，发展为向全球不同优势区域的分工协作聚集；竞争优势也由原来的单一生产率优势转向要素、资本、技术和知识产权协同优势，转向生产、流通、销售、研发与设计综合生产率优势。剩余价值生产的竞争优势已经不再局限于单个企业的生产率优势，正在演变成全产业链企业之间分工协作的整体生产率优势，包括生产要素禀赋、制度环境、市场的资源配置效率以及政府对市场的管理和调控、协调和组织能力。

四 科技革命推动要素配置全球化，剩余价值生产向优势地区汇集

第一次工业技术革命确立了资本主义生产方式的生产率优势，逐步在世界范围内确立资本主义生产的优势地位，形成东方从属于西方的国际政治经济格局；在第二次工业技术革命的推动下，资本主义生产方式逐步推向世界，形成了以发达国家为中心的帝国主义经济体系；第三次

工业技术革命，推动世界工业化浪潮的兴起，形成了以发达国家为中心、以发展中国家为外围的世界经济体系。在第一次、第二次工业技术革命的推动下，形成以发达国家生产工业产品、广大发展中国家生产农产品和原材料的世界垂直分工格局，发达国家成为剩余价值生产的发动机和财富的积累中心。第三次工业技术革命，推动世界经济工业化，发达国家成为高端制造业中心，而发展中国家则成为中低端制造业基地，剩余价值生产的发动机逐步由发达国家向新兴发展中大国转移，财富积累走向多元化。世界分工由垂直分工向水平分工和混合分工发展，农业和原材料生产逐步向土地、矿产资源富裕地区聚集，低端制造业向劳动力富裕地区聚集，而中高端制造业则向资本、知识产权富裕地区聚集。

在工业技术革命的推动下，世界市场由发轫到成熟，世界经济呈现水平越来越高的一体化格局，区域经济一体化不断深入发展，世界经贸关系的多边化向高水平发展。世界贸易组织、世界银行、联合国等世界性经贸组织的威权和职能不断强化，对世界经济贸易关系的规则、秩序维护和协调水平不断提高，世界经济一体化水平空前提高。世界经济高度一体化，世界范围内生产要素、资本、技术、人才和知识产权的流动和配置环境不断优化，由跨国公司推动的生产要素、资本、技术和知识产权流动和配置全球化，使生产要素、资本、技术和知识产权流动与配置不断打破地域、国家界限，使之在世界范围内向优势区域积聚。资源密集型产品向加拿大、澳大利亚、巴西等国家集中，劳动密集型产品向中国、印度、越南等国家集中，而资本–技术密集型产品向发达国家集中，知识产权密集型产品向美国、德国、日本等国家集中，剩余价值生产也随之向优势地区、国家、产业和企业汇集。

五 科技创新成为驱动生产率优势演进的根本动力

科技创新成为驱动生产率优势演进的根本动力，对剩余价值的生产布局产生了巨大影响。第一次工业技术革命，打破了原来工场手工业劳动者独立的劳动条件，把劳动者转变为建立在共同物质技术条件上的结合劳动者。独立劳动者的智慧和技巧转移到结合劳动的物质技术条件创造和经营管理过程中，原来在简单商品经济生产过程中创造物质财富的独立生产劳动被社会化大生产过程中的结合劳动所取代，生产一线的劳动者成为生产过程中简单的体力劳动者，而决定劳动生产率高低的关键因素由手工劳动时期劳动者的智慧、经验和技巧转变为社会化大生产时期科学在生产中的应用所形成的生产资料结构-功能体系以及由此形成的劳动的社会性质。蒸汽机的改进以及广泛应用，把生产过程中分散的专业机械连接成为机器体系，形成以机器为中心高强度连续运转的工作机器体系，而机器的结构-功能成为制约机器体系生产效率的关键因素。由科学发现、技术发明及其应用推动的生产资料的变革以及工艺、流程改善，结合劳动社会化程度提升、管理改进成为推动生产率提高的决定性因素。由于第一次工业技术革命主要由劳动者在生产过程的经验积累上形成技术变革，所以技术发明周期长，应用领域主要限于纺织业，对经济增长的贡献还十分有限。因此，生产力发展主要是由机器大生产战胜小生产，现代生产方式取代孤立、分散的传统生产方式推动的。

第二次工业技术变革，科学发现、技术发明与生产紧密结合，科学家、工程师以及一线劳动者都参与科学原理的应用与推广，科学在生产中应用的广度和深度都远超以往。电力、内燃机的广泛应用，不仅大大拓展了机器体系的动力，而且克服了蒸汽机动力过度依赖煤炭资源、热效率转化低下、机器笨重等缺陷和问题，推动了更多领域的生产社会化，从而大大提升了科技进步的贡献率。科学的应用、新技术的推广成为推动生产力发展、企业获得生产率优势越来越重要的因素。

第三次工业技术革命，以电子信息技术的广泛应用为代表，信息技术、网络技术在不同行业和部门得到日益普遍的应用，电子信息技术逐渐成为各个行业和领域的现代化物质技术基础。信息网络技术普及应用，不仅改变了信息传播和处理方式，而且引发了生产、生活方式深刻变革，使知识的创造、传播、更新大大加速，科学应用的周期不断缩短，技术进步的间隔日益变小。科技对经济社会发展的贡献率大幅提高，成为经济社会发展的第一推动力。以理论创新为先导的包括技术创新、制度创新和文化创新在内的创新活动已经成为驱动生产率优势演进的根本动力。在剩余价值生产过程中，具备资本、技术和知识产权优势的企业或企业集团在产业链分工协作中居于主导地位，对产业全球化布局、产业供应链分配具有巨大影响力。例如，在第三次工业技术革命中，美国在传统制造业转移和新的电子信息产业布局中具有决定性影响。

第四次工业技术革命方兴未艾，但以互联网技术和人工智能为代表的新科技革命已经对剩余价值生产产生了重大影响。新科技革命改变了传统的经济结构，知识型劳动代替了体力劳动成为剩余价值生产的主要来源。这具体体现在以下四个方面。

第一，剩余价值生产的主体由直接物质生产部门向第三产业扩散。物质产品将不再作为剩余价值生产的唯一载体，第三产业的崛起使得非物质生产领域大量地参与剩余价值的生产，剩余价值的载体更多地体现在知识、信息、技术、服务等无形产品上。在信息时代，企业更注重经营知识性资源，企业的价值创造过程更多地通过技术、发明、创造、组织、管理等知识的运用实现价值增殖。知识和信息在使用过程中，具有快速扩散、复制、无限频次使用且不会耗尽的特点，同时知识和信息产品的成本只有一次性的开发成本，其边际成本因为互联网的应用（大量复制、无边界扩散）而几乎为零，因此知识和信息产品的边际利润区别于传统的物质产品呈现递增的趋势。这种"几何级数"的增长方式，改变了传统物质产品生产中的缓慢增殖方式，使得企业可以运用知识和信息获得价值的倍增效应。受疫情的影响，人们会更加习惯于使用网络，传统的有形载体将被网络信息和知识的无形载体大量取代。随着计算机的普及和电子信息技术的普遍应用，科技创新成为当代社会生产力解放和发展的重要基础和标志，高新技术产业逐渐取代第一产业和第二产业，成为创造财富、带动经济高速发展的主导产业。

第二，具备知识产权优势的公司成为引领产业发展方向的先导企业。知识产权优势企业是制造业的头部公司，是引领产业发展的头部企业，而高新技术产业一般具有知识产权密集的特征，是知识、技术、资金高度密集的产业，具有高投入、高风险、高回报的特征。但高新技术公司并不一定具备知识产权优势，只有具备知识产权优势的高新技术公司才能引领产业发展。如果高新技术产业所使用的技术多数属于外源性技术，该产业与一般制造业并没有什么不同，只有内源性高新技术产业，也就是具备知识产权优势的高新技术产业才具有引领产业发展的内在驱动力。比如，20世纪90年代，彩电制造业、手机制造业、电脑制造业在我国兴起，但由于没有掌握核心技术，国内相关企业就只是高新技术产业里的加工组装企业，能分享的附加值较少。步入21世纪，我国彩电制造业在知识产权方面获得突破，逐步掌握核心技术，成为我国具备产业优势的一般制造业，而手机制造业、电脑制造业虽已经在中低端技术领域取得了零的突破，但至今仍然没有完全突破核心知识产权的藩篱，产业主导权仍然牢牢掌控在美日等少数发达国家手中。

就一般制造业发展演进的趋势而言，最初立足要素优势发展起来的价格优势产品是低端产品，随着资金积累和技术不断成熟，取而代之的是资本密集型的中端产品，随着技术积累和研发投入增加逐步发展起来具备技术优势的次高端产业，而盘踞产业高端的就是具备知识产权优势的创新型高端产品。一般来说，低端产品，价格优势显著，广受发展中国家的消费者和发达国家的底层消费者欢迎，市场广阔；中端产品，对质量和品牌要求较高，价格较高，面向发展中国家的中产阶层和中等发达国家的普通消费群体，市场较大；而高端产品，品质要求极高，价格昂贵，面向世界上的少数高端消费者。对于高端制造业，一般来说，市场高度垄断，只有位于行业头部的少数企业或企业集团才能生产，虽然市场并不如中低端制造业那样广阔，却是一个国家综合国力的物质基础，也是一个国家先进制造能力的代表，是国家综合竞争优势的重要体现。其中，拥有知识产权优势的高端制造业也属于高新技术产业，是一

第十章 现代科技革命对剩余价值理论的影响

个国家国防建设的重要因素，是国家创新能力的重要体现。在创新驱动下，具备广阔市场前景和低成本发展前景的知识产权优势企业则是新兴产业崛起的引领者；而具备知识产权优势的高端产品，决定着这个行业的产业链发展布局、走向和附加值的高度。无论是一般制造业还是高端制造业，核心竞争力的主导权和控制权都在于知识产权优势。而知识产权优势在于创新、人才、资本和市场高度融合，而创新需要发达的教育、宽松的制度、鼓励创新的环境以及高效率的市场和政府。归根到底，制度优势才是创造新产业剩余价值的基础。

第三，智力劳动在生产剩余价值中的作用和地位不断增强和提升。新科技革命使科技劳动对剩余价值获得的贡献率不断提高，随着科技水平的提高，管理人员、研发人员、技术人员等成为企业提高劳动生产率的主要力量。管理者的管理经验、运用科学技术的能力，面向市场变化的决策，科技人员设计研发新装备、新材料、新技术、新工艺、新产品的过程都是高级复杂的脑力劳动的体现，尤其是科技人员的研发活动，将不断促进生产物质技术的升级，生产工艺、流程的优化以及新材料替代旧材料等，从而大幅提高劳动生产率，进而产生更多的相对剩余价值。一般体力劳动随着机械化、信息化、智能化水平不断提高，不断被替代，甚至在小空间内的有规律的复杂劳动也逐步会被人工智能所替代，而高级脑力劳动因为创新性、变化性，无法被替代，反而更加重要。因此，在高科技时代，脑力劳动者的劳动价值会普遍高于一般劳动力价值，他们在单位时间内创造的剩余价值普遍多于一般劳动者。

第四，剩余价值生产的手段更加民主和文明。科技的高速发展与广泛应用，不仅凸显了科技创新的重要作用，也强化了劳动者特别是脑力劳动者在生产过程中的创造性主体地位。资本主义早期以压榨、剥削劳动力为特征的雇佣劳动在高科技时代受到极大削弱和挑战。在科技革命的影响下，高素质劳动者越来越关注工作中的自主性，人权意识觉醒；企业管理者在知识和信息时代，也不得不采取科学民主的管理方式，建立人性化制度，在生产中更强调对人的行为的激励与引导。工作环境上，企业更注重工作环境的舒适度，从办公环境的温度、设备设施的摆放、休闲娱乐设施的配备等方面，尽可能为员工提供高效生产的环境。就业培训与指导上，在企业大量引入信息系统、在机器替代体力劳动者工作的情景下，企业为员工提供就业辅导及技能培训，帮助员工更好地掌握机器操作、维护等技能或寻求新的职业。工作时间上，在职业工作内容允许的情况下，为员工提供弹性工作方式，确保员工获得工作和家庭平衡感，从而增加工作幸福感，不断提高劳动生产率。薪酬激励上，除了诱人的高薪之外，员工持股计划更是不断增强员工的组织承诺，使之超额完成本职工作。绩效管理上，以目标考核激励为主，应用KPI、360度等绩效考核方法，体现工作过程和结果的公平、公开、公正，绩效与薪酬的挂钩，更是多劳多得的最好体现。但是，无论哪种激励方式，都是企业运用柔性管理方式，使劳动者从绝对服从转变为满意度高的自愿服从，通过唤起劳动者的主人翁意识、奉献精神等，让员工更好地发挥自身的潜能和优势，创造更多的剩余价值。

第三节　科技革命对剩余价值实现的影响

在产业资本循环的过程中，剩余价值生产与剩余价值实现是有机统一的整体，科技革命在给生产方式带来巨大变革的同时，也必然深刻地影响剩余价值的实现方式和途径。第一次工业技术革命，把科学并入生产过程，把原来分散、孤立的手工业生产改造成为时空汇集、连续的社会化大生产。从单一个体产业资本循环来看，剩余价值的生产过程与实现过程相互交织、重叠，循环往复连续不断，共同构成产业资本完整的循环过程。社会化大生产为规模化售卖即剩余价值实现过程提供了产品供给条件，也为售卖部门的独立化经营打下了产业基础。第二次工业技术革命，社会化大生产部门由轻纺工业扩大到汽车、石油、化工、通信等更多生产领域，也带动售卖部门迅速崛起。现代交通运输以及通信行业的发展，大大拓展了剩余价值实现的空间范围和领域。

第十章　现代科技革命对剩余价值理论的影响

随着第三次工业技术革命兴起，新的产业不断涌现：以原子能技术、航天技术、电子计算机技术、人工合成材料技术、生物工程技术等高新技术的应用为代表。其中，电子信息技术在生产和流通过程中得到广泛应用成为最突出的标志，特别是服务业中现代科技广泛应用，推动以生产性服务业为主导的现代服务业不断崛起，成为现代产业中举足轻重的主要产业之一。随着现代信息技术、网络技术和人工智能技术的不断发展与广泛应用，以信息技术为基础形成三大产业相互渗透、不断融合发展的新趋势。剩余价值生产与实现的界限不断模糊，生产过程与营销过程不断融合发展，原有的营销渠道和网络层级不断被新的网络渠道和信息平台所打破、所取代，产、供、销在信息网络与人工智能技术的支持下不断融合发展，缩短了生产与消费的距离，减少了售卖层级和环节，售卖过程不断网络化、信息化、智能化，产、供、销的时空差异不断消融，动态联动、实时联动初步实现。

一　营销方式变革

在产业资本循环过程中的售卖阶段，完成了剩余价值的实现，因为独立运作的商业资本能够更专业、更高效，而且节约产业资本的资金、时间和精力。因此，产业资本把部分利润让渡给商业资本。在实际运作中，出厂价与零售价的差额就构成商业利润的基础。而对于传统的层级制营销渠道，不同层级营销通过赚取上下层级的价格差获取商业利润。随着第三次工业技术革命的发展，信息网络和人工智能技术不断在商业领域广泛应用，传统的层级渠道营销模式不断被网络化、信息化、智能化的电子商务营销取代。电子商务网络化的营销模式消灭了营销的不同层级，拉近了厂商与消费者的距离，做到了零距离信息沟通与交易。而网络化、信息化、智能化的数字营销平台，在数字金融技术的助力下，满足了海量信息沟通和巨量即时交易需要，大大提升了信息沟通和交易效率，极大地降低了交易成本。高效即时的信息沟通和交易，也大大节约了仓储和物流时间，最大限度地减少了产供销信息不对称问题，从而减少了仓储物流环节和成本。因而，随着电子商务迅猛发展，传统营销模式受到巨大冲击，逐步被取代、挤压并大规模减少。虽然传统营销模式受到消费者消费习惯路径依赖的顽强支持，但在传统营销模式被迫阻断的疫情大流行期间，电子商务迎来了高速崛起的历史机遇。

凯斯蒂·纽斯慕（Kirsty Newsome, 2010）以零售业为研究对象，提出流通领域的变革使大型零售业在构建不同部门之间的关系时起到了较大作用，物流的变革和零售业的兴起将改变生产的哲学。流通过程是实现剩余价值的过程，在科技革命和社会经济快速发展的情境下，流通领域发生的深刻变革对剩余价值的实现必将产生深远影响。商业的出现大幅降低了不同生产部门之间向消费者直销的剩余价值流通成本。随着互联网科技的发展，如今的中介形式发展为零售连锁集团、一般零售电商或者"企业+电商综合体"（简称生产型电商）（王丰，2016）。信息技术的飞速发展，使得资本家可以凭借计算机技术和互联网对剩余价值的实现进行在线操控。电商模式和点对点（P2P）等销售模式已经逐渐取代了传统的线下实体商业模式，消费者降低了购买商品所需的信息搜集成本，企业之间降低了交易成本。

二 物流载体变革

传统的仓储物流被信息化、网络化、智能化的现代仓储物流取代。信息技术在商业领域广泛应用，推动了营销手段的变革，极大地降低了营销成本、提高了营销效率、节约了营销时间，从而有力地推动了交通物流、仓储行业的发展与繁荣。电子商务的发展简化了交易流程，提高了交易效率，也增强了对交通物流以及仓储行业的依赖，从而对交通物流与仓储的运转效率提出了更高要求。剩余价值高效率的实现还依赖于交通运输以及仓储的运转效率。从理论上讲，产品在空间上的远距离位移即交通物流，不仅是剩余价值实现的重要条件，也是生产过程的自然延续，是生产剩余价值的重要环节。远距离产品运输、完善的产品包装与转运、必要的仓储过程，都会创造剩余价值。这里把交通物流、仓储放在剩余价值实现环节来叙述，更多地考虑到该环节与剩余价值实现的关系更密切，特别是在高效率营销的现代环境下，交通物流、仓储的运转效率已经成为制约电子商务效率的瓶颈因素。

第三次工业技术革命推动了陆、海、空现代交通运输业的高速发展，而信息技术、网络技术以及人工智能技术为交通运输无缝、高效衔接提供了技术手段，也为汇集消费消息和商品配送信息提供了技术支持和配置条件。信息技术、人工智能技术、物联网技术在现代仓储、物流配送中广泛运用，也大大提高了仓储、物流配送能力。其一，通过基础设施建设和信息技术支撑，构建陆、海、空高效、无缝衔接的现代立体化运输网络，提高运输能力，缩短运输时间、降低运输成本；其二，以互联网为基础，运用大数据、人工智能技术，打造高效智慧交通，打造便捷、高效、精准、低成本的现代交通管理经营体系。如应用电子不停车收费（ETC）技术、区块链技术，推进电子单证、业务在线办理以及全程物流可视化等；应用泛在感知设施、先进传输网络、卫星时空服务等手段，推动机场和航空公司、空管、监管保障等单位内部的核心数据共享，实现航空器全球追踪；应用大数据分析和处理技术，开展邮寄地址编码等应用。先进信息技术的应用，加快推进了交通运输的高精度地理信息共享，大数据中心推动了跨部门、跨层级综合运输数据资源的充分汇聚和有效共享，继而推动了剩余价值的快速实现。

三 空间范围变革

全球一体化、海陆空立体化、城乡全域化。第三次工业技术革命推动现代交通运输业和现代通信业崛起，现代交通运输、现代通信技术推进了世界基础设施的互通互联，促进资本、技术、要素、商品的全球化流动与配置，促进了城市、乡村的互联和融合。现代数字技术构建起无所不在、无时不在的人、财、物、信息交流的全球化网络，把传统工业社会无法触及的山野乡村或落后、贫困的每一个角落通通网罗进来。借助信息网络技术，构建一个人类时空高度汇聚的虚拟共同体；借助信息网络技术，把线上与线下联结起来：从虚拟共同体到跨越民族、地域的世界物质生产、生活空前一体化的实践，新科技革命造就了时空高度一体化的共时空生产、生活领域。现代信息技术的发展，促使跨国公司广泛存在、国际化信息网络平台广泛应用以及跨境电子商务广泛发展。借助现代信息网络平台和跨境电商运作，不仅生产过程高度全球化，而且产品营销遍布世界每一个角落。通过世界经贸网络，分布于世界各地的生产商与和消费者实现实时信息交流和在线交易，进一步推动了剩余价值在一国内部各地区之间、不同国家之间流动；同时，借助不断拓宽的交通运输网络——公路、铁路、航空、水运的立体化交通网络，连接了市区、县城到每一个乡村的网络节点。借助现代数字化技术和四通八达的交通运输网络，产、供、销实现了无缝对接，把销售市场开拓到世界每一国家、每一个乡村，剩余价值实现的空间范围空前扩大。

四 产业循环链变革

产供销一体化，跨产业融合发展。随着广泛应用，信息技术已经成为传统产业现代化和现代产业发展的技术基础，信息技术以及在此基础上发展起来的网络技术、人工智能技术已经成为所有产业转型升级、高效益高质量发展的共同基础。信息技术、网络技术、人工智能技术打破了不同产业的界限，打破了生产过程的不同环节、流程界限，融合了产业循环链的各环节和各过程，也推动了生产过程的不同环节和流程独立化分离生产，推动了产业融合、分化和重组。不同产业只要具备相同技术或资源，都可以重组在一起生产，而同一产品的不同生产环节也可以按照所需要的技术、资源条件进行分离和重组，且同一产业的不同产业链之间，既可以市场化分工协作进行集群生产，也可以兼并为同一个企业进行内部分工生产。从剩余价值实现的角度来看，不仅售卖阶段层级和渠道在不断融合为一，而且售卖阶段与生产过程也在不断融合发展，产供销的时间不断缩短，流程之间的时间差异在不断消失，呈现一体化特征。

五 交换手段的变革

电子支付、即时消费信贷成为拉动消费的催化剂。信息网络技术和人工智能在现代服务业广泛应用,不仅改变了传统金融体系,推动了交易平台网络化、交易媒介电子化,而且催生出有别于传统金融的现代电子支付体系、电子即时信贷系统。借助现代信息网络技术和 POS 机、手机等支付终端,微信、支付宝、手机银行可以实现便捷、高效、安全的网络支付。同样,借助这些终端,通过网络征信体系,可以实现便捷、高效、安全、低成本的消费信贷。电子支付打破了传统交易的时空局限,而电子消费信贷则进一步打破了短期支付能力的限制,为有偿付能力的消费者提供中短期提前消费的便捷手段。电子支付和即时消费信贷的广泛普及和应用,为消费者提供了便捷、高效、即时、低成本的交易手段,大大提高了交易效率,降低了交易成本,为剩余价值实现提供了最有效、最便捷、低成本的营销工具。

六 政府职能的变革

政府财政支出、公共产品消费占比不断攀升。在第二次工业技术革命的推动下,生产与销售日益集中,原来居于主导的自由资本被私人垄断资本所取代。而资本集中与垄断所形成的巨大生产力使私人资本越来越难以驾驭,这就需要国家作为私人资本之上的理想总资本家进行管理和调控,以维护资本主义整体利益,使之长期运行。第二次世界大战后,在第三次工业技术革命的推动下,国家垄断资本主义普遍发展。私人垄断资本与国家政权更加紧密地结合起来,国家作为理想的总资本家与民族国家利益的代表参与资本主义的生产与再生产全过程,参与世界政治经济关系的协调和管理。

随着政府执行的社会职能不断强化,政府作为市场消费主体在全社会新增财富中占有的份额不断提高。另外,为了应对市场经济失灵,政府承担了大量公共产品供给责任,特别是在市场遭遇严重挫折和危机时期，为了维护市场秩序和保持经济稳定，政府不得不采用大规模经济刺激和财政支出政策，支持经济稳定，刺激经济增长。政府由原来在自由市场经济时期的"守夜人"角色演化成为全面调控经济运行、参与国际市场竞争、防范化解经济波动与危机、承担公共产品和社会福利供给责任的全能型政府。政府自身的消费支出普遍占到 GDP 的 1/4 左右，政府提供或购买的公共产品与服务水涨船高。政府消费作为稳定市场的重要因素，在剩余价值实现过程中扮演着越来越重要的角色。

第四节　科技革命对剩余价值分配的影响

剩余价值分配是生产资料所有权在经济上的实现，也是再生产条件的实现。在现代生产方式确定的过程中确立了生产资料主导的剩余价值分配模式，该模式在科技革命的影响下呈现深刻变化和新的特征。

一　知识产权优势取代资本所有权优势在剩余价值分配中居于支配地位

第一次工业技术革命，为科学应用与发展提供了物质条件，确立了科学在生产中的应用趋势；第二次工业技术革命，推动了生产与科学的结合，科学在生产过程中广泛应用；第三次工业技术革命，信息网络和人工智能带动知识生产与传播方式发生巨大变革，科学发现与技术创新的周期空前缩短，形成了"科学—技术—生产"一体化融合发展的模式，科学成为经济社会发展的第一推动力。科学的应用、技术进步、管理创新和劳动者素质提高成为推动生产率提高的主导因素。随着广大发展中国家的工业化水平提高，特别是以中国为代表的新兴大国发展起来，世界市场竞争日趋激烈。而激烈的竞争极大地蚕食了普通企业的盈利能力，削弱了企业的发展能力，只有那些积极投入研发，具备知识产权优势的企业才能打破市场均衡陷阱，获得超额剩余价值，才能在市场竞争中不断壮大。

按照西方经济学的认识，陷于市场均衡的企业，利润水平趋于零，也就是企业盈利只能维持正常运转和简单再生产；只有那些创新型企业才能获得超常利润，才能不断进行资本积累和扩大再生产。在创新驱动的知识经济时代，"智力"资本已经逐步取代"物力"资本成为生产、实现并分配剩余价值的决定性力量。在中高端制造行业的竞争中，知识产权优势已经成为克敌制胜、掌控行业布局、引领行业发展的主导因素，知识产权在剩余价值生产、实现与分配中居于主导地位。而没有知识产权支撑和丧失了竞争优势的生产资料所有权已经在生产管理的民主、社会化过程中退出了企业的经营管理权，成为纯粹的经济权利。因此，知识产权的地位决定并影响一个行业创造价值的高度，而具备知识产权的头部企业决定着产业链的附加值高度和内部的价值链分配及布局。

随着科技创新的发展，复杂劳动取代了简单劳动，一线操作工人将逐渐被自动化、智能化的机器所取代，生产、实现剩余价值的劳动逐步向复杂劳动、脑力劳动转移；而科技的进步加剧了企业间以管理和技术为核心的竞争，企业的竞争优势越来越依赖管理人员的洞察力、决策力，脑力劳动者的知识、智力和创造力，尤其是对高精尖技术的掌握，可使企业在一段时间内保持领先地位。因此，知识型劳动者和高技能劳动者的收入增长速度将会越来越快，并且知识技能劳动者的收入分配总额将超过非知识技能劳动者。资本的逐利性质决定了企业要紧跟科技革命发展趋势，要增加对科研的投入以及对脑力劳动者的雇佣成本，甚至利用股权激励、利润分成等方式把企业发展利益与关键岗位的劳动权益捆绑起来。只有在科学应用、技术进步方面走在行业前列，知识产权、技术、管理创新优势显著的企业才能在激烈的市场竞争中增强竞争力。科技劳动和管理劳动比普通体力劳动能够创造更多的剩余价值。

因此，企业主必然增加对科技人才和管理人才的投资，这种投资体现为科技劳动、管理劳动在新创造剩余价值的分配中占有一席之地。这些脑力劳动者不仅按照市场规律获得自己的劳动力价值，而且可以按照市场贡献获得一定的剩余价值分成。虽然机器将会代替大多数生产工人，但是为了不断地创新，为了调动员工的生产积极性、研发动力，创造更多的剩余价值，为了让员工心甘情愿地奉献，很多企业采取了利益分享机制，具体体现为企业利润分享、企业股权分享、企业价值分享等，让员工与企业共同成长，使员工个人利益与企业整体利益联系起来。这种利益分配方式，将员工与企业的利益捆绑为一个整体，增强了员工的主人翁意识，从而进一步掩盖了剥削与被剥削的关系。

二 生产率优势的层次和地位决定着剩余价值分配的层级和地位

在市场竞争中，生产率优势是企业发展壮大的根本原因，而市场竞争全球化推动了生产率优势的全球化转移与不断分化和分层。工业技术革命爆发以后，随着科学应用、工业技术扩散，原发的知识产权优势就逐步演进为技术优势、资金优势和低成本优势的不同层次。知识产权优势一方面将随着技术扩散逐步耗散殆尽；另一方面将随着科研投入与市场结合不断积聚，逐步形成新的知识产权优势。在同一产业链中，拥有知识产权优势的企业居于价值链高端，拥有技术、资金优势的企业居于价值链中端，而只有低成本优势的企业处于价值链低端。而不同层次的生产率优势需要不同层级的要素来支撑，知识产权优势需要发达的教育、创新型人才、完善的市场制度和宽松自由的科研环境，而技术、资金优势则需要强大的工业体系、成熟的技术体系、雄厚的资金、完善的基础设施和熟练的劳动力队伍，低成本优势则需要富裕、廉价的资源、劳动力等初级生产要素。

极少数发达国家凭借教育、人才、制度、环境优势创造知识产权优势，在众多高端制造业和高新技术产业具备高级生产率优势，处于价值链高端，在国际市场上获得巨大的超额剩余价值；而普通的发达国家则凭借中级生产要素优势获得了技术、资金优势，处于价值链中端，获得正常水平的剩余价值,而中国、印度等发展中国家则凭借丰裕、廉价的劳动力创造了低成本优势,在国际市场上获得低于平均水平的剩余价值。因此,世界生产力水平的差异和国际政治经济规则的不公平,造就了世界市场剩余价值分配的不平衡。具备生产率优势是国家参与世界分工、谋取世界分工利益的基本条件,只有具备不同层次生产率优势的企业,在世界市场上,才能不断发展壮大,而不具备生产率优势的企业则被逐出世界市场。如果不拥有具备生产率优势的企业,这些国家就无法分享世界经济发展和分工带来的成果,就会被国际化所抛弃,逐步边缘化。

三 国际垄断成为获取超额剩余价值、转移世界剩余价值的主要手段

前三次工业技术革命推进生产的社会化高度发展,导致世界市场的生产和销售高度集中于少数企业或企业集团,形成普遍的国际垄断。而获取国际垄断地位成为少数企业或企业集团谋取超额剩余价值、转移世界财富的主要手段。根据造成垄断地位的不同原因,国际垄断大致可以划分为以下几种。第一,自然垄断,主要是由于自然条件造成的对经济资源的垄断性占有,如欧佩克组织垄断了世界上 2/3 的石油生产和销售,巴西、澳大利亚垄断了世界上大部分铁矿石的生产和出口。第二,市场垄断,由于市场长期竞争导致生产和销售高度集中于少数企业或企业集团。例如,四大粮商 ADM、邦吉(Bunge)、嘉吉(Cargill)和路易达孚(Louis Dreyfus)掌握着全球 2/3 的粮食市场。第三,知识产权垄断,是凭借人才、市场、创新优势形成的对某些领域和产业核心知识产权的支配与控制权。比如,在信息产业,美国凭借信息技术先发优势和知识产权优势垄断了基础软件和高端芯片市场,并常常利用垄断地位围堵、遏制竞争对手,影响产业链布局,干预正常经贸关系。第四,特权垄断,是综合利用国家在世界上的强大综合国力、军事霸权、盟友关系以及在国际组织中的主导地位形成对国际经贸关系特定领域的支配或

者主导地位。例如，以美元为核心的美国金融霸权地位，就属于特权垄断。

四　国家在剩余价值分配中扮演着越来越重要的角色

二战后，世界迈入国家资本主义时期，私人垄断资本与国家政权高度结合，国家作为理想的总资本家角色，成为超越私人资本利益、调控资本主义生产关系、维护资本主义制度稳定和长期发展的"看得见的手"。国家通过创办国有企业、参股私营企业以及参与再生产过程，利用税收、货币、财政等经济手段，同时通过经济规划、法律、行政等工具全面参与剩余价值生产、实现和分配过程。随着国家的社会职能、责任不断增加，政府机构人员不断扩充，财政收入不断提高，财政支出范围和规模不断扩大。通过政府消费、公共服务和福利支出全面参与国民收入的初次分配，而且通过投资国有企业、民营企业以及宏观调控措施全面参与国民收入再分配。为了缓和资本主义矛盾，通过税收的形式参与剩余价值的分配，调节资本主义分配关系；扩大公共服务支出，提高社会福利水平，提高劳动者在养老、医疗、教育、失业等方面的保障水平；加大宏观调控力度，对冲经济波动对中低收入者的影响和冲击，促进经济增长与就业。为了提高科技创新水平，国家可以综合运用多种政策支持企业的科研活动，包括法律制度、行业准则、资金扶持、税收优惠、土地出让金优惠等，支持科技型产业发展，鼓励企业增加研发投入，促进科研成果转化和落地，而这会增加国家财政支出，从而国家需要更多财政收入。因此，国家在剩余价值分配中的比重有不断提升的趋势，国家在剩余价值分配和再分配中的地位和作用进一步提高和增强。

五　金融垄断资本在剩余价值分配中的地位仍然十分突出

获取剩余价值是生产资料所有权在经济上的实现。在第一次工业技术革命中，资本所有权被社会赋予在生产过程中支配劳动和占有剩余价值的社会权力；在第二次工业技术革命后，生产日趋集中，自由资本主义发展为垄断资本主义。随着生产过程的社会化程度提高，经营管理需要专业化、社会化，资本所有者逐步被职业经理人所取代从而离开生产过程，而资本所有权逐渐转变成较为单一的经济权益，传统的经营管理被社会化、民主化的经营管理模式取代。其中，部分所有权被专门从事货币经营的银行信贷资金所有权所取代，部分被风险投资资金所有权所取代。

列宁在《帝国主义论》中把垄断资本主义称为帝国主义，垄断成为帝国主义统治的深厚经济基础，不断渗透到经济社会的各个方面和过程。银行由经营货币买卖的一般中介发展成为万能的垄断者，银行垄断资本与工业垄断资本不断融合，形成金融资本和金融寡头。列宁把金融资本与工业资本融合的现象概括为金融寡头，而金融寡头在经济领域的垄断统治成为资本主义进入帝国主义时期的显著趋势和特征。自由资本主义发展到帝国主义，货币由一般社会财富的代表演变为经济社会的万能支配者。资本主义长期发展积累起来的规模庞大的剩余价值被金融资本汇聚起来，在全世界寻找有利的投资机会和场所。资本主义由商品输出主导转变为资本输出主导。结果是大量的资本输出把国内过剩的资本转化为新的剩余价值生产、实现和分配的经济权利。列宁把帝国主义称为腐朽的资本主义，之所以腐朽，就在于高度垄断，虽然不能消除竞争，但严重阻滞了科技进步；之所以腐朽就在于金融资本依附于实体经济，凭借资本权力分割剩余价值，成为实体经济发展的掠食者、寄生虫。

经济全球化，在为发展中国家带来先进技术、管理观念、资本的同时，也引进了世界级剩余价值的掠食者，导致发展中国家的相当一部分发展成果通过国际金融资本源源不断地输送到发达国家。而且经过国际金融资本的世界分工布局，发展中国家被纳入发达资本主义国家主导的世界分工协作体系中，成为技术、资本、产业链等依附于发达资本主义国家的经济附庸。第三次工业技术革命，从技术手段上加快了这一进程。如果说第二次工业技术革命时期，发达国家主要从技术输出和国际投资角度控制发展中国家，那么第三次工业技术革命以来，发达国家则强化了知识产权、产业供应链、网络新媒体以及信息网络技术平台等的控制权，对发展中国家有价值的经济、技术情报和战略资源进行全面围猎，对剩余价值进行精准掠食。例如，美国把帝国主义时期的金融垄断与新科技革命形成的信息网络技术霸权结合起来，把国家军事、科技硬实力与新媒体垄断话语权结合起来，把国家意志、政治权力、法律手段、谍报手段与市场利益结合起来，形成了无所不在、无时不在的超级霸权，对战略对手进行全方位围堵、精准扼杀，对竞争对手进行精准出击、全面围猎，确保自身在科技领域的领先地位和在全球的金融霸权利益。

对于国内市场，金融垄断资本稳定且具有强大的盈利能力，受国内投资者青睐，不仅分散实体经济的专注力，而且对实体经济进行支配并瓜分其利益，从而削弱了实体经济的发展。新科技革命，推动金融资本与信息网络平台融合，成为控制实体经济、瓜分实体利益的另一途径。金融部门参与剩余价值分配的份额不断增加，信息化、数据化和网络化将使得全球经济交往更加频繁，利润不是通过生产和贸易来增加，而是借助金融循环，在剩余价值的分配中，大量的剩余价值通过证券、股票、利息、票据、债务、消费等形式流入金融部门。

六 剩余价值分配的两极分化趋势不断强化并呈现国际化

在几次工业技术革命的推动下，生产的市场化、资本化、科技化和全球化程度日益加深。生产的市场化，在国内市场优化资源配置、提高劳动生产率的同时，也会引起社会分配的两极分化。马克思就经济全球化对剩余价值分配的影响进行了分析，肯定了价值规律作用在世界市场的适应性，进而指出：在国际贸易中，剩余价值分配等价的交易形式掩盖了不公平的交换内容，由于参与贸易各国的生产力发展水平不同，发达国家凭借较高生产率在交易中获得超额剩余价值，而落后国家却因生产率较低，难以获得正常的贸易利益。在国际市场上由于国家民族利益界限，市场的充分竞争受到限制，导致超额利益常态化。也就是说，科技革命推动的经济全球化逐步把商品经济价值规律的效应扩展到全球范围，会引发世界范围内的两极分化：发达国家获取更多剩余价值，落后国家获取较少剩余价值，而且穷富国家两极分化的趋势不断强化。

生产的资本化，导致追逐剩余价值作为唯一动机，就会形成为积累而积累的扩大再生产效应，"马太效应"显著。资本积累是资本主义扩大再生产的重要源泉，而剩余价值是资本家进行资本积累的源泉和动力，不断把剩余价值转化为再生产的资本，以获取更多的剩余价值。在国际市场上，具备生产率优势的国家和具备生产率优势的企业将获得更多的剩余价值，而更多的剩余价值又成为发达国家和先进企业资本积累的基础。随着资本积累，发达国家和先进企业获得的剩余价值越来越多，落后国家和落后企业则相反，获得的剩余价值越来越少，资本积累动力不足，又进一步影响未来剩余价值分配的额度。

生产的科技化，会在科技革命的推动下，拉大发达国家与落后国家的差距，也会导致不同产业之间剩余价值分配的差距。在新的科技革命推动下，随着现代信息技术、网络技术以及人工智能技术在剩余价值生产、实现过程中的应用，资本能以更集约、高效的方式发挥作用，生产率优势不断增强，劳动者创造的剩余价值增多。科技革命使得掌握高新技术的企业和国家具有更强的话语权，尤其是西方发达资本主义国家更是凭借高新技术优势，通过技术垄断强化对发展中国家剩余价值分配的控制权。发达资本主义国家常常滥用知识产权，高筑知识产权壁垒，人为地阻滞科技进步，长期凭借知识产权优势谋取超额剩余价值，借助跨国公司股权利益，通过税收以高福利形式分配给本国民众。所以说，某种形式上发达资本主义国家的民众也在间接地占有发展中国家各个阶层的劳动成果，增强了剩余价值国际分配的效果（王丰，2016）。科技革命加速发展，形成并拉大了富国与穷国的科技鸿沟，也形成了传统产业与高新技术产业的巨大落差。

生产的全球化，各国企业在全球范围内寻求资源的最优配置，企业间的合作也以资金、人才、技术等作为下一步投资的关键要素。生产的全球化带来的低成本、高利润，使得大量技术从发明国向其他国家扩散，并通过知识产权交易、高新技术产品贸易，推动具备承接、吸收消化新技术能力的发展中国家的技术进步和跨越式发展。

另外，在信息技术革命的冲击和新兴工业国家的竞争中，丧失了生产率优势的传统产业被迫转移甚至退出市场，而采用新技术的传统产业则因生产率提高而大量裁员，科技革命给在这些产业就业的劳动者及其家庭产生巨大的影响。特别是随着生产过程自动化和智能化的快速发展，无人工厂、车间大量出现，与此相对应的是简单体力劳动者的经常性失业。因为先进技术的发展导致简单的一线操作工人被取代，尽管这些工人也在不断地学习以提高自己的工作技能，但是科技的变革速度要远远快于工人的技能学习速度，很多工人在经过一段时间的学习后仍然无法满足科技进步的素质要求。因此，不断地学习、不断地换工作、不断地失业，这些体力劳动者时刻面临被社会淘汰的困境。甚至有些技能需要经过几年的学习才能掌握，而对应的岗位在毕业时可能已经被淘汰，此时毕业也就意味着失业。新科技革命，加速知识生产、传播和技术进步，推动新产业不断涌现、旧产业不断消亡，造成劳动力不断转换职业和不断流动，就业稳定性、长期性越来越差。新科技革命对劳动者的学习能力、适应能力提出空前挑战。年轻人、学习能力强的人，一般可以更好地适应新技术新职业，能够获得较高的稳定的收入，而上了年纪和学习适应能力差的劳动者则常常面临职业转换和失业的危险，工作稳定性差，收入低且难以保证。科技革命不仅拉大了发达国家与发展中国家的收入差距，也拉大了新旧职业之间的收入差距。

参考文献

〔阿根廷〕劳尔·普雷维什：《外围资本主义：危机和改造》，商务印书馆，1990。

〔埃及〕萨米尔·阿明：《不平等的发展——论外国资本主义的社会形态》，商务印书馆，1990。

〔埃及〕萨米尔·阿明：《资本主义的危机》，贾瑞坤等译，社会科学文献出版社，2003。

〔比〕厄尔奈斯特·曼德尔：《晚期资本主义》，黑龙江人民出版社，1983。

〔德〕弗里德里希·李斯特：《政治经济学的国民体系》，商务印书馆，1961。

〔德〕鲁道夫·希法亭：《金融资本——资本主义最新发展研究》，商务印书馆，1994。

〔法〕布罗代尔：《十五至十八世纪的物质文明、经济与资本主义》，顾良、施康强译，三联书店，2002。

〔法〕路易·阿尔都塞：《保卫马克思》，顾良译，商务印书馆，2010。

〔法〕托马斯·皮凯蒂：《21世纪资本论》，巴曙松译，中信出版社，2014。

〔美〕保罗·巴兰：《增长的政治经济学》，蔡中兴、杨宇光译，商务印书馆，2000。

〔美〕戴维·兰德斯：《国富国穷》，门洪华译，新华出版社，2001。

〔美〕弗兰西斯·福山：《历史的终结与最后的人》，陈高华译，广西师范大学出版社，2014。

〔美〕哈里·布雷弗曼：《劳动与垄断资本》，商务印书馆，1979。

〔美〕罗伯特·海尔布隆纳：《马克思主义：赞成与反对》，桂冠图书股份有限公司，1990。

〔美〕迈克尔·波特：《国家竞争优势》，李明轩、邱如美译，华夏出版社，2002。

〔美〕塞缪尔·亨廷顿：《文明的冲突与世界秩序的重建》，周琪等译，新华出版社，2010。

〔美〕伊恩·斯蒂德曼、〔美〕保罗·斯威齐：《价值问题的论战》，陈东威译，商务印书馆，2020。

〔美〕约瑟夫·熊彼特：《经济发展理论》，王永胜译，立信会计出版社，2017。

〔美〕约瑟夫·熊彼特：《熊彼特经济学》，李慧泉、刘霈译，台海出版社，2018。

〔英〕大卫·李嘉图：《政治经济学及赋税原理》，商务印书馆，1976。

〔英〕亚当·斯密：《国民财富的性质和原因的研究》（上），商务印书馆，1972。

〔英〕亚当·斯密：《国民财富的性质与原因研究》（下），商务印书馆，1974。

白永秀：《重新认识社会主义市场经济中的资本与剩余价值》，《广东商学院学报》2005年第4期。

陈光金：《论社会主义社会剩余价值的存在与属性》，《求索》2002年第6期。

陈俊明：《〈资本论〉政治经济学批判的具体化——〈资本论〉政治经济学批判研究》，中国青年出版社，2021。

陈永忠：《论社会主义市场经济条件下的资本和剩余价值》，《经济体制改革》2002年第2期。

陈征、李建平、郭铁民：《〈资本论〉在社会主义市场经济中的运用与发展》，福建教育出版社，1998。

陈征:《〈资本论〉解说》（修订版），福建人民出版社，1997。

陈征:《劳动和劳动价值论的运用与发展》，高等教育出版社，2005。

程恩富:《经济学方法论》，上海财经大学出版社，2002。

冯景源:《〈资本论〉哲学新探》，中国人民大学出版社，1990。

高淑娟:《关于剩余价值一般与特殊的思考》，《清华大学学报》（哲学社会科学版）2002年第3期。

顾海良:《马克思主义经典作家关于政治经济学一般原理的基本观点研究》，人民出版社，2017。

郝立新:《历史选择论》，中国人民大学出版社，1992。

何秉孟:《劳动价值理论新论》，社会科学文献出版社，2003。

何干强:《〈资本论〉基本思想与理论逻辑》，中国经济出版社，2000。

胡代光等主编《评当代西方学者对马克思〈资本论〉的研究》，中国经济出版社，1990。

华民、朱莉:《关于发展马克思主义劳动价值理论和剩余价值理论的几点思考》，《学术月刊》2002年第6期。

黄茂兴、唐杰:《改革开放40年我国国有企业改革的回顾与展望》，《当代经济研究》2019年第3期。

黄群慧:《"新国企"是怎样炼成的——中国国有企业改革40年回顾》，《中国经济学人》2018年第1期。

季正聚、孙来斌:《马克思主义经典作家关于经济文化落后国家社会发展道路的基本观点研究》，人民出版社，2017。

李炳炎:《论社会主义市场经济中的剩余价值范畴及其新的社会形式》，《江苏行政学院学报》2003年第1期。

李国旺:《智本创新论——先行产业与金融创新》，中国经济出版社，2013。

李建平:《〈资本论〉第一卷辩证法探索》，社会科学文献出版社，2006。

李菁、李培：《剩余价值存在的一般条件》，《唐山学院学报》2006年第1期。

李楠：《马克思剩余价值理论与当代社会》，《马克思主义研究》2003年第2期。

李善明：《〈资本论〉第二稿研究》，山东人民出版社，1991。

李志远：《对马克思剩余价值范畴的再认识》，《经济问题》2003年第9期。

厉以宁：《资本主义的起源——比较经济史研究》，商务印书馆，2003。

梁树发：《马克思主义经典作家关于辩证唯物论和历史唯物论一般原理的基本观点研究》，人民出版社，2017。

林毅夫：《新结构经济学——反思经济发展与政策的理论框架》，北京大学出版社，2012。

刘冠军：《剩余价值生产的"三阶段"动态模式构建及"四要素"分析》，《当代经济研究》2015年第9期。

刘永佶：《〈资本论〉的逻辑》，江苏人民出版社，1987。

柳昌清：《试论知识参与创造剩余价值》，《中州学刊》2003年第6期。

陆国梁：《从剥削论到调节论——〈资本论〉的当代价值研究》，中共中央党校出版社，2010。

罗文花：《马克思社会分工理论新析》，《马克思主义研究》2008年第6期。

马克思主义政治经济学概论编写组：《马克思主义政治经济学概论》，人民出版社、高等教育出版社，2012。

马克思主义政治经济学概论编写组：《马克思主义政治经济学概论》（第二版），人民出版社、高等教育出版社，2021。

马艳：《马克思剩余价值理论的数理表达与创新》，《财经研究》2007年第7期。

毛强：《构建中国特色社会主义政治经济学》，中国共产党新闻网，http://theory.people.com.cn/n1/2018/0307/c40531-29852386.html，

2018年3月7日。

孟捷、龚剑、向悦文：《马克思主义竞争理论的发展研究》，《经济学家》2012年第10期。

孟捷：《劳动力价值再定义与剩余价值论的重构》，《政治经济学评论》2015年第4期。

孟捷：《论马克思的三种正义概念》，《中国人民大学学报》2013年第1期。

孟捷：《〈资本论〉，当代中国社会主义市场经济的理论指南》，观察者网站，https://www.guancha.cn/MengJie/2018_05_05_455838.shtml，2018年5月5日。

逄锦聚、洪银兴、林岗、刘伟主编《政治经济学》，高等教育出版社，2002。

彭腾：《近年我国剩余价值理论的研究综述》，《现代经济探讨》2007年第11期。

裴小革：《当代国外经济学家剩余价值理论评述》，《经济研究》2001年第9期。

彭腾：《近年我国剩余价值理论的研究综述》，《现代经济探讨》2007年第11期。

钱津：《劳动价值论》，社会科学文献出版社，2005。

钱津：《劳动论》，社会科学文献出版社，2005。

邵腾：《资本的历史极限与社会主义》，上海大学出版社，2005。

宋涛：《资本和剩余价值不是资本主义和社会主义经济通用的经济范畴》，《高校理论战线》1995年第7期。

宋涛：《政治经济学教程》（第12版），中国经济出版社，2018。

孙正聿：《马克思主义辩证法研究》，北京师范大学出版社，2012。

王丰：《"分割剩余价值"的理论进展及其在资本主义的新变化》，《江西财经大学学报》2016年第2期。

魏晨、西桂权、张婧等：《当代科技革命的内涵及对未来发展的预判》，

《中国科技论坛》2020年第6期。
文一：《伟大的中国工业革命——发展政治经济学一般原理批判纲要》，清华大学出版社，2016。
吴树青：《政治经济学：资本主义部分》，中国经济出版社，1993。
吴宣恭：《产权、价值与分配的关系》，《当代经济研究》2002年第2期。
吴易风：《剩余价值理论的创立及其伟大意义》，《马克思主义研究》2003年第3期。
许涤新主编《政治经济学辞典》，人民出版社，1980。
晏智杰：《劳动价值新探》，北京大学出版社，2001。
杨金海、李惠斌：《马克思主义经典作家关于资本主义、社会主义、共产主义社会一般原理的基本观点研究》，人民出版社，2017。
杨圣明：《马克思国际价值研究》，中央编译出版社，2010。
杨圣明：《马克思主义经典作家关于劳动价值理论和剩余价值理论的基本观点研究》，人民出版社，2017。
杨维、刘苍劲：《论剩余价值的实现条件》，《马克思主义与现实》2006年第2期。
杨晓玲：《马克思剩余价值理论的再认识与和谐社会的构建》，《教学与研究》2013年第11期。
杨雪冬：《马克思主义经典作家关于全球化和时代问题的基本观点研究》，人民出版社，2017。
杨玉华、丁泽勤：《马克思国际贸易理论及其在当代中国的实践》，经济管理出版社，2013。
杨玉华：《就业增长转向服务业的国际比较分析》，《湖北师范学院学报》（哲学社会科学版）2007年第5期。
杨玉华、党雪岩：《社会主义市场经济条件下的按劳分配：困境与出路》，《当代经济研究》2016年第6期。
杨玉华：《马克思综合生产率优势演进模型及其在当代中国的实践》，《当代经济研究》2019年第2期。

杨志、王岩：《〈资本论〉解读》，中国人民大学出版社，2015。

杨志、赵秀丽、张丰兰：《社会主义公有资本论》，中国人民大学出版社，2015。

杨志：《论资本的二重性——兼论公有资本的本质》，中国人民大学出版社，2014。

张纪：《产品内国际分工中的收益分配》，《中国工业经济》2006年第7期。

张毅、张颂颂编著《中国村镇企业简史》，中国农业出版社，2001。

赵洪：《〈资本论〉第一稿——政治经济学批判（1857～1858）草稿的理论成就研究》，山东人民出版社，1991。

赵学清：《劳动与劳动价值新论》，解放军出版社，2002。

赵学清：《马克思主义政治经济学的一个"悖论"及其解决》，《中共福建省委党校学报》2002年第1期。

中国社会科学院社会主义市场经济理论研究课题组：《剩余价值论研究》（内部资料），社会科学文献出版社，2001。

周尚文、叶书宗、王斯德：《苏联兴亡史》，上海人民出版社，1993。

朱斌：《遮蔽与在场——马克思相对剩余价值理论研究》，南京大学出版社，2016。

朱妙宽：《马克思的剩余价值理论新探》，《经济评论》2004年第5期。

卓炯：《再论社会主义商品经济》，经济科学出版社，1986。

Boyer, R. and H. Merais, *Labor's Untold Story*, 3rd edition (New York: United Electrical Workers, 1970).

Brenner, R., "The Origins of Capitalist Development: A Critique of Neo-Smithian Marxism," *New Left Review*, 1977, 104.

Carver, T. and P. Thomas, eds., *Rational Choice Marxism* (Macmillan Press, 1995).

Hunt, E. K., *History of Economic Thought: A Critique of Economic Theory* (New York: Harper-Collins, 1992).

Lichtenstein, P., *An Introduction to Post-Keynesian and Marxian Theories of Value and Price* (Armonk, N. Y.: M. E. Sharpe, 1983).

Newsome, K., "Work and Employment in Distribution and Exchange: Moments in the Circuit of Capital," *Industrial Relations Journal*, 2010, 41 (3).

Preworski, A., "Material Interests, Class Compromise, and the Transition to Socialism," in Roemer, J. ed., *Analytical Marxism* (Cambridge: Cambridge University Press, 1986).

Roemer, J., *A General Theory of Exploitation and Class* (Cambridge: Harvard University Press, 1982).

Sawyer, M., *The Challenge of Radical Political Economy* (Savage, Md.: Barnes &Noble, 1989).

Sherman, H., *Reinventing Marxism* (The Johns Hopkins University Press, 1995).

Weeks, J., *Capital and Exploitation* (Princeton: Princeton University Press, 1981).

Williams, M., "Money and Labour-Power: Marx after Hegel or Smith plus Sraffa?" *Cambridge Journal of Economics*, 1998, 22 (2).

后 记

作为长期从事马克思主义经济学教学与研究工作的学者，我很荣幸能够把马克思主义经济学原理与中国改革开放实践结合起来，在社会主义市场经济的伟大实践过程中，对马克思主义经济学的一些理论观点和范畴进行检验、丰富和发展，在理论上对中华民族伟大复兴实践做出贡献。作为在改革开放中成长起来的马克思主义经济理论学者，我经历过把书本知识奉为绝对真理的青年时代，经历过经济学理论被改革开放新现象和新问题质疑、否定的彷徨迷茫阶段，经历过在改革大潮中对马克思主义经济学文本再发现、再探索、再创新的激情岁月，在运用马克思主义基本原理、基本立场与基本方法为改革开放实践鼓与呼的同时，不断地从经典著作中汲取营养和力量，在理论上武装和发展自己，坚信走中国特色社会主义道路的正确性和科学性。在学习和研究中，我反复阅读原作，不断探索和思考：是原来学过的理论错了，还是实践出了问题？

马克思把认识和改造世界作为自己的理想追求，把为大多数人的幸福努力工作作为人生奋斗目标。可惜，马克思主义的奠基人在有生之年只是初步完成了认识和批判资本主义的理论任务，而把否定资本主义和建设未来社会的实践留给了后人。马克思对资本主义的批判和否定、对未来社会的设想还只是从资本主义发展的历史趋势和辩证运动中做出的原则性演绎和推论，最终的未来社会建设蓝图和具体实践还需要社会主义建设者在实践探索的基础上给予肯定与回答。作为"未来社会"的建设者，我有幸目睹波澜壮阔的改革开放伟大壮举，亲身经历了人类历史上最伟大的实践创造——社会主义市场经济建设。改革开放不仅超越了传统的社会主义模式,也打破了经典作家对未来社会的种种设想,把被社会主义经济实践长期否定的市场经济纳入社会主义经济体制乃至基本制度范畴之内,成为中国共产党、中华民族对社会主义运动的伟大创新实践。社会主义市场经济,既充分吸收与借鉴了资本主义注重市场配置经济资源的成就,也继承了传统社会主义注重发挥政府作用的优良传统,把二者的优势结合起来,创造出全新的社会主义市场经济发展模式,成为中国特色社会主义道路最显著的时代特征和取得辉煌成就的制度保障,成为超越资本主义和传统社会主义最成功的实践典范。

本书是国家社科基金项目(16BJL010)的成果,该项目成功立项,深受习近平总书记讲话精神的鼓舞。习近平总书记在中共中央政治局第二十八次集体学习的讲话中强调指出:"马克思主义政治经济学要有生命力,就必须与时俱进……要立足我国国情和我们的发展实践……揭示新特点新规律,提炼和总结我国经济发展实践的规律性成果,把实践经验上升为系统化的经济学说,不断开拓当代中国马克思主义政治经济学新境界"。立项后,每每参与有关学术会议,我都抱着虔诚态度向前辈请教和取经。记得一次会议上,休息期间,有位资深专家告诫我:这个项目涉及《资本论》的全部内容和体系,做起来很难,而且有些内容在学术上有争议。确实,做起来,费时费力,因为仅《资本论》及其手稿就近千万字,加上相关研究文献资料,十分浩繁。

马克思主义不是教条,而是我们研究问题的出发点、立足点和方法论。马克思的《资本论》为后人树立了经济理论批判的典范。本书对20世纪50年代传承至今的传统政治经济学教材以及学界的某些误读进行纠偏,根据理论自身的逻辑脉络和实践历程,对经典著作溯本清源、还原本真,对剩余价值"一般"和资本主义"特殊"进行辨析和诠释,其实也是对剩余价值理论涉及的基本范畴、基本观点进行一定程度纠偏和重构。

本书只是对社会主义剩余价值理论总体框架和基本内容的建构,还需要对理论体系、结构和内容做进一步拓展、丰富和完善。剩余价值理论揭示的"生产率优势演进规律"现实意义重大，需要以实践问题为导向进行进一步总结和研究。

在本书写作过程中，得到项目组成员的全力支持。许旭红教授参与了本书的审读并对全书结构和编排提出了很好建议，颜雅英教授参与了全书提纲的编撰和修改工作，崔昆仑副教授参与了第一章资料的收集、整理和初稿的撰写工作，裴彩霞博士参与了第十章资料的收集、整理和初稿的撰写工作，杜玉珍副教授、张豪博士、崔新生博士、杨玉莉副教授全程参与项目讨论、大纲制定和研究内容的审查和讨论工作，丁泽勤教授为课题研究提供了多方位支持。本书撰写还得到学界许多前辈和同仁的鼓励、支持和帮助，《资本论》研究会领导丁堡俊教授、许兴亚教授、胡家勇研究员和李建建教授对本书研究给予大力支持和热情鼓励，并对研究的内容多次给予具体指导和中肯建议；在结项评审过程中，匿名专家对本书的研究内容、结构安排和具体细节提出了很多具体的批评和中肯的建议，使我受益很大。在此，对各位同志、各位专家的辛勤付出奉上深深的谢意！

图书在版编目(CIP)数据

剩余价值理论的创新与发展 / 杨玉华著. -- 北京：社会科学文献出版社，2024.1（2025.9 重印）
ISBN 978 - 7 - 5228 - 2440 - 6

Ⅰ.①剩… Ⅱ.①杨… Ⅲ.①剩余价值 - 马克思著作研究 Ⅳ.①A811.23

中国国家版本馆 CIP 数据核字（2023）第 162821 号

剩余价值理论的创新与发展

著　　者 / 杨玉华

出 版 人 / 冀祥德
责任编辑 / 田　康
责任印制 / 岳　阳

出　　版 / 社会科学文献出版社·经济与管理分社（010）59367226
　　　　　 地址：北京市北三环中路甲 29 号院华龙大厦　邮编：100029
　　　　　 网址：www.ssap.com.cn
发　　行 / 社会科学文献出版社（010）59367028
印　　装 / 唐山玺诚印务有限公司
规　　格 / 开　本：787mm × 1092mm　1/16
　　　　　 印　张：21.75　字　数：311 千字
版　　次 / 2024 年 1 月第 1 版　2025 年 9 月第 2 次印刷
书　　号 / ISBN 978 - 7 - 5228 - 2440 - 6
定　　价 / 128.00 元

读者服务电话：4008918866

版权所有 翻印必究